国家出版基金项目
NATIONAL PUBLICATION FOUNDATION

"十二五"国家重点图书
出版规划项目

红色延安口述·历史
HONGSE YAN'AN KOUSHU·LISHI

# 转战陕北

刘卫平 编

陕西师范大学出版总社有限公司

图书代号　SK14N1240

**图书在版编目(CIP)数据**

转战陕北／刘卫平编. —西安:陕西师范大学出版总社有限公司, 2014.8（2019.6 重印）
（红色延安口述·历史）
ISBN 978-7-5613-7807-6

Ⅰ.①转… Ⅱ.①刘… Ⅲ.①陕北革命根据地—史料 Ⅳ.①K269.4

中国版本图书馆 CIP 数据核字(2014)第 192397 号

## 转战陕北
### ZHUANZHAN SHANBEI

刘卫平　编

| | |
|---|---|
| 责任编辑 | 王红凯　郝宇变 |
| 责任校对 | 安　雄 |
| 出版发行 | 陕西师范大学出版总社有限公司 |
| | (西安市长安南路 199 号　邮编 710062) |
| 网　　址 | www.snupg.com |
| 印　　刷 | 西安市建明工贸有限责任公司 |
| 开　　本 | 710mm×1020mm　1/16 |
| 印　　张 | 23.75 |
| 插　　页 | 2 |
| 字　　数 | 304 千 |
| 版　　次 | 2014 年 8 月第 1 版 |
| 印　　次 | 2019 年 6 月第 3 次印刷 |
| 书　　号 | ISBN 978-7-5613-7807-6 |
| 定　　价 | 59.00 元 |

读者购书、书店添货或发现印刷装订问题，请与本公司营销部联系、调换。
电话:(029)85307864　85303629　传真:(029)85303879

# "红色延安口述·历史"
## 编辑委员会

**总策划** 冯晓立　傅功振

**主　编** 任　文

**编　委** 薛义忠　石　杰　梁向阳　孙国林
　　　　　朱鸿召　张军锋　梁星亮　姬乃军
　　　　　刘卫平　田　刚　陈答才　王晓荣
　　　　　刘东风　冯晓立　傅功振

**参编人员** 王　耀　王晓飞　王慧子　邓　微
　　　　　　仝　蕾　巩亚男　庄婧卿　刘存龙
　　　　　　张　双　赵虹波　雷亚妮

# 编辑说明

"红色延安口述·历史"是一套以口述实录、回忆录、访谈录以及相关原始档案并配以历史图片为基本内容的史料集成。它试图以亲历者、当事人、知情者或者后代的讲述、回忆,来还原历史真相,呈现延安十三年的辉煌,从而改善当代人对"符号化"延安的僵化认识,再现一个本色、真实的延安。入选文章均来自已出版的图书、杂志、报纸,酌量选录地方党史办公室、政协文史机构等征研的资料。

丛书所选文章注重大历史背景下个人独特的经历和感受,尤重对历史细节的挖掘和梳理。丛书内容虽以回忆、口述等形式呈现,但其较强的故事性、可读性,有益于对当代读者,特别是对青少年读者进行革命传统教育,进一步弘扬延安精神,具有积极的现实作用与意义。

丛书共17种21册。内容包括口述实录、回忆录、访谈录、重要的档案材料及代表性研究文章。口述实录、访谈录与回忆录前均设置了对口述人或回忆人的简要介绍,并突出介绍口述人或回忆人在延安的工作或生活经历。

所选文章中,因个人当时的见闻条件、历时记忆在一定程度上的失真以及可能附加的主观因素等,讲述人或作者对历史事件的忆述不一定完全符合已逝的客观真实,且不同的亲历者对同一事件的细节叙述也常稍有出入,这一方面反映了历史事件的复杂性、多元性，另一方面也说明历史应该是"人的历史"，不能只有一种"写法"或"说法"，更不存在"唯一性"，这样才能更趋历史"真相"。为尊重原作，编者收入时未强求统一，多以"编者注"提醒读者注意。

入选文章写作时间跨度从上世纪30年代到本世纪初，每篇文章自有其文字风格和时代的语言习惯，收入本丛书时，除特殊情况外，皆尊重原文，不做改动；原书专名（人名、地名、术语）及译名与今不统一者，多未做改动。如确系作者笔误、排印错误、数据计算与外文拼写错误等，则予以修正。标点符号、数字用法等，依据现有出版规范做了统一处理。除特殊情况外，原文篇后注或行文注统一移作脚注，文献著录稍加统一。

由于我们工作经验不足，或翻检资料有限，或水平、认识有限，其中可能存在讹误或差错，敬请方家、读者批评指正。

作为一套大型汇编丛书，涉及文字与图片等著作权联系方面的工作难度很大，我们进行了多方努力和联系，但仍有部分作者信息不明或原工作、生活地址变动而无法联系，希望版权人或版权继承人见书后与我们联系，以奉稿酬与样书。

谨以"红色延安口述·历史"的出版，向革命先辈致敬！

"红色延安口述·历史"编委会

2014年3月

## CONTENTS 转战陕北 目录

1 英明的决策 伟大的胜利（代前言） 习仲勋

### 第一部分

## 扭转乾坤的秘密

002 延安保卫战 余秋里

011 随卫党中央、毛主席撤离延安 邬吉成 王凡

018 我的转战陕北之路 师哲口述 师秋朗笔录

035 周恩来在全国解放战争中 童小鹏

074 在西北解放战争中 彭德怀

086 忆中央后方工作委员会 杨尚昆

103 在新华社西北前线分社社长的岗位上 胡绩伟

133 忆党中央在转战陕北中召开的小河会议 习仲勋

142 西北野战军第一纵队的新式整军 廖汉生

165 转战途中与妻书（一）（二） 周恩来

169 汪东兴日记选录 汪东兴

### 第二部分

## 铜墙铁壁的玄机

206 延安游击队 康世昌

218 汤洛战地日记选录　汤　洛

249 《边区群众报》关于转战陕北的报道文章精选（13篇）

　　安塞破获特务暴动阴谋　特务头子武国民公决枪毙
　　志丹全县牛犋紧张春耕　宣传边区战况安定群情绪 组织调剂劳力具体解决困难
　　子长各级干部坚持原地斗争　日夜支援前线到处打击敌人
　　边府发布指示号召边区军民　严密保管粮秣保证战时供给
　　担架队员夸蟠龙
　　首批知识青年参军　米中学生赶赴前线
　　坚决保家自卫　志丹民兵游击队展开反"清剿"
　　义合区如何动员干部参军
　　绥区群众机智勇敢捉敌兵
　　保证供给渡过春荒支援反攻　边府、联司指示武装保卫秋收
　　提高技术减少死亡率　第一后方医院有成绩
　　米脂青阳川群众要求彻底翻身　封存地主财产准备平分
　　义合区黄家川开始土改　放手发动贫雇农形成核心

## 第三部分

# 失败者的叹息

268 胡宗南部进犯延安纪略　裴昌会

274 胡宗南部窜犯延安后的种种　杨玉峰

290 整编第十七师从担任护路到守备延安的经过　何文鼎

298 青化砭战役整编第三十一旅被歼经过　周贵昌

301 整编第一三五旅羊马河被歼记　麦宗禹

305 整编第一六七旅蟠龙战役被歼纪实　涂　健

309 第一次榆林战役　胡景通等

317 沙家店战役整编第三十六师被歼经过　刘子奇

323 整编第七十六师在清涧战役中被歼　刘学超

337 第二次榆林战役　胡景通等

346 蒋军整编第二十九军瓦子街战役就歼记　王应尊

353 蒋军胡宗南部撤出延安的经过　陈子干

# 英明的决策　伟大的胜利
## （代前言）

习仲勋

1988年4月21日，是转战陕北胜利40周年。40年前的今天，革命圣地延安，被蒋胡军占领一年一个月零三天后，又重新回到人民的手中。

这一年，是最艰苦、最严峻、最困难的一年，也是我西北野战军运用"蘑菇"战术，在运动中歼敌有生力量，以少胜多，创造奇迹的一年。广大军民在党中央和毛泽东同志直接指挥下，用血与火写成的战争史诗，将载入中国革命史册，永放光辉。

每当我回忆起这段艰辛岁月，就深切怀念毛泽东、周恩来、任弼时、彭德怀等老一辈无产阶级革命家，怀念那些驰骋疆场、无私奉献、长眠在陕北大地的英勇将士，怀念边区勤劳勇敢、信念坚定、忘我支援战争的英雄人民。

## （一）

1946年6月26日，国民党撕毁停战协议和政协决议，发动了全面内战。我军遵照党中央关于"以自卫战争粉碎蒋介石的进攻"的指示，经过8个月的战斗，共歼敌65个旅（师）计71万人。国民党的"全面进攻"计划破产后，又集中兵力，向我陕甘宁边区和山东解放区发动所谓"重点进攻"。1947年2月中旬，蒋介石先把西安绥靖公署主任胡宗南召到南京，又于2月28日偕空军副司令王叔铭飞抵西安，策划进犯延安和陕甘宁边区的军事部署。国民党军集中了34个旅（师），共23万余人，由胡宗南集团从南线进攻，青（海）宁（夏）二马（马步芳、马鸿逵）及邓宝珊集团分别从西线、北线策应，并调集全国3/5的空军进行配合，妄图一举占领延安，压迫我党中央和解放军总部到黄河以东，以便掩饰其全面进攻的失败，提高日益衰颓的士气，尔后再抽出胡宗南集团这支最大的战略预备队，加强华北或其他战场的进攻。

当时，我们在陕甘宁边区的部队仅有6个野战旅共2.6万余人和3个地方旅（师），而且装备极差。面对兵力、装备占绝对优势的敌人的进攻，党中央和毛泽东同志决定，暂时放弃延安，运用"蘑菇"战术，把敌人拖在陕北，消灭在陕北，支援其他战场我军作战。

西北野战军坚决贯彻执行党中央和毛泽东同志的战略方针，同强敌"蘑菇"周旋，艰苦奋战。一年间，经历了内线防御、内线反攻、外线进攻三个阶段，进行了大小15个战役，共歼敌10余万人，毙、俘敌中将整编军长、师长7人，少将旅（师）长、参谋长等25人。而我军在战斗中迅速发展壮大到11万余人，其中野战军近8万人。

内线防御阶段（1947年3月13日—1947年8月12日），由于敌我力量异常悬殊，我军的基本作战方针是：诱敌深入，与敌在延安以北的山区周旋，陷敌于十分疲惫、十分缺粮之困境，尔后集中优势兵力，选择敌人薄弱或孤立的部分，在运动中予以各个歼灭，以逐渐削弱敌人的有生力量，求得战略形势的根本改变。

3月13日，胡宗南以整编第一军、第二十九军等部共15个旅14万余人在空军配合下，由洛川、宜川之线分两路向延安进攻。我教导旅和警备第七团等部队依托既设阵地，交替掩护，节节抵抗，经七天激战，予敌以5000余人的杀伤，胜利完成了掩护党政军领导机关和群众安全转移、疏散的任务后，于3月19日晨主动撤出战斗。此后，针对敌人急于寻找我军主力决战的心理，以独立第一旅一部，诱敌北进安塞，而主力隐蔽集结在延安东北。先后在青化砭、羊马河和蟠龙三战三捷，全歼敌三十一旅、一三五旅和一六七旅，毙、俘敌1.43万余人，生俘敌旅长李纪云、麦宗禹和李昆岗，大大鼓舞了边区军民战胜敌人的信心。5月4日，在真武洞召开了5万人参加的祝捷大会。紧接着挥师西进,大战陇东,北进三边,狠揍宁马,再歼青、宁马家军2400余人,生擒敌少将副旅长陈应权、上校团长马莫邦(马鸿宾之女婿),收复了环县、曲子、华池、定边、安边、盐池等地。为了贯彻中央军委关于"三军(刘邓、陈谢、陈粟)配合,两翼(陕北、胶东)牵制"的战略部署,西野主力于7月30日挥师榆林,以调动胡宗南主力北上,配合陈谢兵团迅速渡河,南进豫西。虽两次攻城未克,但却歼守敌邓宝珊部5200余人,达到了诱敌董钊、刘戡、钟松率10个旅北上榆林的目的。5个月的防御作战,共歼敌3个旅部、11个团,毙、伤敌2.5万余人,扭转了困难局势,打开了胜利局面,为以后转入内线反攻,奠定了基础。

内线反攻阶段(1947年8月—1948年2月),我军的战略方针是:继续牵制胡宗南集团于西北战场,逐渐歼灭其有生力量,收复失地,扩大与巩固解放区,为收复延安,转入外线进攻创造条件。

榆林战役后,南北我军和党中央机关到达无定河以东、黄河以西、南北约40里、东西约50里的狭小地区。胡宗南误认为我正东渡黄河的后方机关是我军主力,企图以7个旅南北夹击,结束陕北之战。这时,我们抓住钟松自恃援榆有功,骄狂至甚,孤军突击的有利战机,以第三纵队并指挥绥德警备第四、第六团,在乌龙铺以南地区,坚决抗击刘戡所部内撄;以第一、第二纵队迅速包围并攻击沙家店之敌整编三十六师师部及一六五旅;以教导旅、新四旅对西援进至常高山之敌一二三旅发动猛攻。经10个多小时激战,即于8月20日傍晚,全歼胡宗南三大主力之一整编三十六师师部及两个旅,取得歼敌6000余人的重大胜利,成为我军进入反攻阶段的一个重要标志。

沙家店战役结束之后第三天,我陈谢兵团即在晋南突破敌300多里的黄河防线,逼近潼关。胡宗南慌忙令绥德以北8个旅南撤,保卫其西安老巢。西北我军为继续牵制胡军主力,策应陈谢兵团创建豫西根据地,于9月14日至16日进行了岔口、关庄追击战,给南撤之敌以4000余人的杀伤,逼迫敌军不得不将主力暂留延安、鄜县(今富县)地区整补。趁此机会,我以二纵和四纵(9

月 25 日由警备第一、第三旅和骑六师编成）南进黄龙山区，发起黄龙战役，先后攻克白水、石堡（今黄龙县）、韩城、宜川等县城，毙、俘敌宜川中将指挥官许用修等 3300 余人。留在内线的一、三纵队和教导旅、新四旅发起了延（延川、延长）清（涧）战役。迅速收复延川、延长县城后，于 10 月 11 日晨，攻克清涧县城，敌整编七十六师被歼，中将师长廖昂被活捉。此后，我西野领导为了巩固后方，保障党中央安全，于 10 月底，率部二次攻打榆林。由于敌城防坚固、我军缺少重武器，加之准备不足，马鸿逵倾巢迅速增援，未能达到预期目的，在歼敌 6800 余人后撤出战斗，转入新式整军。

外线进攻阶段（1948 年 2 月—4 月 21 日），我军的作战方案是：将战争引向国民党统治区，向延安、宜川线出击，得手后继续向该线以南进攻，大量歼灭敌人有生力量，拖住胡宗南集团，并调回他支援豫西之兵力，尔后收复延安，进而解放麟游山区。

针对胡宗南集团确保延安、洛川、宜川，阻我军南进的防御态势，西野指挥部经过反复比较分析，认为把突击方向选择在宜川更有利于围城打援，在运动中全歼守敌与援敌。2 月 12 日至 16 日，野战军以 5 个纵队共 8 万余人，分别从保安（今志丹县）、绥德、米脂和晋南曲沃地区向宜川开进；24 日至 27 日，三、六纵队完成对宜川的包围，并将敌压缩于城内。这时，胡宗南急令刘戡率两个整编师共 4 个旅的兵力，沿洛（川）宜（川）公路轻装驰援，28 日进入瓦子街至任家湾的一个狭长小川道内。我军从公路两侧高地对援敌拦头截尾，形成铁桶包围之势。3 月 1 日上午，经过新式整军运动的全体官兵，斗志昂扬、顶风冒雨发起总攻，激战至下午 5 时，将敌全歼，无一漏网，随即挥师东进，迅速攻克宜川。宜（川）瓦（子街）战役，是西北野战军转入外线后的第一个大胜利，歼敌整编二十九军军部和整编二十七、九十师共 5 个旅 2.9 万余人，毙、俘敌中将整编军军长刘戡、中将整编师师长严明、中将旅长张汉初等将级军官 11 名，同时调回了胡宗南布防在豫西战场的 5 个整编师，策应了中原我军作战。

宜瓦战役大获全胜后,我军乘胜扩大战果,于3月5日分三路挥师南下,发起黄龙山麓战役。经一个多月作战,连克鄜县、中部(黄陵)、宜君、白水、澄城、郃阳(今合阳)等县城,进逼蒲城,围困洛川。4月6日,正当我军向西府挺进,决心夺取胡宗南的补给基地宝鸡的时候,延安守敌整编十七师于4月20日晚弃城南逃。被敌人侵占一年一个月零三天的革命圣地延安,21日宣告光复。至此,洛川以北的陕甘宁边区全无敌踪。

在艰难困苦的转战期间,西野广大指战员怀着"誓死保卫党中央,保卫毛主席"的坚强意志,万众一心,团结奋战,前赴后继,视死如归;许多团营干部始终冲杀在第一线,表现了高度的革命英雄主义气概和顽强战斗、不怕牺牲的大无畏精神,涌现了无数可歌可泣的英雄事迹。据不完全统计,先后有24名团以上干部和1.1万余名营以下干部、战士牺牲在这块土地上,而负伤者达3.6万多人次。他们的革命精神和卓著功绩,将永远铭记在人民心中。

## (二)

转战陕北的胜利,是毛泽东同志军事思想的伟大胜利,是毛泽东主席、周恩来副主席、彭德怀司令员等同志英明指挥和领导的结果。在蒋胡军重兵压境、狂横不可一世的严重关头,毛泽东、周恩来、任弼时等中央领导同志,一直留在陕北,胸有成竹,运筹帷幄,指挥陕北和全国解放区的军民,同国民党反动派进行斗争,充分体现了无产阶级革命家敢于斗争、敢于胜利的雄伟气魄和革命胆略。

党中央从1947年3月18日撤出延安,到1948年3月23日东渡黄河,在敌人眼皮底下转战了12个县,宿营居住过37个村镇,行程2100华里。在这370个艰难严峻、险象环生的日日夜夜里,中央领导同志胸怀大局,临危不惧,和边区军民同甘共苦,生死与共,历经风险,饱经艰辛,一次次在十分危急的情况下化险为夷,转危为安。这种胆略和气魄,完全基于对陕甘宁边区、对中国人民革命事业的忠诚和热爱,基于对人民群众的深切了解和无限信赖,基于对客观形势进行历史唯物主义的透彻分析。撤出延安的第二天,毛泽东同志的驻地就遭敌机扫射,汽车座位被打坏。有的领导同志从安全角度考虑,主张党中央东渡黄河,暂驻山西。毛泽东同志深情地说:"长征后,我们党像小孩生了一场大病一样,是陕北的小米、延河的水滋养我们恢复了元气。在人民最需要我们的时候,怎么能离开他们。""陕北问题不解决,我决不过黄河。"他还说:"哪里群众拥护我们,哪里就最安全。陕北人民好,地势也好,回旋余地大,安全是有保证的。"这是对人民群众何等真挚的感情!又是何等的信赖!也正是在人民群众的处处支援和保护下,尽管敌人在天上有飞机侦察,地下有重兵搜索,还有美国最新式的电台测向仪昼夜监测,却始终找不到党中央机关的踪迹。有时候彼此仅隔一道小山梁,一条小山沟,但毛泽东、周恩来等仍稳如泰山,在小小的窑洞里指挥着举世瞩目的人民战争。

毛泽东、周恩来等同志坚持留在陕北的根本出发点,就是心系人民。在转战期间,遇到危险和困难时,他们总是惦记着群众。党中央在王家湾时,数万敌人扑去。当时彭总和我正率西野主力远在陇东作战,急得坐卧不安,电令三边、绥德分区的部队,不惜任何代价顶住敌人。事后才知,敌人已进到距王家湾四五里的地方,毛泽东、周恩来、任弼时等同志还镇定自若地询问、指挥群众坚壁、转移,直到群众到达安全地带,才和警卫部队转移。沙家店战役前夕,党中央转移到葭县(今佳县)附近,前是滔滔黄河,后有10万追兵,情况很危急。我们立即命令三纵侧击刘戡,掩护党中央,并劝毛泽东同志暂过黄河,刘少奇、朱老总等也来电坦诚相劝。毛泽东同志深情地说:"大家的心意我完全理解,可是我们共产党人不能失信于民呀!""现在是历史转折的关头,党中央要为人民赴汤蹈火,在所不辞!""这一仗打得好,转危为安,不走了;打不好,就向西走,准备进沙漠。"他毅然同周恩来、任弼时率中央纵队,由东折向西北前进,到达梁家岔后,亲自用有线电话指挥了沙家店战役。

毛泽东、周恩来、任弼时等同志,以中国人民革命事业为重,将个人安危置之度外,始终坚持把指挥全国解放战争的帅旗举在陕北,在政治上有其重大的意义。它给全党增添了无穷无尽的力量，极大地鼓舞和增强了陕甘宁边区以及全国解放军和全国人民的战斗意志和胜利信心。同时对敌人也是当头一棒，彻底打碎了他们企图驱逐我党中央和人民解放军总部出西北的妄想。

转战陕北的胜利，还在于中央军委和毛泽东同志为陕北战场制定了一条符合实际、克敌制胜的正确作战方针。正像彭总在一次会议上讲的："这是毛主席'集中优势兵力，各个歼灭敌人'，先打分散和孤立之敌，后打集中强大之敌的作战原则的胜利；是毛主席'蘑菇'战术的胜利。"早在蒋介石、胡宗南策划进攻延安和陕甘宁边区军事部署时，毛泽东同志就思考着是坚守延安，还是主动放弃延安，以及如何对付敌人进攻的重大战略问题。3月18日，即党中央撤离延安的当天，毛泽东、周恩来同志召集彭总、王震和我，一起研究了撤离延安后我军的作战问题。毛泽东同志客观地分析了敌人在兵力、装备上的绝对优势和陕北群众基础好，地形复杂，回旋余地大，便于我军机动作战的有利条件，胸有成竹地提出了诱敌深入，陷敌于十分疲惫、十分缺粮之困境，然后抓住有利战机，集中优势兵力，在运动中逐个加以歼灭，牵制胡宗南集团主力于陕北战场的作战方针；并且研究了兵力的具体部署和在青化砭地区打伏击战的意图。4月15日，毛泽东同志正式向西北野战军发出了《关于西北战场的作战方针》，要求我们继续过去诱敌"游行"的老办法，在现地区再周旋一个时期，使敌达到十分疲劳和十分缺粮之程度，然后寻机歼灭之。还要求我们向全体指战员说明，"这种办法叫'蘑菇'战术"，"是最后战胜敌人的必经之路"。以后战争的整个进程，完全证实了毛泽东同志这一作战方针是完全英明正确的。敌人尽管骄横一时，侵占了我主动放弃的延安和陕甘宁边区的所有县城，但被我军运用"蘑菇"战术磨得精疲力竭，断粮绝食，终于丧失大量有生力量而陷于绝境。仅仅一年多，敌人在损失兵员10万余人之后，不得不狼狈逃出陕甘宁边区，落了个"人地皆失"的悲惨结局。

作为西北野战军司令员的彭德怀同志，怀着对革命事业高度负责的精神，忠心耿耿，竭诚尽智，坚定不移地贯彻执行毛泽东同志的军事思想和作战原则。

他深入前线，掌握敌情，运筹帷幄，呕心沥血，机动灵活地进行指挥，为夺取转战陕北的胜利立下了卓著功勋，在边区人民心目中筑起了一座流芳千古的丰碑。

## （三）

"战争的伟力之最深厚的根源，存在于民众之中。"转战陕北的战争，是人民的战争，胜利也是人民的胜利。胡宗南对陕北的重点进攻开始后，中央西北局和边区政府，立即动员和组织各级党委、政府和160多万群众迅速进入战争状态，一切工作服从战争，男女老少都为战争服务。那时候，所有党、政、企业、学校的领导干部和公务人员，县不离县，区不离区，乡不离乡，就地坚持各种形式的斗争，处处都是为"保卫党中央，保卫毛主席，保卫陕甘宁边区"而战的繁忙景象。

蒋胡军进攻延安前后，全边区共组织了2万余人的游击队和10多万民兵，活跃在整个陕北的沟沟岔岔、山山峁峁，断敌交通，打敌据点，伏击车队，缉查敌特，配合主力作战，搞得敌人昼夜不宁。仅延安游击队13个月就同敌作战128次，歼敌731名，缴获各种武器590支（件），击毁汽车两辆，破坏敌电线20多公里，拔除了敌长官部设在枣园的特务机关。南泥湾垦区游击队，在敌人攻占该地后一个多月，就在延（安）宜（川）公路两侧七战七捷，毙、俘胡军270名，缴获面粉991袋，临真区政府很快恢复工作。延川游击队在1947年4至6月，共捕捉敌侦探和逃兵520人，逮捕伪保长18人，完全摧毁了敌人刚刚搞起的保甲统治。沙家店大捷后，敌7个旅南逃，沿途民兵和游击队设置路障，连续出击，使敌15日内行程不足100公里，我追击部队迂回敌前，击溃4个整编旅，歼敌4100余人。在敌后游击战中，涌现出了一大批英雄集体和功臣模范，许多同志光荣献身，他们被边区人民永远敬仰。

在转战陕北的日子里，边区的男女老少，都紧急动员起来，勇敢地参加担架运输、供应粮草、挑水送饭、做鞋洗衣、带路送信、救护伤员、站岗放哨、坚壁清野等支前活动。据1947年3月至1948年2月的不完全统计，全边区参加抬担架、当向导、后勤运输、看押俘虏、修筑工事的民兵民工达218.2万人次，支援牲畜147.8万头，做军鞋92.8万双，筹送粮食120余万石，柴草1.2亿斤，动员了4.2万青年参了军。

广大群众宁肯吃糠咽菜，也要把仅有的一点粮食送给自己的军队。1947年10月间，我在绥德、米脂、清涧一带，亲眼看到许多乡亲把还未完全成熟的高粱、豇豆采收回来，连夜炒干交给部队。清涧县东区直川山，有个闹红时期的妇女模范刘大娘，听说毛主席也和大家一起吃黑豆榆树叶子面，难受得热泪直流，把坚壁在后山的五升麦种、三升豌豆种取回，连夜磨成面，擀成杂面条，托人捎给毛主席。

边区160万群众都是人民军队的耳目，自动探听敌情，传递情报，敌人的一举一动我们都了如指掌；而对敌人却严密封锁消息，守口如瓶，使敌人像瞎子一样乱撞乱窜，不是跳进我伏击圈，就是被我小部队牵上到处"游行"。羊马河全歼敌一三五旅后，为了攻打蟠龙，我三五九旅诱敌北进绥德。董钊、刘戡率领的9个半旅排成纵横几十里的方阵，从我军隐蔽集结的地区通过。当时西野指挥机关就驻在一个叫新庄的小山村，敌人在山岗上像放羊似的搜索前进了三四个小时，却丝毫没有察觉。

人心的向背是战争胜负的决定因素，有全边区的人民竭诚至亲地拥护我军，无私无畏地支援我军，必然陷敌于人民战争的汪洋大海之中而遭到灭亡。

（此文系习仲勋为纪念转战陕北胜利40周年而作。原载《延安游击队》，收入本书时删去了最后一段。作者当时系中共中央西北局书记，西北野战军副政治委员兼前敌委员会委员，陕甘宁晋绥联防军政治委员）

第一部分 扭转乾坤的秘密

## 延安保卫战
余秋里

> 余秋里，生于1914年，江西吉安人。1931年加入中国共产党。著名的独臂将军。文中身份为第三五八旅政治委员。新中国成立后，曾任国务院副总理、中国人民解放军总政治部主任等职。1955年被授予中将军衔。1999年逝世。

我旅在延安休整的两个月中，认真总结了在绥东晋北作战的经验教训，补充了兵员，通过开展为人民立功运动，苦练了技术和战术，各部队反复进行了"保卫党中央、保卫毛主席、保卫陕甘宁边区、保卫延安"的思想动员，广大指战员认清了国民党进攻延安是在全国战场遭受挫败后的疯狂挣扎，战斗情绪十分高涨。

我旅奉命于1947年2月2日离开延安，11日进至鄜县（今富县）以西的黑水寺、直罗镇地区集结，准备出师陇东，打击进犯之敌，并相机出击关中国民党统治区，以粉碎敌人进攻延安的计划。

1946年12月31日，国民党军胡宗南集团以整编第四十八旅、第一二三旅、第一三五旅及两个保安团的兵力，向我关中分区发动进攻，以消除其进攻延安时的侧背威胁。我新四旅、警三旅给敌人以杀伤后，考虑到关中地区地形狭窄，回旋余地小，为了争取主动，于1947年2月19日掩护党政机关撤出关中。

胡宗南集团侵占关中地区以后，又以5个旅的兵力，统一由整编第七十六师师长廖昂指挥，分三路进犯我陇东分区之庆阳、合水，企图吸引我军西调，以便集中兵力袭击延安。

3月1日，敌军侵占庆阳，2日占我合水，3日，整编二十九军军长刘戡命令第七十六师回撤至黄陵附近集结，以便向延安发动进攻。

当敌军向我陇东分区进犯时，我旅奉命于 2 月 28 日隐蔽集结于太白镇西南的塔儿塬、陈家塬附近地区，待机歼敌。3 月 3 日，陕甘宁野战集团军侦知敌四十八旅将于当天晚间撤至西华池、板桥一线，并在那里宿营，当即命令我三五八旅和新四旅进攻西华池，歼灭敌四十八旅。

西华池地处黄土高原，由于植被严重破坏，长期被雨水冲刷，形成了纵横交错的深沟，地形十分奇特。在沟与沟之间仍有着宽阔的平地称为"塬"，村庄就散布在这些"塬"上。进攻西华池，塬地开阔，道路有限，塬与塬之间被深沟隔断，不便于大兵团作战的隐蔽和运动，加上塬上比较大的村落一般都有围墙、窑洞，坚固易守，进攻的难度比较大。但是，再难也难不倒广大指战员歼敌的决心和勇气。

我旅接到进攻西华池的命令后，决定以八团配属山炮 4 门为主攻部队，七一五团为第二梯队，在八团后跟进，七一六团为预备队。当天晚上 8 点 50 分开始向西华池攻击前进。午夜，进至西华池北侧地区。经过短时间的组织准备以后，于 4 日凌晨 3 时，向西华池发起攻击。首先以一营向西华池新街突击。先头分队二连因地形不熟，误从旧城突进。敌人依托坚固的城围工事，组织密集火力进行顽抗，二连不能继续向前发展。八团又令二营加入战斗，从西华池西北端向东攻击。先头分队五连冲过开阔地到达城围的缺口处，遭敌人猛烈射击。在激战中，六连从五连南侧城围的一个小缺口冲了进去，与敌人展开了激烈战斗。敌人占据着左右两面的高房进行顽抗，要前进就必须消灭高房上的敌人。一排长马绍常向两面的高房上连续投出了一颗颗手榴弹，乘着敌人混乱动摇之机，七班长王忠端起机枪冲了上去，但是天黑看不见路，冲了几步从窑顶上摔了下来，腰部胸部受了重伤，双腿不能站立。他强忍疼痛爬到前面靠南墙坐着，端起机枪向北面高房上的敌人扫射，把敌人打得沉寂以后，又爬到北墙根坐着向南面高房上的敌人射击，掩护全连突了进来，占领了高房和院子，并打退了敌人的反扑，巩固了阵地。

4日拂晓，我旅命令七一五团三营从八团右翼向敌西侧突击，并命令八团继续向纵深处发展。七一五团三营从西华池西端突入以后，攻占了两处房院。八团三营顽强攻击，占领了敌盘踞的新街北端的大庙。敌人不甘心失败，利用强大火力和有利地形，组织密集队形轮番反扑，并出动飞机低飞扫射。我阵地上的轻伤员坚持不下火线，重伤员也不肯离开阵地，强忍伤痛给机枪压子弹，连续打垮敌人10多次冲锋。最后一次，八团五连指导员俞传端负了重伤，仍挣扎着支起身体对机枪手说："瞄准点，狠狠打！一定要消灭敌人完成任务！"六连的机枪、手榴弹猛烈射向敌人。这时，在右侧的四连端起刺刀冲了上去，与敌人展开了肉搏。敌人垮了下去，再也不敢反扑了。敌我形成了对峙的态势。

西华池街内的敌四十八旅旅部和一四三团遭我沉重打击后，加紧构筑工事，企图固守待援。为了迅速歼灭敌人，我野战集团军重新调整部署，发起新的攻击，要求各部队当天午夜解决战斗。

根据新的部署，我旅决定以七一六团担任主攻。18时30分，发起攻击。七一六团从西华池东侧向新街突击，七一五团沿旧城围墙及西北端向南进攻。战至5日拂晓前，七一六团攻占了新街的一半，七一五团攻占旧城几处房院后进展迟缓。野战集团军即令独一旅三十五团一营加入战斗，协同七一五团向敌发起进攻。我军不断向纵深发展，残敌退守在南端几处房院和南门的高碉进行顽抗。当战到最后解决问题的关头，增援的敌军第二十四旅到了南义井附近。野战集团军判断再战将对我不利，遂令各部队撤出战斗。

西华池战斗，我旅打得英勇顽强，给进犯的敌第四十八旅以歼灭性打击，毙伤敌人1650人，敌旅长何奇被击毙，给胡宗南当头一棒。但对残敌未能全歼，则深感可惜。

在这次战斗中，我旅模范干部七一五团三营副营长马述道英勇牺牲。

西华池战斗后，胡宗南令其15个旅从晋南、豫西和陕西关中地区，向陕甘宁边区南线的宜川、洛川和宜君、耀县开进，进攻延安已如箭上弦。

3月8日，为了动员各界同仇敌忾，奋起保卫延安，党中央在延安新市场

彭德怀在蟠龙胜利大会上讲话

后沟召开了万人大会。周恩来、朱德、彭德怀、邓颖超等领导同志出席了大会。彭德怀同志发表了慷慨激昂、充满必胜信念的讲话。他说：敌人调了15个旅准备进攻延安，我们要把它打出去！蒋介石、胡宗南调动军队来打我们边区，破坏和平。我们为了和平，就要消灭它！能不能消灭它呢？我看能！1935年，陕北刘志丹只不过3000多人，后来来了个徐海东，也不过3000多人；最后中央红军开到陕北也只有7000多人，总共不过15000人。那时，敌人有101个团，30万人，国共兵力对比是20∶1。现在就不同了，胡宗南只有35个团，我们比那时的15000人多得多了。我们能打胜吗？是一定能够打胜的。我们曾经打得东北军讲了和，去抗日；打得阎锡山心惊肉跳；打得马鸿逵损兵折将；打得胡宗南兵败山城堡；最后，蒋介石也在临潼接受了教训。11

年前我们打胜仗,现在我们打胜仗,将来我们还要打胜仗!

当时,我旅奉命集结在鄜县以西的道德塬地区。彭总的讲话传来,干部战士受到了极大的教育和鼓舞,大大增强了必胜的信心。

1947年3月13日,国民党军向陕甘宁解放区展开了全线进攻。敌军统帅部倾其西北全部34个旅25万余人的兵力,在马鸿逵、马步芳、邓宝珊等部从西、北两面配合下,以胡宗南集团为主从南线进攻延安,企图以绝对优势的兵力,一举消灭西北人民解放军,夺取延安,摧毁中国共产党的领导中枢。

胡宗南集团进攻延安的兵力分为两路:左路是整编第一军率整编第一二七、九十师共7个旅,从宜川出发,在攻占我临真、金盆湾等地后,直插延安;右路是整编第二十九军率第十七、三十六、七十六师及第十五师的一三五旅共8个旅,从洛川出发,在攻占我鄜县、茶坊、牛武、甘泉等地后,向延安进发。我防御兵团的部署是:以教导旅占领临真、金盆湾地区,警七团占领牛武、茶坊地区,各自选择有利地形,构筑坚强工事,组成第一、第二防御地带。我旅、独一旅和新四旅为战役预备队,目的是:争取被动中的主动,求得大量歼敌后主动撤出延安,达到骄敌之兵,制造敌指挥上的错误;迟滞敌人的进攻,争取时间掩护党中央及延安各机关学校的安全转移和群众的疏散。

胡宗南在使用地面部队发动进攻的同时,出动飞机十几架轮番轰炸延安及陕北各城镇,狂妄叫嚣"3日内占领延安"。为鼓励士气还公开悬赏,首先进入延安的部队发给巨额奖金。敌军为了争功,先以强烈的炮火轰击我军阵地,再绕开大路的雷区,让步兵从荒山中开路,然后以密集队形向前冲。敌人的猖狂进攻,遭到我教导旅、警备第七团的顽强抵抗,激战3日,敌人每天平均前进不超过10公里,没有能越过我麻子街、马坊、金盆湾防御地带一步。

3月16日,纵队传达了毛主席亲自签发的作战命令,要我旅和独一旅在甘泉、大小崂山、清泉沟、山神庙地区,组成第三防御地带,坚决抗击敌人的进攻。命令特别指出:"应利用地形,组织短促火力,大量使用手榴弹、地雷杀伤敌人,掌握预备队,灵活反击,夜袭消灭敌人。"接受任务后,我旅连夜奔赴大小崂山。一进入阵地，各连抓紧时间，根据不同地形，构筑了许多野战工事和防炮洞，并使堑壕相通。有的地形突出，还挖了环形外壕，又在壕内挖了猫耳洞，并做好伪装。人人都知道工事是消灭敌人、保存自己的重要条件，构筑得十分认真、坚固。17、18日，敌人在飞机和炮火的疯狂轰击下，向我七一六团阵地发动了猛烈进攻，展开了逐阵地的争夺战斗。

在十连的阵地上，当敌人的飞机炸、大炮轰时，战士们躲藏在防炮洞里。轰炸停止，敌人步兵发动进攻时，战士们立即冲出防炮洞，出现在阵地上。敌人来得少时用枪打，来得多时先拉响地雷炸，再用机枪扫，然后甩手榴弹，敌人进攻七八次，每次都死伤一片，也没能攻上来。敌军官用枪逼着士兵往上冲，一下压到我阵地前面。这时阵地上的子弹、手榴弹都打完了，形势十分危急。战士们见堑壕里还有些没埋的地雷，立即解下绑带拴在地雷环上，然后抱起地雷就往下扔。地雷顺着山坡滚向敌群，敌人不知是什么武器，在一片惊叫声中，地雷连声爆炸。紧接着，战士们端起刺刀压了下去，疯狂的进攻又被打垮了。大家从敌人的尸体上收集了许多子弹、手榴弹回到阵地，立即赶修被打坏的工事。这时已是18日下午5时，撤出阵地的命令到了。十连向敌阵地发起一次猛攻后，安全地撤了下来。

在两昼夜的顽强抗击中，敌人在我崂山阵地前面，以消耗无数钢铁和丢下几百具尸体的代价也未能前进一步。3月18日黄昏，党中央和延安各机关学校已安全转移，群众已疏散完毕，我旅奉命撤出战斗。

在部队向延安开进途中，我们接到野战军通知，要黄新廷旅长和我立即赶到王家坪见彭德怀司令员，当面受领任务。我俩立即策马疾驰。我们进入延安时，已是一座空城，大街上空荡荡的。我们来到王家坪已是夜里11点。走进门，彭总正在打电话，他示意让我们坐下。这间房子很宽敞，东西都搬走了，只剩下一张桌子，一架摇把电话机。彭总打完电话，和我们一一握手，然后问："你们的部队现在哪里？"黄新廷同志报告："正在撤往延安的路上。"彭总对我们说："我向毛主席建议，在贺龙同志从晋绥回来之前，西北的部队暂时由我指挥。毛主席、党中央同意了我的意见。中央军委决定将陕甘宁野战集团军和一些地方武装,组成西北野战军,由我任司令员兼政委,西北局书记习仲勋同志任副政委。从现在起你们归我指挥。一纵队、二纵队、教导旅、新四旅都归我指挥。"他还说:"'七大'以后,党中央、毛主席要我当总参谋长,我这个人还是适合在前线打仗,恩来同志已回来,他是最好的总参谋长。"彭总还说:"我军撤出延安,可能有不少同志想不通。要告诉我们的干部和战士,放弃延安是党中央、毛主席的决定,是暂时的。把胡宗南放进来,正是为了消灭胡宗南。"接着,彭总站起来,走向挂在墙上的地图,指着地图向我们交代任务。他说:"敌人这一次进入延安,肯定要寻找我们中央机关,寻找我军主力决战。你们的任务,就是派少量部队,伪装成我军主力,把敌人引到安塞去。"他停顿了一下,又加重语气说:"要注意,给敌人一个溃败的样子。"彭总最后说:"你们旅的主力,明天上午撤出延安时,先沿着延(安)安(塞)公路向北走,然后乘夜暗折向东北方向,到青化砭一带集结待命。"

黄新廷同志和我从彭总处领受任务后,急忙赶回部队。在路上,我思潮翻腾,心情十分激动。在胡宗南率领十几万部队,气势汹汹地杀向边区的时候,我们想得最多的,就是希望有一位有威望的强有力的指挥员统帅我军,抗击敌人并最终打败敌人,解放大西北。彭总是中国人民解放军副总司令、中央军委副主席兼总参谋长,具有统率、指挥大兵团作战的丰富经验,在全军有很高的威望。党中央、毛主席决定由彭总指挥西北野战军同敌人作战,充分表达了广大指战员的愿望,增强了大家的信心。

黄新廷同志和我回到部队以后,立即召集各团的干部开会,传达彭总的指示。经我们研究,决定由七一五团二营担负引诱敌军的任务。命令他们以掩护主力部队转移的样子,同敌人保持接触,节节抗击,边战边向安塞撤退。其余部队则随纵队沿延安至安塞的大道,浩浩荡荡地开进,然后,利用夜暗掩护,转向青化砭。我在会上提出,彭总关于为什么要从延安撤退的一段谈话,非常重要,对于正确理解党中央、毛主席的决策,对于稳定指战员的情绪,有着重

1947年3月19日，西北野战兵团撤离延安，进行战略转移

要的意义，要迅速传达到全体干部。

3月19日，我军撤离延安。撤在最后同敌人保持接触的是七一五团二营六连。18日午夜，他们接受任务以后，首先到宝塔山上监视敌人的动静。指导员王德清见大家情绪不高，知道是因为对撤出延安想不通，就在宝塔山下召开党支部委员会，他深情而激动地说："同志们，把延安让给胡宗南，我和大家一样也舍不得。毛主席早就指示我们，不要争一城一地的得失，而是要消灭敌人的有生力量。我们每个人都对党对毛主席有很深的感情，应该听党和毛主席的话。在西华池和崂山，我们歼灭了很多敌人，这回撤离延安，也是为了歼灭更多的敌人。"经过支委和党员做工作，全连的情绪很快稳定下来。

3月19日下午，敌军刚进到新市场口，我军的迫击炮打了几个齐放，就撤到王家坪西山。六连坚持到黄昏，也奉命撤到王家坪西北一带构筑工事抗击敌人。20日上午，敌军分两路蠢动：一路从文化沟往西绕行30多公里，向枣园接近，刚下到川里，就被早已埋好的地雷炸得东倒西歪；另一路涉水渡过延河，来占王家坪，没走几步，也碰上了地雷，再加上六连战斗小组的冷枪射击，前进的速度像乌龟爬行一样。下午2时，正面的敌人刚踏上进入王家坪的木桥，六连的战士就引爆了埋在桥下的40公斤炸药，炸得敌人死的死，伤的伤。一直到傍晚，敌人才战战兢兢地进入了枣园和王家坪。

（本文选自《红色记忆：中国共产党历史口述实录》[1921—1949]，济南出版社2002年版）

## 随卫党中央、毛主席撤离延安

邬吉成　王　凡

> 邬吉成，生于1927年，山西神池人。1946年加入中国共产党。文中身份为中央警备团战士。新中国成立后，曾任中央警卫局副局长兼警卫局司令部第一副参谋长，安徽省军区副司令员。2006年逝世。

从3月11日到18日，敌人飞机对延安的狂轰滥炸接连不断。后来人们才知道，蒋介石把他空军2/3的轰炸机，都投入到对延安的轰炸中来了。

我们这个班回到连部所在的王家坪时，毛主席、周恩来副主席还都住在这里。在王家坪桃园处挖有防空洞，毛主席和周副主席住在防空洞的一北一南。敌机轰炸延安的几天里，他们就在防空洞里办公、休息，洞里比较宽敞，还备了马灯、凳子、行军床。

每在敌机轰炸开始前，我们的连队就到驻地的前半山腰隐蔽。在这里，我们看到敌机投下一颗颗炸弹；看到架在各个山顶上的防空火器，向敌机射击，当部分敌机被击中后，其他的敌机便不敢无所顾忌地低飞了；还看到车队、骡马驮队和长长的人流，越过延河向东面蠕动，这是在撤离延安。

当毛主席和党中央作出撤离延安的决定时，中央警备团的许多指战员一下子转不过弯来：延安，等于我们的首都哇，怎么能轻易让给敌人呢？毛主席和党中央离开这里，是不是担心我们守卫不住根据地呀？于是，很多人纷纷表态："我们要与延安共存亡，坚决保卫党中央和毛主席，决不让胡宗南占领延安。"

毛主席以十分精辟的论述，对当时许多指战员的疑虑和不解进行了说服："蒋介石打仗是为了争地盘，占领延安，他好开大会庆祝。我们就给他地盘。

我们打仗是要俘虏他的兵员，缴获他的装备，消灭他的有生力量，来壮大自己。这样，他打他的，我打我的。等蒋介石算清这笔账，后悔就晚了。"

他还说："蒋介石占领了延安，双十协定就被他撕毁了，他将为全国人民所唾弃。我们撤出延安，意味着我们要解放西安，解放南京，解放全中国！这就是战争的转折点……"

1947年3月18日的傍晚，延安已经成为一座空城。中央各机关的人员、边区政府的人员，驻防的部队，后勤机关、家属，包括幼儿园的养育人员和孩子，都已经撤走了。

城外，枪炮之声由远而近，杨家岭、大砭沟等处，一些敌机投下没有爆炸的燃烧弹，都被集中起来点着了，熊熊火焰耀得几处通明。匆忙清理拆卸后的街面遗物杂陈，文件销毁的灰烬还冒着几缕青烟，看上去显得有点乱糟糟的。

可是毛主席还一直在磨蹭，因为他曾经说过，他要最后一个离开延安。后来，他又突发奇想，说是要看看胡宗南的兵是什么样子。据说经彭德怀一再催促，说"龟儿子的兵有什么好看的？让部队替你看！一分钟也不能待了！"这才硬把毛主席逼上了车。

毛主席、周副主席，带部队的彭老总，还有被毛主席、周副主席召来谈话的第二纵队司令王震等是最后走的。毛主席、江青和警卫排长阎长林带领的几个警卫，坐一辆吉普车，车是美军观察小组走时留下的。周副主席和他的几个警卫，坐第二辆吉普车。我所在的班，成为随卫毛主席的两个班之一，我们坐着一辆美国造的中吉普车，一辆带拖斗的小吉普车紧跟在后面。

在我们后面，是警备团的骑兵连。警备团有三个特殊连，一个手枪连，一个骑兵连，一个机枪连。机枪连的机枪是苏联造的，是那种可以高射也可以平射的重机枪。其他的大部队有的是坐大卡车，多数是步行撤离延安的，但他们早就走了。

此时延安城里已经不太安全了，胡宗南的先头部队，已经到了吴家枣园。

而且已有风声说，国民党的特务已经混进延安城来，开始搞骚扰和破坏了。

我们的车队经过了延安飞机场，1945年秋毛主席去重庆谈判时，就是从这里乘飞机起飞的。备战期间，为了不让敌人的飞机在这里降落，机场的跑道已经全部被破坏，挖得坑坑洼洼的。

此刻，我们乘坐的吉普车走过这里，车上的人被颠得就像筛煤球似的。副班长郭玉占因为坐在车斗最后面，一下从车里颠了出去。我们赶快叫停车，他才又爬上来。

车行到三十里铺后，周副主席吩咐队伍停了下来，进行轻装精简。总部机关的人在撤退时，把一些办公用的桌子、椅子也带上了。周副主席看见说："这些东西还带着干什么，哪还能用得着？今后就得在膝盖上办公啦。"说着，他还拍了拍自己的膝盖。

又经过一阵急行军，当夜就在一个叫刘家渠的小村子宿营。它在现今延川县永坪镇的西南。这是个在山沟里不足百户的小村子，比较隐蔽。全体人员都到村里歇息，车子都放在了村外。

第二天下午4点钟左右，恰好有一架国民党的飞机从村子上空经过。毛主席和我们乘坐的车子，都用地里堆放的高粱垛子做了伪装，但不知是哪辆车没伪装好，大概是玻璃没盖严，太阳照射在上面有反光，那架国民党的飞机发现了，便飞来飞去向汽车俯冲扫射。

在村子里的指战员，听到扫射声，看见敌机，就要出窑洞支枪射击。周副主席连忙制止说："不能开枪，否则就暴露目标了。都回到窑洞里去！"敌机扫射了一阵子，见没什么动静，就飞走了。

就这样，等到了夜晚，才又开始行动。行动时随卫人员没有再乘车，而是步行。此时，我听说毛主席乘坐的那辆吉普车，前面的挡风玻璃被打穿了，里面的座位也有子弹孔。也许，反光的玻璃，就是毛主席这辆吉普车上的。毛主席看见挡风玻璃上的弹眼，风趣地说："这也不错嘛，给我添了一朵花。"

对于转战陕北这一段历史，许多当时担任过毛泽东警卫工作的人员，上至汪东兴、张耀祠，下至武象廷、阎长林、李银桥都有过比较详细的回忆。我经历和听说的，与前者回忆大同小异的部分，这里就从略不表了，仅记述几件我亲身经历，而别人又不曾提到的事情。

有一件事我印象很深，但在别人的回忆里都没有提到，不知道究竟是为什么。那是在刚出延安不久，大约是3月28或29日。听说是我们中央警备团二连有一个战士拖枪投敌，整个前委一下子紧张起来。总参二局与各根据地、各野战军联系的电台，静默了近一个星期没有开机收发报，各根据地和野战军因此非常焦虑，担心中央前委和毛主席的安危。

4月中旬，我们随前委到了三边的王家湾。在这里，我们连抽调了身体条件好、作战经验丰富的十几个人组成一个班，从毛主席的警卫班接过来六七支苏造小转盘冲锋枪，又配备了4支德式手提式冲锋枪，担负随时跟随毛主席、周副主席、任弼时同志的警卫任务。我也被选中了，班长由一天开荒六亩三的开荒模范杜林生担任。

在王家湾过了近两个月，胡宗南的干将刘戡，率四个半旅直扑王家湾，企图一举消灭中央前委。我们连的张希真等同志侦悉敌军动向，回来向毛主席等首长报告。由于紧张表述得不清楚，周副主席连忙说："不要慌，慢慢讲。"

听了张希真的报告，毛主席决定以小股部队抵挡一阵即可，中央警备团遂留下二连的一个排。这一个排和刘戡的四个半旅对峙了数小时，只有一个人受伤，而刘戡以为遇到了我们的主力部队，不敢贸然推进，为中央前委的撤离赢得了时间。

因为跟在毛主席等中央首长身边，我们看到了领袖们之间相互关心体贴的情景。例如在小河村的时候，毛主席、周副主席和任弼时同志住一个小院。院内是三眼相通的窑洞，毛主席住一头，周副主席住一头，任弼时同志住中间。任弼时同志睡着了鼾声如雷，影响了毛主席休息，他就起身在院子里溜达。周副主席发现了，就想去推推任弼时，毛主席看出他的用意，立即示意他不要惊动任弼时同志，以让任好好睡上一觉。

毛泽东在转战陕北途中

在转战陕北期间，其他领袖们的夫人，都没有跟随前委行动，唯独江青一直跟着毛主席。整个队伍里，也许有个别的女译电员，我的印象是几乎见不到女性，所以跟在毛主席身后的江青，就比较显眼。

那时候的江青，比较注意联系群众，待人也不错。当然，偶尔她也会发点小脾气。据说是周副主席给她安排了个协理员的职务，管首长身边的通讯员、卫士、勤杂人员，还担任了机关支部书记，但具体工作主要由副书记做。

江青喜欢骑马，不行军时也会骑着大青马跑一圈，那是贺龙送给毛主席的一匹良骥。有一张一个战士牵着毛泽东骑的马在前，江青骑着马在后的照片，在反映转战陕北题材的书籍、影视片中，常常可以看到，那是在从朱官寨到神泉堡的路途中拍的。牵马的，就是毛主席警卫班的警卫员王振海。

王振海这个人挺有意思，我听说整党的时候，组织上问他是哪年参加的革命，他说他也记不清了，反正是高粱熟了的时候。高粱年年熟，究竟是哪一年呢，他的回答让询问的人哭笑不得。

当时给毛主席和行军队伍拍照，不是用的照相机，而是用的电影摄影机。那是我们这些"土八路"第一次见到用摄影机拍电影。当时感到特别稀罕，互相转告说："嘿，照相的来啦，照相的来啦。"

转战陕北的那段日子，过得异常艰苦。有时没有粮食接济，毛主席、周副主席、任弼时同志等中央领导，就和全体指战员一起嚼喂牲口的黑豆。有时候军情危急，敌军与前委的队伍就相距一二十华里。

像在白龙庙渡葭芦河时，因前夜骤降暴雨，引发山洪，队伍到河边才发现无法过渡，而后面胡宗南的数万大军，离我们几百人的队伍不超过 20 华里。像在天赐湾，我们手枪连守卫在前山，胡宗南的敌军几乎开进到了我们的眼皮底下。

当时，我们的心都提起来了，担忧阵地后面毛主席、周副主席、任弼时同志的安全。可毛主席却镇静地说："没关系，过不了两个小时，他们就会撤走的。"果然，在约莫两个小时之后，敌军像听了毛主席的指挥一样撤走了。当时唯一的感觉就是：我们的毛主席神了！

所以，尽管艰难，尽管危险，我们有时会感到非常非常紧张，但我们从不曾感到消沉，从不曾产生过失望。因为有毛主席在，有毛主席运筹帷幄，部队就会无往而不胜。在那段日子里，部队依然不断传出玩笑和嬉闹声。我们都还年轻，以致有时把玩笑闹得过于大发了。

在从小河赴米脂县途中，在一个村子宿营。晚上开饭的时候，我的两个战友王忠义和李河开起了玩笑，而且一边说着一边用枪比划起来。那时一连的部分长枪是德国造的手提式，枪里面都押着子弹，枪栓很大，不小心一碰，枪栓就自动回来了。

两人正嬉闹比划着，王忠义的枪"乓"的一声走火了。李河听到枪响，说：

"哎,你怎么开枪呀?"再一看自己的腿上出血了,才发现自己的腿被打了一个洞,幸亏没伤着骨头。结果马上给他送过黄河治疗去了。

在王家湾的时候,我们的一个排,与刘戡率领的四个半旅对峙数小时,不过只有一名战士负了伤。而王忠义和李河的一个玩笑,就让一个人挂了花,这个玩笑的代价实在是太大了。

那年中秋时节,中央前委到了米脂县的杨家沟。在这里,中央警备团得到了一次大补充,山西太行地区部队的300多人加入了进来。我们举行了欢迎大会,周副主席、任弼时同志都讲了话。

我们在杨家沟期间,中央发布了《土地法大纲》,掀起了一个贫雇农斗地主、分田地、挖浮财的高潮。在这以前我们亲眼看到有的村子里的贫雇农,把地主老财抓起来吊打的情况,当时就有人觉得这样做有些过火。《土地法大纲》发布后,过火的行为有所纠正。

转战陕北期间,我对团里毛崇横的印象比较深。他在团机关具体做什么,当时也不太清楚,总见他背着个步马枪,穿着双草鞋跑来跑去地忙活。他视力不太好,戴着眼镜,晚上走路怕摔着,老拄着根棍子,所以大家都管他叫"瞎子"。远远见他来了,就嚷嚷"瞎子来了"。

当然这样叫他也有点嘲笑知识分了的意味,那时我们这些老粗挺喜欢和他们逗乐。遇到团里学生出身的人,我们就给他起外号叫"墨水瓶子"什么的。在当时艰苦斗争的环境下,这也算是苦中找乐吧。

(本文选自《红色警卫——中央警卫局原副局长邬吉成回忆录》,当代中国出版社2003年版。标题为编者所加,内容有删节)

# 我的转战陕北之路

师哲口述　师秋朗笔录

> 师哲，生于1905年，陕西韩城人。著名翻译家和苏联问题专家。1926年加入中国共产党。转战陕北初为中共中央书记处办公室主任，后奉命往返于陕北和晋西之间，翻译中苏领导人往来电文和参加土改等工作。1949年主持创建中共中央编译局、俄语专修学校和外文出版社，并首任局长、校长和社长。曾参与《毛泽东选集》1—3卷俄文版的翻译工作。1957年任山东省委书记处书记。1998年逝世。

## 吸引胡宗南

毛泽东的策略历来是后发制人。

1946年6月宣化店战役后，蒋介石相继在晋南、苏北、鲁西南、胶东、冀东、绥东、察南、热河、辽南等地，向各解放区发动了全面进攻。蒋介石在他的高级将领会议上叫嚣"不消灭共匪，死不瞑目"，而且要"三个月消灭共匪"。

毛泽东的方针是：不在乎一城一地的得失，而在于歼灭其有生力量。1946年7月至1947年3月，我军歼敌70多万，使蒋介石大伤元气，只好把全面进攻改为重点进攻，即重点进攻的是陕北和山东两个解放区。

对陕北的进攻，蒋介石本打算在1946年10月，并提出了"打到延安去，活捉毛泽东"的口号。这是毛泽东求之不得的。你不打到延安来，我怎么能打到南京去？你不活捉毛泽东，我怎么活捉蒋介石？不过这是我后来才理解的，当时还是懵懵懂懂。

蒋介石迟迟没有行动，深怕陷入灭顶之灾。因为他们对延安总是摸不懂，尽管又是美军代表，又是国民党联络参谋，但延安对于他们始终是神秘的，不可知的，这就是前文说的人心向背问题。而我们对胡宗南却是一清二楚。胡宗南机要处负责发电报的就是我们的地下工作者，坚持了几年，立了大功，可惜在胡宗南打算进攻延安时，暴露了，他还最后在电报中告诉党中央自己已经暴露了。这对胡宗南当然是很大的威胁！

毛泽东是决心自己吸引敌人大量兵力，使各解放区尽快扩大。自1946年10月胡宗南打算进攻延安时，党中央已经做好了撤离延安的准备，许多机关、学校、老人和妇女均已撤出，只剩下精悍的一个中央机关。可是胡宗南举棋不定，迟迟不发动进攻。为了促使胡宗南下决心，毛泽东利用了徐老的生日。

1947年2月1日是毛泽东的老师徐特立的70大寿，徐老已经撤到绥德，准备随时东渡黄河。徐老德高望重，绥德的地方干部打算为徐老祝寿，表达对徐老的敬仰之情，他们又知道徐老是不让人给自己祝寿的，只好秘密地做着准备。1月30日，一匹快马到了绥德，要接徐老回延安，说中央要给他祝寿。徐老当时就说："这是政治寿。"二话没说，跟来人回到延安。绥德的人很遗憾，徐老未能在他们那里过70大寿，于是把他们准备好的祝贺诗词一并带回延安。2月1日这天，中央大礼堂举行了隆重的祝寿仪式，毛泽东让交际处做了大蛋糕，他亲自捧着敬送徐老。人们发自肺腑的祝贺之词，尽情发挥，礼堂里大大小小、横七竖八地挂满了对徐老的赞颂和祝贺的诗词，中央发了贺信，《解放日报》和新华社作了大量的报道。徐老的学生遍中国，田汉从上海发来贺词，更多的人从长沙等地发来贺电、贺词，声势浩大。其实就是告诉胡宗南：毛泽东和中共中央还在延安，你来吧。

胡宗南迟迟不来，我们的准备工作从从容容。1946年10月的一天，劳动英雄杨步浩[①]前来拜访毛泽东，并送代耕粮。杨步浩不仅是种田能手，还会打造剪刀、锄头等铁制品，是著名的劳动英雄、共产党员，时任柳树店乡乡长。

---

① 延安王家坪建起革命纪念馆以后，杨步浩负责管理，全家住在王家坪。1976年山洪暴发，加上上游水库决堤，水位没及王家坪八路军大礼堂屋顶，杨步浩全家遇难。

大生产运动开始以后，规定每人每年要交一定数量的公粮，毛泽东、朱德等无一例外，而毛泽东和朱德的公粮任务，都由劳动英雄们抢着代耕了，杨步浩就是送的这个代耕粮。毛泽东同杨步浩谈了很长时间，他先问："你们的战备工作是怎样做的？"

杨步浩回答："首先是坚壁清野，使敌人得不到粮食和衣物，把各种用具也藏起来。我们这些强劳力都组织起来，敌人来了就进山打游击——敌来我走，敌住我扰，敌疲我打，把我们的游击战术都用上，使敌人得不到一日安宁。"我暗暗佩服毛泽东的理论，包括游击战的战术理论都是对农民说的，他们能很快理解并掌握。

毛泽东听了连连称赞。

我负责中央机关的撤离，首先是几老（徐老、董老、吴老、谢老等）、几位大姐和小孩。刘少奇指示：给每位"老"和每位大姐配备一头牲口，有的要有架窝子①，再配一名警卫员。

我做着这些事情，但理解不到位，也就做不到位。我认为延安是世界有名的中国红色首都，被敌人占了影响不好，应该固守；即使要撤，那也是暂时的，转一圈再回来。根本没有想过这一撤就不回来了。所以给"老"和大姐们也都是按避开大路，撤离二三十里安排的。我也觉得自己想的和毛泽东不同，实在弄不懂，忧心忡忡。一天，我实在忍不住了，在夜间骑马到王家坪去见毛泽东，他果然照例在工作。我见到他时，可能是满脸的大问号，他瞪着我，等我开口。我说："主席，战备工作到底应该怎样做？一定要疏散吗？可否设法保住延安而不撤退？例如，我们集中一部分兵力，部署在大道两侧，待敌人进入边区，到达鄜县（今富县）、甘泉一线时，予以迎头痛击，消灭他们部分力量，让敌人知难而退，这样，延安不就保住了吗？"

当我滔滔不绝地陈述自己的"高见"时，毛泽东不看我了，转过身去，而且我觉得他在笑，我怀着沉重的心情想："你还笑得出，真莫明其妙！"

---

① 架窝子像农家在田里扎的窝棚，底部又像轿子，由前后两头牲口驮着。

王家坪毛泽东旧居

我的"炮"放完了,他慢慢点燃一支烟,转过身来微笑着说:"你的想法不高明、不高明。不应该阻挡他们进占延安。你知道吗?蒋介石的阿Q精神十足,占领了延安,他就以为自己胜利了。但实际上只要他一占领延安,他就输掉了一切。首先,全国人民以至全世界都知道了是蒋介石背信弃义,破坏和平,发动内战,祸国殃民,不得人心。这是主要的一面。

"不过,蒋委员长也有他自己的想法:只要一占领延安,他就可以向全国、全世界宣布,'共匪巢穴共产党总部已被捣毁',现在只留下'股匪',他只是在'剿匪'。这样,他就可以挡住外来的干预。不过这只是蒋委员长自己的想法,是他个人的打算,并非公论。但此人的特点就在这里:他只顾想他自己的,而别人想什么、怎么想,他一概不管。另外须知:延安既是个世界名城,又是个沉重的包袱。他既然要背这个包袱，那就让他背上吧。而且话还得说回来，你既然可以打到延安来，我也就可以打到南京去。来而不往非礼也嘛！"

啊，原来是这样！我想，我那一脸的"？"都拉直了，成了一脸的"！"。

毛泽东接着说："你懂得拳击吗？收回拳头，是为了打出去更有力！"

他又说："陕北群众基础好，周旋余地大。他们从南门进，我们从东门出。"

毛泽东那种对蒋介石的了如指掌，辩证法的运用，对一切胸有成竹的样子，给我极大感染，也使我思想开了一扇天窗，明白了，明明白白了！所有的顾虑一扫而光！我返回枣园时，马儿也像我一样精神百倍，风驰电掣！

现在我完全可以主动地做好撤离工作了，并且加快了步伐。

我按中央决定，首先把米大夫等人送往山西临县的三交镇。那里是我们的后方。

任弼时找阿洛夫谈了一次话，向他解释我们党中央为什么要撤离延安，他的解释是：这是战略上的需要，是为了便于同敌人周旋。这是主动放弃，不是败，也不是被敌人赶出延安。对于我们主动放弃延安，外国人会怎样报道，那是他们的事。至少，美国人不会说我们的好话。既然主动撤离是一种策略，那么总有一天我们还会回来的。任弼时最后还示意让他向国内汇报这件事。

我在延安期间，曾在山上抓了一些狐狸，得了一些狐狸皮，我觉得很珍贵，指望有一日能变成大衣穿在身上。现在，我毫不犹豫地连同其他东西都坚壁起来，留出我的肩头，准备扛中央的重要文件。我正在清理那些文件时，毛泽东来了，他是带着女儿李讷来的，好像只是随便走走，顺便问一下我打算怎样处理那些文件，并告诉我全部烧掉。我感到烧掉太可惜了，尤其是同"远方"的往返电文，是重要的史料，我说挑出少量重要的我亲自带在身上。毛泽东说："不妥，你要是被俘或者被打死了呢？"

我无话可说了，只能照办。他命我当时就烧，我答应了，他带李讷走向别处。

我清理那些档案，当我恋恋不舍地最后翻看它们一眼时，毛泽东带着李讷又转回来，而且一直看着我把所有档案化为灰烬，最后，他还用小棍在灰中扒拉扒拉，证实一个字也没留下，他才离去。

我为销毁这些档案而惋惜，更为毛泽东工作的细密所折服！

## 牵住牛鼻子

终于把胡宗南的牛鼻子牵住了！

3月初，胡宗南15个旅14万人，伙同马鸿逵、马步芳、邓宝珊所部共34个旅23万余人向陕甘宁边区进犯。而我西北野战兵团在陕北只有两万多人，不到敌人的1/10。而只要在延安以南进行7天的顽强阻击，延安就可以完全撤空。

3月18日傍晚，已经听到了南郊的枪声，这时延安已经撤空，只剩下毛泽东和他身边的几个工作人员以及彭德怀。毛泽东于晚6时，乘那辆宋庆龄赠送的救护车从王家坪出发。

由于任弼时患病，阿洛夫又是个外国人，还离不了翻译，所以我们三人和家属是先行离开延安到子长县瓦窑堡以东的任家山。

毛泽东18日当晚抵达延川县永坪镇以南一个小山村刘家渠休息。次日上午9时许，敌机来袭，毛泽东的汽车没有任何掩护，被敌机发现，猛烈扫射，汽车挡板玻璃被击穿，但人员尚安全。

21日傍晚，毛泽东经清涧县的高家硷，也抵达任家山。此地是预先准备好的，中央书记处的5位书记都集中在这里。毛泽东就是在这里组织了3月25日的青化砭战役。此次战役消灭了敌人先遣部队三十一旅旅部和一个团。整个战斗只用了两个小时，不仅俘获了全部人员及旅长李纪云，而且把战场打扫得干干净净，使进驻延安的敌军好几天找不到先遣军的下落。

初战告捷，士气大振！为这次的漂亮仗，毛泽东发了嘉奖令。

敌人真的占了延安，我方才提出"打到南京去，活捉蒋介石"，它不只是口号，而是全军的战斗目标！

就在3月25日这天，另一股敌军约一个旅，直奔延川县城北的拐峁。这里离清涧县城只有60华里，而且一马平川，似有奔袭清涧以截断我东去之路的意图(清涧县城是通往绥德到山西的交通要道)。中央分析:敌企图占领清涧县城以切断我们去山西的通道,以便把我们围困在山沟里"剿灭"。所以,当天夜里通知我:立即组织各单位迅速东进,在敌人占领清涧之前,绕过它北上,经过九里山,到石嘴峰以东的枣林沟,枣林沟是个小山村。我接到命令,立即组织中央机关行动:首先用6辆吉普车把5位书记及他们身边的工作人员送到枣林沟,行车两个小时就到了;一部分干部骑马,走了一天半;其余如三局等步行,整整走了3天。毛泽东批评我"把队伍带散了"。这一点,我始终没有明白:怎样使汽车、马和步行一齐行动?

我们到了枣林沟,敌人仍驻拐峁,并未前进。到了4月上旬,毛泽东、任弼时转移到靖边县青阳岔后,敌人依然停留在拐峁,并未占领清涧。这时,毛泽东分析:敌人不占领清涧,是特意给我们留出

枣林沟会议旧址

一条东去山西的通路，我们只要一过黄河到山西，他们就可以大吹大擂，说他们在陕北获得了全胜。你想得美！我们偏不东渡！牵住牛鼻子不撒手！

3月30日中央在枣林沟开了个会，决定成立前委、工委和后委。前委即中央，由毛泽东、周恩来、任弼时组成，继续留在陕北，牵制敌人兵力，同时代表中央指挥全国的解放战争；工委由刘少奇、朱德组成，赴河北平山县西柏坡，在那里领导全国的群众运动、土地改革和根据地的建设工作；后委由叶剑英、杨尚昆负责，驻山西临县三交镇附近。会后，继续向西北移动，到了田家坪（田庄），3月31日从这里分头行动，各奔前程。

这次会议总结了行军的经验教训，决定进一步精简中央机关，将大部分人送到后委所在地。

会议还免去了我中央书记处办公室主任之职。一方面由于行军以后，这个办公室已失去作用；另一方面是要我陪同阿洛夫去三交。毛泽东一方面是考虑阿洛夫的安全，更重要的是如果传出去了会给人以口实，说有洋人参与中国内战，大造舆论。但阿洛夫不理解，坚持要跟中央走，为了他，让我专门陪护。从延安撤出的一路上，我为阿洛夫尽力提供照顾，但他总是不满，他要和中央首长享受同等待遇，甚至还要超过中央首长，使我十分为难。他多次向毛泽东说我不关心他，把他丢了不管，等等。在刘家渠，他对毛泽东说了我许多坏话，还无理取闹，使毛泽东很不快。这次决定他去后方，去了之后再没闹意见。

前委留下的人很少，并按军事序列行动，代号为"三支队"，由任弼时任司令员，陆定一任政委。到了青阳岔，为保密起见，中央领导都用化名，毛泽东化名李得胜，周恩来化名胡必成，任弼时化名史林，陆定一化名郑位。

中央在枣林沟开的那个会，周恩来未参加，他是3月28日赴三交的。3月31日，刘少奇、朱德离开陕北，东渡黄河，经三交赴河北平山县的西柏坡，我和阿洛夫也搭乘他们的汽车到黄河渡口。

我们住在三交，便于中央随叫随到，我多次陪阿洛夫、米大夫往返陕北和三交之间，一年中渡黄河有八九次。

叶剑英安排我住在三交镇附近一个小山村武家沟，刚到就碰上周恩来，他很奇怪地问我："你不是中央书记处办公室主任？怎么来这里了？"

我回答了他的问话后，接着说："主席正等你回去。主席、你、任弼时代表中央，就等你回去了。"

他说："这边事情还很多。"好像很为难的样子。他正在组织后委和党委，对外事、统战、群众运动等方面的工作作部署。他又问我河西那边还要做些什么。

我说："已经决定不要庞大的办公系统，但我认为警卫工作有专人负责才好，建议你把汪东兴带上，让他负责警卫。"汪东兴曾在社会部二室工作，我在社会部党委工作，对他有所了解，故而推荐。

周恩来当即让人把李克农找来，商定带汪东兴去河西。他使三交的工作走上轨道之后，于4月10日到青阳岔同毛泽东、任弼时会合。军委总参谋长彭德怀在前线，周恩来实际上起着军委参谋长的作用，协助毛泽东联系各地，指挥全国。

我把阿洛夫安顿好，带警卫员返回河西，到西北局所在地的子长县马蹄沟。西北局书记习仲勋、西北联防司令部司令员贺龙、陕甘宁边区政府主席林伯渠、绥德地委书记张邦英、绥德县委书记张方海，以及王维舟、张经武、贾拓夫、周兴等都在这一带，我同他们有着密切的联系，帮助他们工作，也参加西北局系统的干部会议，同他们几乎天天见面。毛泽东也常派人到这里来找我，要我帮他回忆某个文件、起草信件、找人谈话、同"远方"联络等等。

这期间，遇到对一个汉奸军阀该如何处置的问题。此人名郝鹏举，我在叙述在基辅军校的生活时，曾提到在中国革命1927年受挫时，在军校学生中发生的分歧和争论，和我们尖锐对立的12个人中，突出的一个就是郝鹏举。他是从冯玉祥部队派去的，自然是骗取了冯玉祥的信任，但他回国后就背叛了冯玉祥，自己拉起队伍单干；日寇侵华时，他单干混不下去了，投靠了伪华北行政委员会王克敏，当了汉奸；"七七"事变后他又投靠汪精卫，1942年任伪淮海省主席；日本投降后，他被国民党收编，成了反共急先锋。此时（1947年）

解放军节节胜利，他的处境危如累卵，为求生存又想投靠解放军。陈毅、粟裕在山东，郝鹏举正是他们控制的对象之一。郝鹏举通过我们的统战工作者，说他有个同学师哲在中共中央工作，陈毅通过统战工作者，要郝给我写信，郝的信到了毛泽东手里，毛泽东以我的名义写了回信。郝第二次来信，几乎是痛哭流涕，说我军压得他喘不过气来。信仍然是到了毛泽东手里，仍由毛泽东写了复信，这次信写得很长，主要是开导他，教育他向人民交心，做老实人。这两次来往信，毛泽东都给我看了，我把此人的劣迹向毛泽东作了介绍，认为他不可能走到人民方面来，他只是一种投机。于是毛泽东指示陈毅、粟裕：对郝鹏举，一方面稳住他，欢迎他起义；另方面要警惕他。于是郝带了两万多人"起义"过来了，但不久他又反过去。由于我方有准备，只用了两个小时的战斗就将其歼灭，活捉了郝鹏举。陈毅审问他："你知罪吗？"他回答："我知罪，我罪该万死！我要立功赎罪。"还想投机！他当然得到了应有的可耻下场！

在毛泽东的领导下，无论是大牛、小牛，也无论是近牛、远牛，牛鼻子都牵在我们手里！

## 斯大林虚惊

4月5日，毛泽东在青阳岔等候周恩来的到来。9日，从这里向全党发出了两个文件，即1946年11月18日的"指示"和1947年4月9日的"通知"，是向全党解释"暂时放弃延安和保卫陕甘宁地区"的。文件中说：国民党进攻延安"丝毫不是表示国民党统治的强有力，而是表示国民党统治的危机业已异常深刻化。其进攻延安和陕甘宁边区，还为着妄图首先解决西北问题，割断我党右臂，并且驱逐我党中央和人民解放军总部出西北，然后调动兵力进攻华北，达到其各个击破之目的。"[1]

周恩来10日到达青阳岔，12日，前委转移到王家湾，在这里驻留了近两

---

[1]《毛泽东选集》（第2版）第4卷，人民出版社1991年版，第1220—1221页。

个月。在此期间，组织了4月14日的羊马河战役，全歼敌一三五旅，俘虏敌旅长麦宗禹以下4700余人。5月4日，蟠龙大捷，全歼敌整编一六七旅，俘敌旅长李昆岗以下6700余人。两役共俘敌15000余人。

5月14日，在西北野战兵团司令部所在地安塞真武洞举行祝捷大会，庆祝三战三捷。周恩来代表党中央向陕北全体军民致贺电，并宣布：党中央、毛主席自撤出延安后，一直在陕北同边区军民共同奋斗！使边区军民十分振奋。

6月7日，前委从王家湾向西北转移，8日到达靖边县的小河村。同一天，敌人被牵着鼻子到了王家湾。敌军长刘戡住进了毛泽东住过的窑洞里，不过他自己并不知道。明明知道毛泽东在这里，为什么却是无踪无影？刘戡气急败坏地抓了一个老汉和一个女娃，老汉70来岁，女娃不到10岁，向他们逼问毛泽东曾住哪个窑洞、到哪里去了，老汉和女娃都不答话。他们又把老汉吊在树上猛抽，女娃吓得哇哇哭，但他们始终没有吐露真情！

9日，前委由小河村继续向西北方向转移。因遇大雨，向导迷失方向，走了一整夜，到了天赐湾，才知道这里离小河仅几里路，而敌人正在"奔袭"小河。大家都为毛泽东的安全担心，劝他继续前进，但毛泽东说什么也不走了。大家捏着一把汗，拿他没有办法。

毛泽东为什么成竹在胸？他对敌人奔袭小河是这样解释的："这次敌人从延安、安塞出动，奔袭小河一线，是蒋介石亲自部署的，而胡宗南、刘戡等仅仅是执行者。所以，只要他们的部队到达小河一线，就算执行了命令，完成了任务。至于结果如何，有什么收获，那他们就不管了，只要能向蒋介石交差就行了。其次，敌人到达小河，也不得不立即后撤，原因是他们只准备了4天的口粮。如果再驻下去，几个师的人、马吃什么？"

事情的发展正是这样！毛泽东摸透了蒋委员长的脾气，也深刻地了解他的部下，所以才能牵着他们的鼻子走。

前委在天赐湾住了一个星期，于6月17日又返回小河，在小河住了一个多月。于7月21日至23日开了一次重要会议，晋绥、西北的主要负责人和彭德怀、贺龙等都参加了会议。毛泽东还特意要贺龙把米大夫从三交带去，以便给这些负责同志检查身体。米大夫在小河工作了半个月又返回三交。

6月下旬，我在马蹄沟，正与西北局副书记马明方、秘书长曹力如等商量如何抢运留在延安以东的部分物资，突然接到中央的电报，要我星夜赶到三交，协助地方党组织，动员力量，在临县、兴县选一地址，迅速修建一个简易机场，以便迎接苏联的飞机。我接到命令，当天赶了140里到达黄河渡口，次日即到达三交。刚到三交，又接到任弼时的电报，命我暂停前进，等候新的指示。

数日后我才明白，是斯大林听信了谎言，造成的一场虚惊。

国民党的宣传机构散布了许多谎言，其中之一是说："八路军（他不称解放军）在陕北大受挫折，损兵折将，溃不成军，高级将领如贺龙，甚至毛泽东的夫人江青都被俘虏，已被解到西安……"

斯大林是从巴黎的报道中获得这一"消息"的，他信以为真，便着了慌，想用飞机接毛泽东等主要领导人去苏联暂避一时。由于事出紧急，只说要来飞机，而我方不知飞机来干什么，反正提供条件吧。待弄清原委，当然就没有必要了。

8月米大夫返回三交，向阿洛夫说了实际情况，阿洛夫立即电告苏联国内，证明国民党和西方的消息纯系捏造。一场虚惊过去了。

这一时期，在陇东、三边打了两个战役，我军胜利。为了把牛鼻子牵向北，8月1日中央（前委）从小河出发，经绥德于13日到达阎家岔（延家岔），与敌人相距一两天的路程。15日，敌占绥德。牛果然牵过来了。

17日，前委向葭县（今佳县）白龙庙前进，当天到达葭县，同敌人相距只有15里。毛泽东下令在白龙庙渡过葫芦河，摆脱了追赶的敌军。

8月19日到达梁家岔，毛泽东亲自布置了沙家店战役。战斗是在8月20日进行的，全歼敌三十六师师部和一二三旅全部，歼一六五旅大部，俘敌师长以下6000余人。

无疑是个大胜利，但对它的重大意义我不是一下认识到的。

毛泽东在朱官寨看地图

8月23日,前委到了朱官寨,在这里住了一个月。毛泽东在此写了《解放战争第二年的战略方针》,指出第一年作战,"我军正确地采取战略上的内线作战方针",已歼敌112万人,"并且在东北、热河、冀东、晋南、豫北举行了战略性的反攻,收复和新解放了广大的土地"。

"我军第二年作战的基本任务是:举行全国性的反攻,即以主力打到外线去,将战争引向国民党区域,在外线大量歼敌,彻底破坏国民党将战争继续引向解放区、进一步破坏和消耗解放区的人力物力、使我不能持久的反革命战略方针。"①

---

① 《毛泽东选集》(第2版)第4卷,人民出版社1991年版,第1229—1230页。

毛泽东让我将此文译成俄文交阿洛夫转发斯大林。

9月21日，前委离开朱官寨，23日到达葭县的神泉堡，在此住了36天，毛泽东在此写了《中国人民解放军宣言》《中国人民解放军关于重新颁布三大纪律八项注意的训令》。在《中国人民解放军宣言》中，第一次提出了"打倒蒋介石，解放全中国"的口号。因为是10月10日颁发的，又称《双十宣言》。

9月25日，毛泽东致电杨尚昆："请要师哲偕阿兄来葭县西南15里之神泉堡（我们前日移至此地）"。

10月初，我和阿洛夫赶到神泉堡。我们看到的毛泽东，健康状况良好，心情舒畅，谈笑风生。他同阿洛夫谈了两次话，把中央撤出延安至沙家店战役这一段时间的战争作了个总结，对沙家店战役、陕北的形势以及全国的局势等，都作了分析和评价。并对许多问题的细节作了介绍和解释。他指出了沙家店战役的战略意义，认为整个战局有了转变，我们已经争取到了主动权，但尚未对沙家店战役作出最后的全面评价。

毛泽东还亲自给斯大林写了一封长信，对中国解放战争总的形势以及陕北、山东战况作了描述和估计，同对阿洛夫谈的基本相同。由我译成俄文，用电报发出。

给斯大林的电报发出两天后，毛泽东又想起了我在延安那天夜里向他提的问题，他问我："你把问题都弄清楚了吗？"接着又说："沙家店战役后，敌人不仅缩回延安，我看他们连延安也守不了多久了。……从今以后，敌人可能再也无力进行大规模的进攻了。"

我不了解全国形势，心想：一个胜利的沙家店战役能有这么大的作用？对他的话犯疑。这个"疑"就写到了脸上，毛泽东也看懂了。不过，他既不介绍情况，也不作解释，而是说："这只是我的一个看法，稍等等，形势就会明朗化的。"

后来我才知道那时的全国形势：陈毅在山东已转入全面反攻，并向苏北推进；刘邓大军南下进入大别山，直接威胁长江以南地区；陈赓部队挺进豫西，直逼潼关，威胁西安；西北战场我已完全掌握了主动权。

正如毛泽东所料，沙家店战役后，敌人再也没有北进，在延安苟延残喘到 1948 年 4 月 22 日，全部撤走了。

毛泽东心情格外好！他 10 月 18 日参观了峪口造纸厂。21 日到南白云山脚下、黄河之滨的一个小村庄南河府住了一周。这里风光甚好。随后游了白云山庙会。尽管他头戴草帽，一身农民装束，还是被人认出来了。一时间，"毛主席来了！"像春风一样吹遍庙会，人群一窝蜂拥过来，谁不想一睹自己心目中的大救星？！这却让我和警卫员紧张坏了，好不容易才将毛泽东"救"出重围！

### "敢不敢胜利"

11 月 14 日，前委离开神泉堡，经乌龙铺、阎家峁于 22 日到达米脂县杨家沟，在这里住了近 4 个月。这一段时间，我是和毛泽东同行的。

到了杨家沟，又把米大夫从河东请来，给中央的同志检查身体。

杨家沟的居住、生活条件比较优越，这里是几家马姓大地主聚居之地，但他们家族中也出了共产主义战士，如马玉璋、邻村的马明方等。

毛泽东决定在这里休息一段时间，并召开几个会议，他留我列席会议，学习会议文件。

此时的形势是：刘邓、陈粟、陈谢三支大军已经转入外线作战，而且进展很快；沙家店战役后，陕北的胜利已成定局。10 月时，中央以中国人民解放军宣言的形式提出："打倒蒋介石独裁政府，成立民主联合政府"。

这个"宣言"在毛泽东是久已有之，提出来，只是时机问题。而 1947 年 10 月是最好的时机。

从牵牛鼻子说明毛泽东"知彼"，而把自己的队伍一步一步引向最终目标，还需要"知己"。他从未将自己的谋略和盘托出，而是分阶段地提出近期目标和任务。现在，又进入了一个新的阶段，这就是在全国战场上都已转入外线作战，胜利已成定局，"打倒蒋介石独裁政府，成立民主联合政府"的宣言已经发出，如何实现？这是主要解决自己方面问题的时候，这就是 12 月会议的任务。

会前有一天,他同我散步,又将他思考的问题对我说说,他说:"现在的问题是能不能胜利,敢不敢胜利。"

我头脑简单,回答说:"既然能胜利,怎么还会不敢胜利?"后来我想,毛泽东从我的反应就能了解一般干部的思想,针对这样的思想才能把工作做到家。

毛泽东是这样解释的:"我们长期在农村打游击,我们敢不敢进攻大城市?进去之后敢不敢守住它?敢不敢打正规战、攻坚战?我们这么大的国家,这么多的人口,要吃、要穿,面临着这么多的问题,我们共产党敢不敢负起责任来?革命党就是要引导人民前进,争取全面的胜利,而胜利后的问题更多。"

中国人民整个的解放斗争,我敢说,没有第二个人能像毛泽东这样想得远大,想得细密,知己知彼,又恰到好处地一步一步引向胜利的彼岸!列宁说:"鹰有时可能比鸡飞得低,但是鸡却永远飞不到鹰那么高。"[1]所以尽管毛泽东晚年犯了错误,我也身受其害,但他的功绩、他的水平是永垂青史的!

12月在杨家沟召开的会议,重点就是解决敢不敢胜利的问题。毛泽东作了《目前形势和我们的任务》的报告,并将文字报告印发大家分组讨论,我和贺龙、林伯渠、张宗逊一个组。

毛泽东的报告是这样开始的:"中国人民的革命战争,现在已经达到了一个转折点。这即是中国人民解放军已经打退了美国走狗蒋介石的数百万反动军队的进攻,并使自己转入了进攻。"

他阐述了军事、土改、党的建设以及统一战线等各方面的政策,这些都是取得胜利的政治保证。然后对国际形势作了分析。他精辟地指出:"我们自己的命运完全应当由我们自己来掌握。我们应当在自己内部肃清一切软弱无能的思想。一切过高地估计敌人力量和过低地估计人民力量的观点,都是错误的。""我们是完全能够超越任何障碍和战胜任何困难的,我们的力量是无敌的。"[2]

---

[1] 《列宁全集》第13卷,人民出版社1959年版,第151页。
[2] 《毛泽东选集》(第2版)第4卷,人民出版社1991年版,第1260页。

会议从 12 月 5 日开到 28 日，最后集中到一起，毛泽东让大家提意见和问题，他当场解答。由于讨论充分，思想认识达到了一致，《目前形势和我们的任务》顺利地一致通过，随之将该文件发到全党和全国各地，大大地推动了革命进程。

毛泽东在会上提出了"加强纪律性，上下团结紧，革命无不胜"。后来毛泽东又把整个文件简化为"军队向前进，生产长一寸，加强纪律性，革命无不胜"，成为每个战士的口头语，也是行动指南。

在会议进行中，毛泽东给斯大林写了一个长篇电文，基本点和《目前形势和我们的任务》相同，也是对神泉堡那次电报的补充。介绍中国人民解放军已经打退了国民党反动军队的总进攻，并使自己转入了反攻阶段。这是中国革命战争所起的根本变化，是一个历史性的转折点。

神泉堡那次电报和这次电报，我认为都是回答斯大林 1945 年 8 月那次来电的，斯大林那次电报认为：中国不能再打内战，要再打内战，就可能把民族引向危险的灭亡。当然即使没有斯大林那个电报，也会向斯大林介绍情况的。

1949 年刘少奇访苏时，斯大林作检讨说"我妨碍了你们"，指的就是这件事。

毛泽东在杨家沟共写了 21 篇文件，包括党内指示、通报、政策性文件等，指导各方面的工作。除了《目前形势和我们的任务》外，还有《关于建立报告制度》（1948 年 1 月 7 日）、《关于目前党的政策中的几个重要问题》（1 月 18 日）、《军队内部的民主运动》（1 月 30 日）、《新解放区土地改革要点》（2 月 15 日）、《关于工商业政策》（2 月 27 日）、《关于民族资产阶级和开明绅士问题》（3 月 1 日）、《评西北大捷兼论解放军的新式整军运动》（3 月 7 日）、《关于情况的通报》（3 月 20 日）等等。并委托任弼时草拟"土改问题纲要"。

转战陕北的一年，是十分艰苦的一年，也是毛泽东思想大发展的一年！毛泽东始终是意气风发，精力充沛，心情愉快，思路敏捷，指挥若定。

（本文选自《我的一生——师哲自述》，人民出版社 2001 年版。标题为编者所加）

# 周恩来在全国解放战争中

童小鹏

> 童小鹏，生于1914年，福建长汀人。1930年加入中国共产党。参加了长征。文中身份为中共中央城市工作部秘书处处长。新中国成立后，曾任国务院总理办公室主任，国务院副秘书长，中央办公厅第一副主任兼秘书局局长，中央统战部副部长。2007年逝世。

## 组织中央机关撤离延安

1947年8月，党中央正式决定周恩来兼军委总参谋长。他以其丰富的指挥经验和卓越的领导才能，参与重大战略决策和战役的制定与指挥，成为毛泽东指挥解放战争的主要助手。

自1946年6月到1947年2月，我各解放区军民浴血奋战，8个月内共歼敌67个旅，71万人，平均每个月歼敌8个旅，战局发生了有利于我军的变化。敌人虽占领了我105座城市，等于背上了沉重的包袱。蒋介石能用于第一线进攻的兵力，从1946年10月最高峰的117个旅降为85个旅。1947年3月起，被迫放弃全面进攻的战略，采取"重点进攻"的方针，他集中了90多个旅，近70万人的兵力，以陕北和山东为其"重点进攻"的目标，妄图先占领我陕北和山东两翼，然后进攻华北解放区，将我军各个击破。

为了粉碎敌人的"重点进攻"，中央军委决定继续采取积极防御的方针，一面在山东、陕北采用诱敌深入、集中兵力、各个歼敌的战术，逐步歼灭敌人有生力量；一面组织其他战场的我军，寻机各个歼灭敌人，配合山东、陕北作

转战陕北前夕，周恩来和毛泽东、朱德在一起

战，以粉碎蒋介石的阴谋。

当时陕北的形势是很严峻的。蒋介石除以其嫡系胡宗南装备精良的20个旅担任对延安的主攻外，还调集青海马步芳、宁夏马鸿逵部的12个旅、榆林邓宝珊的两个旅共23万人，向陕甘宁边区全面进攻。当时我西北战场，仅有4个旅，1.5万人，加上后来从晋绥调来的两个旅，共6个旅，2万人，而且装备较差，弹药缺乏，供给困难。加上在延安的党中央、中央军委机关、边区政府机关和各种学校几千人，需要疏散，更增加了运输和供给的困难。蒋介石早就知道这种情况，所以就下决心先夺取延安，以壮士气。2月28日，蒋介石在南京召见胡宗南，要他立即部署向延安进攻。胡宗南气势汹汹地叫嚣，要"3天占领延安"，摧毁中共中央和人民解放军总部等首脑机关，3个月内聚歼我军于陕北地区，或逼迫我军东渡黄河，"解决陕北问题"。

在这样紧急情况下，党中央决定撤退我党在上海、南京、重庆的办事机构和北平军调部人员后，立即组织延安保卫战和紧急疏散延安党政军机关和群众。周恩来责无旁贷地担负起组织实施中央决定的各项任务。

1947年3月7日，我随同董必武回到延安，一下飞机，见到周恩来等中央负责同志和许多战友来迎接，自然无比兴奋，同时也思绪万千。回想1936年12月16日，党中央应张学良先生的要求，派周恩来率中共代表团去西安商谈和平解决西安事变问题。我有幸随周恩来就在这个机场上，乘张学良的专机飞往西安，后来即一直在蒋管区西安、南京、武汉、桂林、重庆等地八路军办事处和中共中央长江局、南方局工作。1946年5月又随中共代表团到南京局工作，在国民党特务包围下工作共10年又3个多月，今天平安地回到党中央的怀抱来，是多么艰难又光荣的一段经历啊！十多年内，虽然无大建树，但完成了党交给我的任务，提高了政治觉悟和工作能力，无愧于党，也无愧于周恩来、董必武等老一辈无产阶级革命家的教导和培养！等全部走下飞机后，我们一批人便随着齐燕铭到杨家岭中央城市工作部。齐燕铭说，中央决定，城市工作部是专管蒋管区工作的，部长周恩来兼，副部长是李维汉，他是秘书长，我是秘书处长，仍主管秘书、机要工作。周子健（原西安八路军办事处处长）是副处长，主管行政工作。我当然表示服从党的分配。可是心里总有点嘀咕，在重庆时，许多同志都回到延安马列学院或党校、抗大学习过，我也于1939年要求回延安学习，并经过周恩来批准。后来因为需要一批干部坚持工作和斗争，我留在了重庆，失去了学习机会。这次回延安，本想提出学习的要求，可是一听说胡宗南就要进攻延安，中央机关要紧急疏散，不能再提出这个要求了。回到延安，我的工作尚未开始，就要和中央机关一起撤退了。

关于中央的撤退工作，周恩来早就开始抓了。还在2月18日胡宗南部队分五路进攻陕甘宁边区的关中分区的时候，他就召集了专门会议作了布置，确定在胡宗南进攻延安时实行坚壁清野，党、政、军、民、学各口负责同志亲自动员、布置、检查、落实，要做到不给胡宗南留下一个群众、一匹牲口、一袋粮食和片纸只字。当时运输力量主要是靠骡马和毛驴，有少数胶轮大车，除机关自己的外，由边区政府动员群众支援，有计划有组织地先把重要文件、物资和老弱病员、幼儿转移到延安东北百余里外的瓦窑堡、永坪一带。除党中央、中央军委、西北局和边区政府留下少数干部坚持到最后撤退以外，其余机关、团体、学校等，都分批转移到瓦窑堡一带，然后再东渡黄河到晋绥地区工作。

周恩来除统一指挥、布置和检查各方面的撤退工作外，他还亲自抓了以下几项工作：

一、指定专人将党中央、军委的重要档案文件，特别是毛泽东的文件、手稿，提前转运、妥善保管。指定中央办公厅秘书局局长曾三负责带队，将中央档案运过黄河到晋绥分局，交贺龙负责安排隐蔽。他还亲自检查是否彻底清理和转运。

二、同新华社社长廖承志，副总编辑范长江等研究确定，新华社广播电台分几个步骤转移，采取接力的办法，以保证党中央的声音不间断地传到人民中去。第一步，立即派一个精干的工作班子带上一套发电机和收讯台、广播台到瓦窑堡山沟里准备好，当延安紧急，新华社广播电台随中央撤离时，瓦窑堡广播台即刻用"陕北新华社"电台接着广播。第二步，中央即通知晋冀鲁豫中央局太行山根据地选择一个地形和条件好的地方，组织新华社的临时总社，配备电台和干部，准备在瓦窑堡广播台转移时，太行山即继续以"陕北新华社"名义广播，重要稿件，由中央直接发给他们。第三步，由廖承志率领总社大部人员东渡黄河，经晋绥解放区到太行山根据地与临时总社合并，最后移到哪里，看战争形势的发展再定。由范长江带精干的小班子和一部电台组成一个工作队坚持在延安，随中央行动。经过周密的安排，延安广播台于3月18日随中央撤离延安后停止广播，19日设在瓦窑堡好坪沟口一个小庙里的广播台立即开始播发文字新闻，口语广播则在迁移中停止了。3月25日，周恩来还亲自到好坪沟新华社广播电台看望了工作人员。由于晋冀鲁豫中央局的重视，及时在太行山区涉县建立了新华社临时总社，4月1日就正式接替了陕北的广播。国民党反动派曾用地面和空中的各种手段侦察新华社广播电台的确实地址，想以空军轰炸破坏，可是始终摸不清楚。1948年春，在党中央到达晋察冀根据地平山县西柏坡之前，新华社又在西柏坡附近建立了广播台。5月，新华总社移至西柏坡同中央会合后，即由西柏坡电台广播。因在解放战争中缴获了更大功率的发电设备和电器材料，新华社广播电台，就以更强大的声音，用几种语言，向全中国和全世界播放中国共产党的方针政策，解放战争的胜利消息以及蒋管区人民的斗争情况，成为鼓舞人民斗志和震撼蒋介石反动统治的强大武器，周恩来在这方面是付出了不少心血的！

转战陕北时新华广播电台设在子长好坪沟的临时发射台。当时改称陕北广播电台

三、布置负责蒋管区工作的中央城市工作部和负责收集蒋管区党、政、军各种情报的社会部的转移，因为这两个部门每天都要保持和蒋管区地下组织的秘密无线电台的联系，他指定我和社会部的秘书长罗青长，组织一个联合秘书处，我任处长，罗任副处长，从中央机要处拨一个译电科，从军委三局拨两部电台，于3月9日晚上开始独立行动，每天保

持同蒋管区电台的密切联系，将中央指示及时传达有关党组织，将蒋管区的情况及时转报中央。

我 7 日才从南京回延安，8 日下午参加了延安各界保卫边区、保卫延安动员大会。周恩来、朱德、彭德怀、林伯渠都到会，并讲了话。晚上，周恩来找罗青长和我当面交代任务。他要中央办公厅和军委三局给我们派的机要科和电台都来报到。我们 9 日准备了一天，集中了队伍，中央机要处派邹群科长带了十来个译电员，军委三局派刘富龙台长带了报务、机务员十来人。我们用一辆骡马大车拉上电台设备和一些被褥。我自己当时没有什么东西，除一床夹被单外，衣服都已穿在身上，两台照相机也自己背上，唯一的宝贝是从南京带回来的照片和底片，临时用木桩钉了一个箱子，放在大车上。我们一行于 9 日晚动身，按计划经过瓦窑堡、绥德，经碛口东渡黄河，到山西临县的三交镇。因为我们沿途要按时架设电台通报，所以行动比大队伍慢一些。我们这个小分队，除了我和一个炊事员年纪超过 30 以外，其余都是 20 左右的青年，所以走起路来轻松愉快，有说有笑，还不时唱上几句陕北的"信天游"小调或《白毛女》歌剧，一天走七八十里路也不觉得累。大约经过半个月，于 3 月下旬到达临县三交镇附近的后委驻地双塔村，了解到各自机关的具体地点后，就各自归队，恢复正常工作。当时中央机要处和三局驻在孙家沟，城工部驻在王家沟，社会部驻在刘云沟。全部是窑洞，工作方便，更是防空的好地方。

四、考虑到进入大城市和全国解放后需要外事干部，周恩来和叶剑英在军委驻地王家坪召集从北平、南京回来的外事人员开会，并决定编成一个小队，队长薛子正，副队长黄华，支部书记王炳南，还有柯柏年、章文晋、陈浩、王光美等十余人，配备了行政人员和一些牲口，过黄河到三交地区。后来就成了后委的外事组，由杨尚昆直接领导，驻双塔村。

由于事先做了充分的准备工作，加以西北野战军的有力阻击，当 1947 年 3 月 19 日胡宗南带上十几万大军趾高气扬地占领延安时，只得到一座空城和许多空窑洞，只有延河里混着许多泥沙的水照样流着，可供胡宗南的人马饮用。

## 转战在陕北高原

3月8日,中央机关按计划有秩序地向瓦窑堡方向转移。10日,中央军委得到隐藏在胡宗南处的熊向晖的情报,胡宗南已将他的主力15个旅14万人在洛川、宜川之线集结完毕,拟即向延安进攻,并准备用伞兵袭击延安。周恩来即起草电报命令刚在陇东西华池结束战斗向延安前进的新四旅,要在两天之内赶到延安附近,保卫党中央和延安。他们如期到达,周恩来交代旅首长,立即研究歼灭敌人伞兵的作战方案,一定要确保延安飞机场不被敌伞兵占领。并要他们告诉指战员,伞兵并不可怕,他们刚从飞机上跳下来,方向都摸不清,只要沉着应战,是可以把他们歼灭的。大概因为敌人害怕伞兵跳到延安山沟里被消灭,没有实行这个计划。3月11日上午,驻延安的美军观察组刚乘飞机撤离,下午,美国支援国民党的轰炸机就开始对延安施行狂轰滥炸。

3月13日,胡宗南指挥他的主力在空军的掩护下,从洛川、宜川向延安大举进攻。16日,我西北野战兵团彭德怀司令员、习仲勋副政治委员率领6个旅,2.6万多人,抗击胡宗南的进攻。经过六天六夜的阻击,歼敌2000多人。18日下午,敌人已进到三十里铺附近,延安已听到炮声了。毛泽东还在王家坪接见保卫延安的新四旅团以上干部。他说,将来人们会看到,蒋介石占领延安,绝不是他们的胜利,而是背上了包袱,搬起石头砸自己的脚,他就要倒霉了。要告诉大家,少则一年,多则二年,我们一定要回到延安来的。周恩来针对一些干部和战士对撤离延安想不通,也进行耐心的解释工作。他对警卫部队说,毛主席和我们都不愿意离开延安,但是在敌人强大的进攻面前,我们暂时离开延安是为了保卫延安,现在走是为了将来不走。17日,他给国民党爱国将领续范亭写信说:"目前国内外形势,日益向有利于人民的方向发展","倘以边区现有之力,能牵制与削弱胡之主力于此区,则对于争取全国胜利将帮助甚大。故现时边区正以全力进行此长期战争,并不望敌人退出也"。

毛泽东、周恩来的伟大预见,正逐渐变成现实。

18日下午,毛泽东、周恩来等在炮声中从容地吃了晚饭,经彭德怀的一再催促，7时左右，才坐上吉普车出了王家坪，依依不舍地离开这住了十年的古城延安，沿延榆公路向东北驶去，边走还边回头看看巍峨的宝塔山。此时，延安城除作战部队外，机关人员和群众已全部撤离。

3月19日，西北野战兵团完成了掩护中央机关撤退任务后，主动从延安撤退。为吸引敌人主力北去，以两个营的兵力伪装主力，边打边往安塞方面转移，将主力隐蔽在延安东北青化砭地区，待机歼敌。

胡宗南主力占领延安空城后，他一方面误认我军主力已向安塞"逃窜"，集中5个旅往北追击，并立即向蒋介石"报喜"，谎报战绩，吹嘘"匪军不堪一击，已仓皇北窜"。蒋介石发电报给胡宗南说："功在党国，雪我十余年来积愤，殊堪嘉尚。"陕西省主席祝绍周还在西安挂旗、放鞭炮，庆祝"陕北大捷"。南京国防部大吹大擂，要组织上海、南京的中外记者到延安参观访问。胡宗南为宣传他的"战绩"，亲自在延安假设"战俘管理处"，要一些士兵化装"共俘"，还搞"战绩陈列室"欺骗记者。

可是蒋介石、胡宗南笑得太早了！正在他们宣传"陕北大捷"的时候，我西北野战兵团于3月25日利用敌三十一旅在拐峁补充了粮食，进入青化砭地区我预设的袋形阵地后，以5个旅的兵力四面夹攻，不到两个小时，将三十一旅旅部及所率一个团近3000人，全部消灭，敌旅长李纪云及副旅长、参谋长、团长都被活捉，给了蒋介石、胡宗南当头一棒！胡宗南以近3000官兵、2000多支枪、30万发子弹，作为占领延安后的第一个见面礼。我解放区军民和蒋管区人民听到此消息，都很高兴，进一步认识了毛泽东"以歼灭敌人有生力量为主要目标，不以保守或夺取城市为主要目标"的正确方针。

党中央、军委撤出延安后，即朝东北方向隐蔽行动，于3月28日到达清涧县的枣林沟。因已知道国民党有测量电台位置的测向台设备，毛泽东、周恩来决定中央的电台在转移中停止工作3天，使敌人摸不清中央的去向。周恩来还起草中央军委致各野战军负责人电："蒋敌现有测量电台方向位置的设备"，"但对小电台因电波弱，不易辨别。因此，望你们在作战前部署期间及作战中，均不用无线电传达,或将司令部原属之大电台移开,改用小电台,转拍至大电台代转,以迷惑敌人"。由于中央军委和各野战军采取了这些措施,使敌人始终摸不清楚我党中央和各野战军司令部的确切地址。

为使中央军委便于指挥全国解放战争,又使中央机关能在安全地区进行正常工作,党中央在枣林沟召开了政治局会议,决定毛泽东、周恩来、任弼时主持中共中央和中央军委工作,坚持留在陕北,指挥全国各战场的解放战争;刘少奇、朱德、董必武组成中央工作委员会,由刘少奇任书记,东渡黄河,到华北解放区进行中央所委托的工作;由叶剑英、杨尚昆、李维汉、李克农等组成后方委员会,叶剑英为书记,到晋西北解放区负责后方工作。

转战陕北时,周恩来、任弼时、陆定一在一起

中央会议一结束,周恩来就紧张地进行一系列的组织工作。

首先,组织一个短小精悍、机动灵活的支队,为中央和军委工作。为了保密,毛泽东命名为昆仑支队,由任弼时任司令员,化名史林;陆定一(中央宣传部部长,主管宣传工作)任政治委员,化名郑位;叶子龙(毛泽东的机要秘书)任参谋长,汪东兴任副参谋长,廖志高任政治部主任。毛泽东化名李得胜,周恩来化名胡必成。下分四个大队:一大队就是司令部作战机关,除首长外,包括军事组,有五六个作战参谋，机要科十几个人，龙飞虎是大队长，负责毛泽东等中央首长的警卫工作。二大队是军委二局部分工作人员，负责情报工作。三大队是军委三局的电台工作人员（有三部电台）和电话排。四大队是新华社，负责新闻宣传工作。总共只300来人。警卫部队是中央警卫团的4个连（一个手枪连、两个步兵连、一个骑兵连，共400来人）。组成支队后，周恩来还亲自进行动员工作，特别嘱咐叶子龙、汪东兴、龙飞虎等同志，一定要负责保证毛主席的绝对安全。朱德也对警卫部队讲了话，把负责毛主席安全的重任托付给他们。

为了具体布置中央工委的转移和中央后委的工作，周恩来带着两个警卫员骑马经绥德，再渡过黄河，于4月2日到达三交同朱德、刘少奇、叶剑英、杨尚昆等会合。详细研究了中央工委的行动路线，确定经过晋绥边区的兴县、岢岚、神池等地，再经过晋察冀解放区的代县、阜平到平山地区，由晋察冀中央局负责安置。后委即分布在三交附近的村庄。周恩来向中央机关负责干部传达了中央枣林沟会议的决定，当宣布毛主席、任弼时和他三人代表党中央、中央军委坚持在陕北与敌周旋指挥全国解放战争时，一些同志都感到惊讶，纷纷议论，担心毛主席和党中央的安全。周恩来解释毛主席和党中央坚持在陕北的伟大意义，说明陕北地形险要，群众条件好，回旋地区大，完全有保障，请大家放心。并宣布了中央工委将到晋察冀边区平山地区工作，首先是筹备和召开全国土地会议。后委即在三交附近工作。

中央工委在三交附近稍事休息后，即由朱德、刘少奇率领往晋察冀边区转移。所属机关有组织部、宣传部、政治部、党校、解放日报社、工青妇委、中央办公厅和卫生部、供给部一部分。周恩来亲自交代伍云甫要做好工委机关的行政管理工作，对朱德、刘少奇、董必武的生活要适当照顾。伍云甫开始对做行政管理工作思想有些不通，经周恩来说服后，他很好地完成了任务，不仅保证了中央工委的工作和生活需要，也为1948年中央机关全部到达西柏坡做了充分准备。

中央后委驻三交附近的双塔村。所属单位有社会部、城工部、中央办公厅、外事组、军委作战部、军委二局和三局、中央机要处、供给部等共 3000 多人。周恩来对后委的工作作了布置。陕甘宁边区政府交际处负责招待了一些老人如吴玉章、谢觉哉等，周恩来亲自交代处长金城，要特别注意他们的安全与健康。周恩来对城工部的工作作了更具体的交代。除了及时向蒋管区的党组织传达中央精神，及时将蒋管区的报告转报中央并提出意见外，要分组对抗战以来蒋管区的党的工作、统一战线工作、群众斗争和武装斗争等进行研究、总结，对当前蒋管区的人民斗争提出意见。

接着，周恩来又到临县晋绥分局驻地同贺龙（陕甘宁晋绥联防司令兼晋绥军区司令）、李井泉（晋绥分局书记、晋绥军区政委）等见了面，请他们注意掩护中央工委安全转移到晋察冀边区，帮助解决中央后委机关的粮食供应。他对晋绥边区在土地改革工作中出现的"左"的倾向，进行了批评，要晋绥分局注意纠正。

周恩来为了赶回中央，只带两个警卫员西渡黄河，经过几天后于 4 月 10 日到靖边的青阳岔和毛泽东会合。第二天，他就为中央起草电报，把中央机关分为三部分的决定和工委、后委的负责人名单通知各中央局、分局负责人。4 月 12 日，昆仑支队转移到安塞县一个小山沟里的王家湾。这个村子很小，只二十孔窑洞，有的破烂得连门窗也没有，交通不便，给养也困难。但是老苏区群众很好，保密条件也好。党中央就在这个困难的环境中，停留了 56 天，指挥全国各个战场的战争。

刚到王家湾的第三天，即 4 月 14 日，西北野战兵团以 4 个旅的兵力，在瓦窑堡以南的羊马河围歼了孤军深入的敌一三五旅 4700 余人，首创西北战场我军全歼敌人一个整旅的范例，给蒋介石、胡宗南又一次严重打击。毛泽东向各战区通报这一战役胜利时指出："这一胜利，给胡宗南进犯军以重大打击，奠定了彻底粉碎胡军进攻的基础。这一胜利证明仅用边区现有兵力（6 个野战旅及地方部队），不借任何外援即可逐步解决胡军。这一胜利又证明忍耐等候，不骄不躁可以寻得歼敌机会。"毛泽东 4 月 15 日给彭德怀的电报说："目前敌之方针是不顾疲劳粮缺,将我军主力赶到黄河以东,然后封锁绥德、米脂,分兵'清剿'","我之方针是继续过去办法,同敌在现地区再周旋一时期(一个月左右),目的在使敌达到十分疲劳和十分缺粮之程度,然后寻机歼灭之"。

果然不出毛泽东所料,羊马河我军告捷后,蒋介石得到情报,说"中共中央及其主力在绥德附近集结",要胡宗南主力9个旅自蟠龙、永坪向绥德迅速北进,并要榆林的邓宝珊部向南策应,企图南北夹击,将我一举消灭。可是蒋介石得到的是假情报,我中共中央不在绥德,而在绥德以西百多公里的王家湾,我军主力则在瓦窑堡附近待机歼敌。正当胡宗南主力9个旅在绥德一带武装大游行,拖得疲劳不堪时,我西北野战军于5月4日集中优势兵力,向孤立据守在蟠龙补给站的敌一六七旅及地方部队进攻,将敌6700多人全部歼灭,俘敌旅长李昆岗,缴获大量粮食和军用物资,军服4万多套,子弹百万余发。这是胡宗南运输大队长的"伟大贡献"!等胡宗南下令9个旅由绥德回援蟠龙时,蟠龙的物资已搬得一空,搞得他们既疲劳又缺粮。而我西北野战军已转移至安塞附近休整了。

中共中央撤出延安后的40多天中,我军连续取得青化砭、羊马河和蟠龙三大战役的胜利,军民斗志昂扬,而胡宗南虽然占了几座空城,但损兵折将两万多,被毛泽东牵着鼻子走,到处扑空、挨打。

5月9日,新华社播发了经过周恩来修改的评论《志大才疏阴险虚伪的胡宗南》,辛辣地指出:"蒋介石的最后一张牌胡宗南,现在在陕北卡着了,进又进不得,退又退不得。胡宗南现在是骑上了老虎背。"又指出,不到两个月,丧失3个旅,"事实证明蒋介石所依靠的胡宗南,实际上是一个'志大才疏'的大饭桶"。

西北野战兵团接连取得三次大捷以后,下一步如何行动?5月10日,周恩来从王家湾出发赶到安塞县马家沟西北野战兵团司令部,同彭德怀、习仲勋、王震等开会,分析了西北战场的敌我形势,确定了下一步出击陇东的作战计划,并电告毛泽东。为了壮我军志气,灭敌人威风,决定5月14日在真武洞召开陕甘宁边区军民庆祝大会，周恩来代表党中央出席讲话。

真武洞，在延安以北 90 华里。召开祝捷大会的消息一传出，周围几十里的群众都赶来了。野战军则穿上刚从蟠龙缴来的新军衣，背上美制新式武器和饱满的子弹袋，雄赳赳地进入会场。为防止敌机空袭，大会在下午 4 时举行。但群众在 3 时前就来了，打着红旗，敲着锣鼓，兴高采烈地站满了会场，会场容不下，就坐在会场外围的山坡上，真是人山人海。主席台上有彭德怀、习仲勋、林伯渠等领导同志。当台下群众发现周恩来副主席时，特别兴奋，都议论纷纷，猜想毛主席一定也还在陕北。彭德怀宣布大会开始后，周恩来在热烈的掌声中讲话，他说：我代表中共中央祝贺你们，代表中国人民感谢你们。他用洪亮的声音宣布：中共中央和毛泽东同志自从撤离延安后，一直留在陕北，同边区的全体军民共同奋斗。热烈的掌声和"毛主席万岁"的欢呼声，震动了山谷。周恩来又说："蒋介石、胡宗南梦想赶走中共中央，消灭西北解放军，征服边区人民，但是，一件也没有做到。"他介绍了全国各战场都取得了很大胜利的情况，号召边区军民在党中央和毛主席领导下，团结一致，下定决心，坚持斗争，彻底消灭胡宗南，早日收复延安，解放全西北，解放全中国！这次大会，极大地鼓舞了边区军民的斗志。

蒋介石听到这个消息后，恼羞成怒，责怪他的忠实走狗胡宗南无能，不仅没有"消灭共军"，反而连吃三次败仗；又怪情报机关和空军，毛泽东、周恩来和中共中央一直在陕北，总是弄不清楚他们在哪里。根据周恩来在真武洞出现的情况，他们判断中共中央在青阳岔、王家湾一带，又梦想要一举消灭中共中央和我西北野战军。胡宗南令第二十九军军长刘戡，率四个半旅人马，在空军掩护下，由延安、蟠龙一带气势汹汹地向青阳岔、王家湾扑来。

毛主席和党中央早就估计到了敌人这一手，派周恩来到真武洞出面，就是要把敌人主力吸引到陕北的深山沟里来，拖得他们精疲力竭，以便我西北野战军能顺利进行陇东战役。毛泽东估计敌人此次行动有三个企图：一是把我们消灭在王家湾一带；二是逼我们过黄河；三是把我们赶到北边沙漠地带困死、饿死。

可是敌人连遭三次失败后胆小如鼠，又怕遭到我主力伏击被歼，所以只敢大集团地并行前进。他们哪里知道，毛泽东在这里布置了一个"空城计"。西北野战军已于5月21日按计划西进，到了离王家湾几百里地的陇东。党中央机关的警卫部队只4个连。6月8日，敌人先头部队已到离王家湾五里远的山头上，警卫部队一面加强警戒，一面帮助地方干部动员群众实行坚壁清野后全部转移。听到枪声时，周恩来还亲自检查住的窑洞是否遗留有片纸只字，然后才同毛泽东冒着大雨率领昆仑支队离开了住了50多天的王家湾。为了迷惑敌人，毛泽东、周恩来商量留下警卫团团长刘辉山指定一个连长带一个步兵排，配一挺机枪，在王家湾、小河一带吸引敌人。周恩来还亲自交代了任务和办法。这个排灵活地采用了毛泽东的"蘑菇"战术，到东边放几枪，引着敌人往东走，又到西边放几枪，引着敌人往西走，拖得敌人疲劳不堪，又找不到粮食，只得往南退去。我中央机关就在敌人的旁边安全转移。6月17日，昆仑支队就在离王家湾几十里路的小河村（属靖边县）安然地住下来，又开始"运筹窑洞之中，决战千里之外"了。同志们都称赞毛主席不仅"用兵如神"，而且也"料敌如神"。

蒋介石、胡宗南既未达到"消灭共军主力"的目的，又未实现"把毛泽东赶过黄河"的梦想，只有自欺欺人地要"中央社"广播什么"共军已从陕北溃散""毛泽东已离开陕北，到达山西兴县"等鬼话。

党中央在指挥西北战场的同时，粉碎了蒋军在山东战场的进攻。

陕北和山东两个战场的不断胜利，使得蒋介石的"重点进攻"遭到惨重的失败！

由于蒋介石的大部分主力部队被吸引并牵制在陕北和山东两个战场，就为其他解放区的反攻创造了有利的条件。晋冀鲁豫、晋察冀、东北等各个战场上，都捷报频传。晋冀鲁豫解放军在4、5月间对敌发动了攻势，全歼蒋介石的第二快速纵队和暂编第三纵队，共4.5万多人，解放了豫北、冀南大片土地，控制了平汉铁路300多公里，破坏了敌人在山东、陕北两个战场之间的联系，为下一步刘邓大军南下创造了有利条件。

## 小河会议决定战略反攻

小河，是陕西西北边城靖边县的一个小山沟，一条用几块石头摆成跳石桥的小河，日夜不停地向东流入大理河，到绥德汇入无定河再流入黄河。小河西边和山坡上有三十几个窑洞，住了三十来户人家。中央机关就挤在群众让出来的一些窑洞，各大队分别在附近的小村里。

中央驻在小河村时，解放战争即将进到第二个年头。解放战争第一年里取得了很大的胜利需要加以总结，第二年里人民解放军作战的基本任务应该加以确定。为此，中央决定要在这里召开一次会议。

早在王家湾的时候，毛泽东根据战局的发展越来越有利于我的形势，就开始了从战略防御转入战略进攻的伟大部署。毛泽东5月8日为中央军委起草致刘伯承、邓小平、陈毅、粟裕的电报，指示刘邓所部争取于6月1日前休整完毕，6月10日前渡过黄河向冀鲁豫区与豫皖苏区之敌进击，第二步向中原进击；陈粟所部准备于6月10日以后配合刘邓大军大举出击，6月30日晚，刘邓大军4个纵队约13万人，在山东济南和河南开封之间宽约300里间的8个渡河点，一举强渡成功，蒋介石鼓吹黄河能抵40万大军的神话，完全破产，他的中原防线也被冲破。连美国大使司徒雷登也把这件事当作"六卅事件"，说"八卅事件决非好兆"。

刘邓大军过河后，利用敌人张皇失措的时机，立即发动了鲁西南战役，经过28天的连续作战，全歼敌人4个师部和九个半旅，共6万余人，俘虏敌六十六师师长宋瑞珂等一批高级将领。这一胜利，揭开了全国大反攻的序幕，打开了跃进大别山的通路，迫使亲自到开封坐镇指挥的蒋介石心焦如焚，除在河南地区调兵遣将外，还从陕北、山东等地抽调了11个师。这给敌人的重点进攻以沉重打击，打乱了敌人在南线的战略部署。

这一胜利，为中央小河会议的战略决策提供了可靠的依据。

为了小河会议的召开，周恩来事前做了紧张的准备工作。他打电报给各野战司令部，把从去年7月到今年6月一年中，消灭了敌人的多少个师、旅、团、营的建制，消灭人数和缴获的武器弹药详细地报军委，以便统计向中央报告。他对张清化、张明等参谋人员说，我们的战报一定要确实，不能虚报、假报，假报对敌人无损失，只能欺骗自己，失掉群众的信任。什么叫消灭敌人呢？就是要整连、整营、整团、整旅、整师地全部消灭。打垮的不能算。因为我们提倡歼灭战，歼灭他一个团，他就少了一个团，如果只把他打垮，他回去一整理又来了。对我军一年来的损失和增长的数目也要如实统计。五六个参谋人员就为统计一年战果和在地图上标记等，忙了一阵子。参谋人员统计后，周恩来还要自己核算，有些不准确的，还得打电报去问清楚。在准确的统计数字的基础上，周恩来又亲自起草在中央会议上的发言提纲。会场的布置也是他亲自主持的。为了便于当面商量问题，毛泽东已从半山坡的窑洞里搬到河滩边周恩来、任弼时住的窑洞旁边，窑洞前面有一个小院子，周恩来要警卫部队用杨树枝搭了个凉棚，凉棚下摆上两张从群众家里借来的桌子和几条长板凳。到会首长的住宿、伙食等也作了具体指示。小河是一个小村庄，供给困难，所以专门派人到靖边去采购食物。

当时蒋介石命令特务机关加紧侦察中共中央和新华社广播电台的具体位置，在陕北各地布置了测向台，准备派空军和地面部队进攻。在北平、西安、上海、南京等大城市，也布置测向台，企图发现我地下电台后加以破坏。为研究对策，周恩来电告中央后委，要军委二局局长戴镜元、三局局长王诤、中央机要处处长李质忠和主管蒋管区秘密电台的罗青长和我，于7月中从三交过黄河到小河参加机要工作会议。我们按时到达，因周恩来忙于准备中央会议，我们只能等到中央会议开完后才正式开会。我恰好带上了徕克照相机，所以有机会拍下了有历史意义的小河会议的照片。

中央军委原定要陈赓、谢富治所率领的山西太岳纵队在6月底或7月初西渡黄河，加强陕北军事力量，与西北野战兵团在内线歼灭胡宗南主力，夺取大西北的任务。由于刘邓大军已南渡黄河，情况发生了变化，又考虑陕北地区人口稀少，供应困难，而豫西地区在胡宗南部大部调到陕北后，兵力空虚，如把陈谢纵队使用到这个地区,不仅必将迫使胡宗南分兵救援,有利于西北野战兵团各个歼敌,而且对刘邓大军的南下可起到配合作用。军委为此致电彭德怀、习仲勋征求意见,同时通知陈赓先到小河面谈。7月19日,陈赓由河东来到小河村。毛泽东、周恩来同陈赓商议后,决定将陈谢纵队改为南渡黄河向豫西挺进。

陈赓对于党中央和军委的命令,从来都是坚决服从的,他是革命乐观主义者,不怕任何困难,这一次接受了新的任务特别高兴。因为他可以在敌人薄弱的豫西地区大显身手了。20日一清早陈赓就起来了,一下子窜到我和叶子龙住的小窑洞里来,把我们的被子掀起要我们起床。我们睁开睡眼一看是他,就开玩笑地说,你睡足了,我们还没有睡够呢,不要捣乱。他郑重其事地说告诉我们一个"好消息":

毛泽东与中央机关机要人员合影

不来陕北吃小米，要到河南去吃白面、大米了。我和叶子龙听后也为他接受了打出去的光荣任务而高兴，并说祝贺陈赓胡子旗开得胜，马到成功，可是不要忘记我们这些还在吃小米的人啊！他做个鬼脸一笑就走了。

小河会议于7月21日至23日开了三天。到会的除毛泽东、周恩来、任弼时、陆定一外，还有彭德怀、习仲勋、贺龙、王震、陈赓等由前方回来的将领。他们就坐在凉棚下的几条木板凳上讨论关系全国革命胜利的伟大战略问题。

会议由毛泽东主持，并先讲话，他说，蒋介石在政治上更加孤立，但还未到绝对孤立。对蒋介石的斗争，计划用五年解决。看过去这一年的战绩，是有可能的。原来计划陈赓和边区部队集中打，现在决定分开打，从战略上和粮食供应上看都有利。边区在军事上、财政上都依靠晋绥，今后更加如此，决定由陕甘宁晋绥联防司令贺龙统一领导这两个解放区的地方工作。

周恩来在会上，总结了人民解放军在战争第一年取得的成绩，分析了敌我双方力量对比的消长趋势。他说，过去一年内蒋军有了极大的变化，敌正规军原有248个旅，已被歼灭1/3——弱，我缴获枪支70万支，占总数1/3——强；从质量说，不止降低1/3。敌军在去年7月至10月，占领了解放区104座城市，兵力更分散了；11月至今年2月，敌军逐渐集中兵力，但在此期间我歼敌最多，城市则得失相当；3月至6月，敌军攻势已成强弩之末。除山东、陕北外，我均转入反攻，得城市62座。预计明年解放军不仅在质量上，还将在数量上超过敌人。今后发展必须求之于新区，主力的发展则求之于地方部队的升级。

会议一致同意中央军委提出的实行全国性的战略进攻，将主力打到国民党区域，在外线大量歼敌的方针。

会议最后一天，毛泽东为中央军委起草致刘、邓、陈、粟、谭和华东局的电报，建议刘邓所部"下决心不要后方，以半个月行程，直出大别山"；"陈粟谭率鲁中兵力并在刘邓到大别山后指挥陈（士榘）唐（亮）担负整个内线作战任务"；"陈谢集团至豫西后，受刘邓指挥作战"。

会议结束后，前线将领立刻回到指挥部去执行中央决定。全国性的战略大反攻，就要开始了。周恩来向中央机关工作人员作了报告。他说：去年的作战方针是战略上防御，把敌人引到解放区来消灭，现在我们已消灭敌人大量有生力量，迫使敌人由战略进攻转入战略防御。我们只有实行打出去的方针，才能取得整个解放战争的胜利，彻底摧毁蒋介石的反动统治。他又找我们开了机要电台保密会议。会后，我们就离开小河回到山西三交地区各自执行任务去了。

7月31日，周恩来为中共中央起草致彭德怀、贺龙、习仲勋及西北局电，决定西北野战兵团正式定为"西北人民解放军野战军"，以彭德怀为司令员兼政治委员和前委书记。西北人民解放军野战军下辖三个纵队另两个野战旅，共约5万人。

中共中央不等敌人的进攻被完全粉碎，不等人民解放军在数量上装备上超过敌人，就下决心由战略防御转入战略进攻，以敌人兵力薄弱的中原地区为主要突击方向，实行中央突破，转入外线作战，直插敌人的战略后方，将战争引向国民党统治区，从而改变整个战争的态势。这个战略决策是十分英明果敢的。战争的形势，就是按照党中央和毛泽东的伟大预见发展的。

当时，对于我军的战略进攻行动，毛泽东曾作了生动的比喻：蒋介石把他的主力集中于陕北、山东，搞"重点进攻"，好比他把两个拳头同时伸出去，他的胸膛就暴露出来了。蒋介石的兵力部署很像一个哑铃，两头粗，中间细，两头力量强，还有攻势，中间薄弱，处于防御。我们就攻其薄弱部分，从中央突破，像一把尖刀，插入敌人的胸膛。

发动全面内战的蒋介石和他的主子美帝国主义，做梦也想不到就在陕北的小河村子里的凉棚下，决定了他们彻底失败的命运。

为了实现跃进大别山，夺取中原的战略计划，中央军委作了"三军配合，两翼牵制"的周密布置。"三军配合"是刘邓大军实施中间突破，直趋大别山；陈毅、粟裕率领华东野战军主力并指挥晋冀鲁豫第十一纵队为左路，在山东西渡过黄河，挺进豫皖苏地区；陈赓、谢富治率领太岳兵团两个纵队和三十八军为右路军，自晋南豫北交界处强渡黄河，挺进豫西。三军在长江、淮河、黄河、汉水之间，布成品字形阵势，互相配合，机动歼敌。"两翼配合"是：以西北人民解放军野战军主力围攻榆林，调动陕北敌人北上，将敌人的"左拳"拉到沙漠边缘；以山东内线部队在胶东展开攻势，调动山东敌人主力向东，将敌人的"右拳"拉到渤海之滨。这样，就使敌人更加分散，更加"胸膛袒露"，便于南下三路大军之行动。

为了靠近西北野战军总部，便于商定彻底粉碎胡宗南的进攻，中共机关由小河时的"三支队"改为"九支队"，由周恩来兼任司令员和政委，于8月1日离开小河村，沿大理河向东转移，经过19天的艰苦行军，于8月20日到达米脂县的梁家岔才停下来。这里离西北野战军的总部驻地东原村只有20里。

西北野战军根据中央军委指示，于8月6日开始围攻长城边塞榆林城。胡宗南果然又一次"听从"毛泽东的"调遣"，迅速抽调了十个半旅6.3万多人，分几路北上，妄想先解榆林之围，再寻找我党中央和西北野战军主力决战，歼灭我军于榆林、葭县（今佳县）、米脂三角间的狭小地带，或逼我过黄河。西北野战军果断地撤出榆林战斗，于8月12日将主力隐蔽集中于米脂县沙家店地区，待机歼敌。以小部队佯作东渡黄河。胡宗南根据电台测向和空军的侦察报告，误以为我党中央和西北野战军主力要东渡黄河，下定"迅速追击，勿失此千载良机"的决心，并狂言"一战结束陕北问题"，急令各路敌军迅速追击。胡宗南令第二十九军军长刘戡率5个旅，由绥德北进；令第三十六师师长钟松率两个旅，从榆林南下镇川堡。西北野战军随即以一部兵力阻击刘戡，集中6个旅于沙家店地区，准备歼敌。钟松的三十六师，是胡宗南主力，他解了榆林之围得到胡宗南表扬，现在又急于立功，远离主力，进入西北野战军的伏击区。8月20日，西北野战军发动攻击，经过一天激战，全歼三十六师师部和一个旅，并在常高山以南歼灭该师的另一个旅，共6000余人，一二三旅旅长刘子奇被俘。这是西北战场上一次有决定意义的胜利，它改变了整个西北战局，打破了蒋介石对陕北的重点进攻，使西北野战军由内线防御转入内线进攻。同时把胡宗南主力拖在陕北，也有力地配合了陈谢集团挺进豫西的行动。

沙家店战役的第二天，毛泽东、周恩来、任弼时到西北野战军司令部同彭德怀等开会。毛泽东称赞这一仗打得好。他说，打了这一仗"就过坳了"。陕北战场最困难的时期已经过去，战争的主动权掌握在西北野战军手中了。

沙家店战役后，陈赓、谢富治指挥太岳兵团于8月22日、23日分两路南渡黄河，进入豫西，威逼陕南。胡宗南急令刘戡、董钊率领陷在绥德以北的8个旅，撤回延安以南。因怕被我各个击破，采取了密集行军、交替掩护办法南撤，沿途受到我军追击、侧击，恐慌万状，走了一个月才到延安地区集结。我军乘胜追击，到9月中，收复了葭县、吴堡、靖边、子洲、横山、吴旗（今吴起）、安塞、志丹等县城，接着收复延川、延长。10月11日，攻克清涧县城，全歼敌整编七十六师8000多人，活捉师长廖昂，迫使胡宗南放弃延安以北的据点。

西北战场已由内线防御转入内线反攻，但是还没有取得完全胜利，中共中央决定不过黄河，仍在困难情况下坚持留在陕北指挥全国解放战争。

8月24日，中共中央由梁家岔转移到葭县的朱官寨。

9月1日，中共中央在朱官寨发出了毛泽东起草的党内指示《解放战争第二年的战略方针》。指示总结了第一年作战的伟大胜利后指出："我军第二年作战的基本任务是：举行全国性的反攻，即以主力打到外线去，将战争引向国民党区域，在外线大量歼敌"。这个指示，为我军打到国民党区域指明了胜利的方向。

这时全国各战场都出现了大反攻的形势。

刘邓大军开始千里跃进大别山的英勇行动，战胜了黄泛区泥泞道路和强大敌人阻击等困难，解放了23座县城，迅速地在大别山区站稳了脚跟。陈谢兵团强渡黄河进入豫西地区后，歼敌4万多人，有力地支援了陕北、大别山地区作战，占了县城19座，建立了8个军分区和21个县级政权，成立了豫陕鄂军区和行政公署，根据地初步形成。陈粟华东野战军主力越陇海路南下，解放县城24座，完成在豫皖苏边区的展开。三路大军挺进中原大地，把战线由黄河南北推进到长江北岸，使中原地区成了人民解放军夺取全国胜利的前进基地，把蒋介石的战略防御体系完全打乱了。这是对战争发展有重大战略意义的胜利，是毛泽东军事思想的伟大胜利！

东北民主联军于9月14日发动了秋季攻势，歼敌6.9万余人，占领城市17座，迫使敌军退守到沈阳、长春、吉林等城市及其附近地区，陷入被动局面。

华东野战军留在山东进行内线作战的山东兵团，发起了胶河战役，击败敌人11个旅，歼敌1.2万多人，我军转入反攻。

晋冀察野战军，自9月起进行外线作战，在清风店战役中，歼敌2万多人，生俘第三军军长罗历戎。在朱德总司令的直接指导下，他们乘胜发起石家庄战役，攻占了华北重镇石家庄，歼敌2.4万余人，开创了人民解放军攻占敌人坚固设防的大城市的先例，使晋察冀和晋冀鲁豫两大解放区连成一片，为当时驻在平山西柏坡的中央工委和各解放区打通了直接联系。

为了便于同各方面联系和解决供给问题，中央机关于9月21日离开朱官寨，23日到达葭县西南15里的神泉堡。神泉堡是比较大的一个乡村，在一个山坡上，地势险要，从悬崖边上有一条小路进村，村口的隘路上，用条石砌了一座堡垒式的大门，门上方刻有"神泉堡"三个大字。村内有一家地主的大院，大门口有一对精刻的石鼓，鼓上面还有一个小狮子。大院内有一排石拱窑洞。毛泽东、周恩来、任弼时都住在这里，这是从延安撤退后半年以来居住条件较好的一个地方。加以敌人已向南撤退，也是很安全的地方。这里离葭县近，给养没问题，从葭县过黄河，就是山西的临县，到中央后委住地三交的双塔村也不远。因此，中央就在这里工作了两个月。

这时刘邓、陈粟、陈谢三路大军都已打到蒋管区，彻底打破了蒋介石的防御体系。但是，困难还很多，蒋介石拼命从各方面抽调兵力对我军阻击、追击，我军远离后方，长途行军、作战，损失不少；新区群众对我还不了解，人生地疏，语言不通；给养困难，生活艰苦，部队出现一些思想问题；等等。这些，都是毛泽东、周恩来、任弼时无时不关心的问题。为了及时同前线保持无线电通信，周恩来在部队离开朱官寨前一天，就要三大队先派出电台到神泉堡同各路大军沟通电台联络，部队一到就可以收发电报。当中央机关到神泉堡时，前方就发来电报，使中央及时了解前方的情况。周恩来规定，电台和机要科都要24小时值班，电报随收随译随送，绝不耽误。收报译好后即送周恩来，凡十万火急以上的急电，不管他睡了觉，也要叫他起来看。但当毛泽东休息后，除非特别紧急的立即送给他看外，一般都要等他醒来后才送，好让他多休息一会儿。毛泽东常常是彻夜不眠的，当他将要休息时，常常习惯性地自己到机要科去问有没有电报，如有电报正在翻译，他就等到看完电报甚至起草了回电才去睡觉。他常常一起来就叫叶子龙科长要电报看，如没有电报，也会自己到机要科去。当时，我正在神泉堡参加机要工作会议。有一天早晨，毛泽东刚从机要科窑洞里出来时，我立即抓拍了一张照片。有一个上午，他看到前方打胜仗的电报很高兴，坐在窑洞门口的石阶上，和机要科全体同志照了个合影，这是我摄影史上的光荣一页。毛泽东和周恩来，就在小小的窑洞里靠电报及时了解和指挥全国解放战争的。

周恩来刚到神泉堡几天，得悉在北平和我地下情报系统有工作关系的民主人士余心清等二人被国民党特务逮捕，情报系统一个地下电台也被国民党特务测向台发现而被破坏。周恩来立即电告主管部门采取紧急措施防止破坏的扩大和设法营救余心清，同时通知戴镜元、李质忠、罗青长和我迅速赶到神泉堡去开机要工作会议。我们四人从三交骑了两天的马于9月28日上午到达，正好听到了周恩来当天下午向中央机关工作人员作的形势报告。

周恩来报告的主题是"全国大反攻，打倒蒋介石"。他对当前的战争形势作了详细的分析，他说，1945年8月15日日本投降后，党的方针是要建立一个独立、和平、民主的新中国。但蒋介石不要和平，动员了300万军队进攻我们，经过一年自卫战争，被我们消灭了110多万。我们胜利的原因是：（一）人民拥护我们作战，相信我们是为他们做事的；（二）我们的军队是为人民的，是人民的子弟兵；（三）党中央和毛泽东领导得好。过去一年，我们是战略防御，战术进攻，现在我们在战略上也是进攻，提出大反攻、打倒蒋介石的口号是适当的。蒋介石有三个弱点：兵力不足，后方空虚，人民反对。我们则充分具备了大反攻的条件，首先是我军愈战愈强，第二是土地革命，第三是扩大了解放区。战争的第二年是要打出去。我们的方针是，打到蒋管区，发展解放区，消灭蒋介石的部队在蒋管区。我们打倒蒋介石是有把握的，当然不是说再打一年就能解决问题，要到第三年，可能到第四年。我们要解放全中国，整个形势的发展是定了的。报告结束时，他举手高呼："打到南京去，活捉蒋介石！"全场一致跟着高呼，并热烈鼓掌。

这是一个十分鼓舞人心的报告，我们听了报告后，都增加了胜利的信心，也增加了做好本职工作的责任感。

9月30日，周恩来、任弼时召集我们开机要工作会议。针对国民党特务在美国情报局的大力支持下要侦破我在蒋管区的地下组织和秘密电台，用测向台多方侦测我党中央、各野战军司令部电台，并妄图破译我核心密码的种种阴谋。他们在指挥全国解放战争的百忙中，抽出时间听我们的工作汇报，同我们研究对付敌人空中侦测、地下破坏、密码破译等一套切实可行的办法。周恩来特别强调这是一条秘密战线的对敌斗争，只能胜利，不能失败。这是关系到解放战争胜利与失败的严重政治任务，必须完成。因为他们很忙，不能每天同我们一起开会，只能抽空来参加，所以要我们就此先进行研究。首先是密码的编制、使用、保管的问题，要做到万无一失。对公开、秘密电台如何避开敌人测向，如何迷惑敌人，也要总结经验教训，订出一套可行办法来。经过我们反复研究和不断得到周恩来、任弼时的多次指示，会议前后开了20多天，取得了完满的结果。会议最后，周恩来对我们在机要战线上同国民党的斗争性质，作了极为重要的科学分析。他说，这种斗争，是政治与技术相结合的斗争。我们在技术上落后于国民党，但是我们可以学习，可以进步，总有一天能赶上他们；但在政治上，我们是先进的，我们的人员有高度的政治觉悟，有严格的制度，这是他们永远赶不上的。他们虽然有技术，但政治上是腐朽的，官僚主义，官官

周恩来在葭县神泉堡作形势报告

相护,上下相欺,制度不执行,有许多漏洞我们可以利用。只要我们加强政治思想工作,严格执行制度,又注意技术进步,就一定能战胜他们。这是对机要战线上斗争经验的高度概括和科学总结。这次会议,对于加强我党机要通信工作,保障战争的胜利,起了重要的作用,为新中国成立后加强党的机要工作打下了良好的基础。

在会议期间,周恩来、任弼时还抽空高兴地带我们一道走到黄河边的白云山上,参观了历史悠久的白云观,参加了庙会,并摄影留念。晚上还一起点起蜡烛打扑克。10月底,除戴镜元继续留下领导二大队工作外,我和李质忠、罗青长都高兴地回到三交自己的机关，立即采取措施贯彻会议的决定。

毛泽东领导中央机关转战陕北期间，刘少奇领导的中央工作委员会，在晋察冀边区平山县的西柏坡村，召开了有伟大历史意义的中国共产党全国土地会议。会议由刘少奇、朱德、董必武、彭真、林伯渠、聂荣臻、叶剑英、薄一波等组成的主席团主持。参加会议的有中央机关的负责同志和华东、晋冀鲁豫、晋察冀、东北、冀热辽、陕甘宁、晋绥等解放区代表共107人，会议通过了《中国土地法大纲》。会后，中央工委即向中央报告了会议情况并将《中国土地法大纲》报中央审批。党中央在神泉堡讨论了中央工委的报告，于10月10日作出《中国共产党中央委员会关于公布中国土地法大纲的决议》，连同《中国土地法大纲》经新华社向全国宣布。《中国土地法大纲》公布以后，深受广大农民的欢迎，老区已经得到土地的农民欢欣鼓舞，认为他们得到的土地有法律保障，得到党中央的正式批准，从而更加努力生产和支援解放战争。在前方作战的子弟兵，也更加勇敢地为保卫家乡已得到的土地而战斗。新区的农民，也渴望能够根据土地法大纲得到土地，更积极帮助解放军消灭国民党反动派和地主武装，建立民主政权。

这时，刘邓大军虽然已初步完成在大别山区的战略展开，建立了17个县的民主政权，但是蒋介石深恶痛绝地要拔出插到他胸膛的这把尖刀，拼命调集大军妄图把刘邓大军消灭在大别山区。

毛泽东和周恩来身在神泉堡，心系大别山，每天都关心刘邓大军能否扎下根来。除随时提供敌情给以指示外，作出了给他们增加兵力的决策。经过同晋冀鲁豫中央局商量后，决定将留在内线作战的第十、第十二两个纵队，带上一批新战士和伤愈、病愈归队的指战员，运送大批弹药、药品和银元，南下中原。这两个纵队经过长途跋涉和沿途作战，按照军委计划到达指定地区，加强了中原野战军的力量，提高了粉碎敌人围攻和坚持大别山斗争的信心。刘伯承司令员说，这是党中央、毛主席对中原野战军的"雪里送炭"。

10月间，蒋介石集中在大别山北部的兵力六个多师，妄图合击光山、新县地区的我军主力。我军以一部分兵力牵制和迷惑敌人，主力转到外地寻机歼敌。首先在皖西六安县东南的张家店，把在运动中的敌人八十八师六十二旅全部消灭，创造了我军在无后方依托的条件下，消灭敌人正规旅的新纪录。接着，又于 10 月 26 日，在湖北蕲春县的高山铺地区，经过一天一夜的激烈战斗，将钻进我埋伏圈的蒋军四十师师部和两个半旅共 1.2 万多人，全部歼灭。当武汉敌机到高山铺上空投下馒头、烧饼时，我军毫不客气地收下了。

10 月 27 日下午，当刘邓大军把他们的胜利消息报到神泉堡中央时，毛泽东、周恩来、任弼时都十分高兴。毛泽东得到刘邓胜利的消息后，兴奋得没有睡好觉。当天晚上，他就给刘邓发了祝贺电报。第二天一清早，他要叶子龙通知周恩来、任弼时，放假一星期，不开会，搬到白云山下的一个村子里去休息，除了紧急的电报外，不要送文件给他看。叶子龙一面报告周恩来和任弼时，一面通知汪东兴派人到前面打前站，准备毛泽东休息的地方。吃完早饭后，毛泽东带着警卫人员往白云山走。神泉堡到白云山只十来华里，饲养员给他牵来马，他只骑了一段就下了马，兴致勃勃地和大家一起走路，一路有说有笑地走着，不多久就到了白云山下的一个村子里，前站人员已经向群众借好了几孔窑洞请毛泽东休息。他只稍微休息一会儿，喝了几口茶，又精神抖擞地沿着石阶爬到白云山顶的白云观参观游览。白云观是唐代始建的古迹，当每年庙会时，黄河两岸都有许多群众来参加。山上有不少苍松古柏，山的东面是滔滔的黄河，河东是山西临县。这是陕北难得的一个风景点。

当我和罗青长得到毛泽东游白云山的消息后，也赶去参观，正要上到山顶时，毛泽东已从山上往下走，要我给他照个"背靠黄河"的相。这是个很难得的机会，我立即把徕克镜头对着他，以黄河为背景连照了两张。他高兴地下山了，我也跟着下山。

从这天起，毛泽东就在白云山下住了一星期，白天是上白云山或到黄河边散步，有时到群众家里闲谈，晚上就约三个同志打麻将。他的麻将技术是很高明的，常常是他和，而且规定无番不准和，他一和就是多少番。当他把别人的筹码赢到一堆在面前时，就像打了胜仗一样，高兴地哈哈大笑起来。

那时候，恰巧谢觉哉从山西临县三交附近的甘泉沟过河到了神泉堡。谢老是中央法律委员会副主任，他和王明、吴玉章、何思敬等在甘泉沟研究宪法问题，他特意来看望毛泽东并报告宪法研究情况。毛泽东同他详细交谈，10月29日又一同上白云山游览，老战友战地重逢，分外高兴。他两人正在住房门口坐在木板凳上促膝交谈时，我拍下了这个珍贵的场面。

说起来也真奇怪！我那几天在神泉堡和白云山上，给周恩来、陆定一、任弼时和夫人陈琮英等都照过相，回到三交王家沟城工部时，我自己冲洗后印成相片时，包括在小河照的小河会议、毛泽东同机要人员合影照等都很清楚，唯独不见毛泽东"背靠黄河"那张照片！是胶卷走光？是冲洗坏了？我一直没有找出原因。这是多么可惜的一张珍贵照片！这是我50多年摄影史上最大的失误！是无法补救的，成了我终身遗憾的一件事！罗青长一提到这件事时就批评我，不知批评过多少次。我一直后悔没有在南京撤退前设法多买些胶卷带回延安来，如果胶卷充足，还可多照许多有历史意义的照片啊！

毛泽东在白云山下，好容易休息了一个星期，身体、精神都更好了。任弼时的高血压病也有所好转。唯独周恩来仍以高度负责和不知疲倦的精神抓全面工作。为了让毛泽东、任弼时得到较多的休息，除了特别重要的电报送给他们看以外，一般都先处理，待他们休息过后再送阅。周恩来和我们游了一次白云山，打了几次一百分（扑克），算是最难得的休息机会了。这段时间内，他除指挥解放战争外，同时也很关心蒋管区的工作。他约了从重庆回来准备回到蒋管区工作的于江震和杨超来作了几次长时间的谈话，研究蒋管区目前的形势和党的任务，指出在全国大反攻、打倒蒋介石的形势下，蒋管区工作的总方针是：长期打算，积蓄力量，发动斗争，推动高潮，配合反攻形势，开辟第二战场。对蒋管区的工作，随时电告城工部和社会部予以指示。他致电中央工委和各中央局：为着眼于下一步的战略行动，我华北、西北各解放区，现在就应尽量收集和抽出长江以南各省籍的大批干部，于今后派往刘邓、陈粟、陈谢三处，交给他们分配工作，取得新区经验，以便于明年时机成熟时随队过江。这是多么伟大的战略眼光！

蒋介石是不会让他的对手毛泽东、周恩来得到休息时间的。自刘邓、陈粟、陈谢三路大军在大别山、豫皖苏、豫陕鄂胜利展开，创建根据地后，蒋介石十分恐慌，既怕我军在中原生根，又怕我军南渡长江和突破大巴山防线进入四川。为固守中原，阻止我军攻势，于11月在庐山脚下的九江成立了"国防部九江指挥部"，由国防部长白崇禧统管豫、皖、鄂、湘、赣五省党政军大权，企图以"总体战"来对付我军，与我争夺中原。蒋介石纠集了33个旅的兵力，对我大别山区展开围攻。

中央军委针对敌人的包围，及时指示刘邓、陈粟、陈谢：大别山根据地的确立与巩固，是中原解放区能否巩固的关键，足以影响战争全局的发展。南线三军必须内外线配合，全力粉碎敌人的围攻。指示刘邓主力坚持大别山区的斗争，陈粟及陈谢破击陇海路及平汉路，尔后以主力沿平汉路南下，攻克一切可以攻克的城镇、车站，歼灭一切孤立分散的敌人，以直逼武汉之势，迫使进攻大别山的敌人回援，支援刘邓主力打破敌人的围攻。我中原三路大军，坚决执行中央军委的指示，他们互相支援，密切配合，在当地群众的支援下，不断取得新的胜利。

因为陕北的战争还未完全取得胜利，中央决定仍坚持在陕北。为了顺利过冬，毛泽东、周恩来、任弼时商量决定，于11月14日率中央机关离开神泉堡，向南转移，到居住和供给条件比较好的米脂县杨家沟。中央机关于11月22日转移到杨家沟。杨家沟是米脂县较大的村庄，有200多户人家。有一条小河向东一直流入黄河，沿河两岸滩上有较肥沃的土地，群众称这里是米脂的米粮川，所以就成为地主剥削农民和称霸的地方。全村有几十户大小地主，最大的地主就是当时蒋介石的反共干将杜聿明的家。杜家有一个大院，院内有一排十来孔的石砌大窑洞，管理人员给毛泽东分了一套三间相通的窑洞，周恩来、任弼时各住两个相通的窑洞，这样就把卧室和办公、会议室分开了。这是他们转战陕北 8 个月来居住条件最好的、办公室最宽敞的一个地方。

## 在杨家沟制定胜利纲领

自小河会议决定实行战略反攻以后，刘邓、陈粟、陈谢三路大军挺进中原，取得很大胜利，各野战军也先后转入反攻。到 9 月间，人民解放军已转入了全国规模的进攻，战争主要在国民党统治区进行。为总结 18 个月的解放战争的经验，解决与战争密切联系的土改、统一战线问题，根据战争胜利发展的新形势，制定夺取全国胜利的纲领和重要的方针政策问题，中共中央决定于 12 月在杨家沟召开中央会议。

中央 12 月会议是在中国革命伟大转折关头召开的一次具有重大意义的会议。参加会议的除已在杨家沟的毛泽东、周恩来、任弼时和陆定一外，还有陕甘宁边区负责人彭德怀、林伯渠、习仲勋、张宗逊、马明方、张德生、王维舟，晋绥边区负责人贺龙、李井泉、甘泗淇、赵林，中央后委机关负责人李维汉、王明、谢觉哉、李涛等 19 人。中央工委和其他解放区负责人因交通不便没有参加。这是延安撤退后规模较大的一次会议。为了在会前做好准备工作，从 12 月 7 日至 24 日，开了 18 天的预备会议，主要是讨论毛泽东所写的《目前形势和我们的任务》报告稿。毛泽东、周恩来、任弼时都和大家一起座谈研究。周恩来除了参加各个问题的讨论外，还要抓解放战争一年半的总结，对敌我双方的各种统计数字，亲自同参谋人员一起计算核实，并且统管会议的组织和秘书、行政等工作。

25 日至 28 日正式开会。毛泽东在 25 日就他的报告作了说明。他主要讲了敌我形势、统一战线、美苏关系三个问题，接着大家进行了热烈的讨论。

12 月 26 日，周恩来在会上作了军事形势的报告。他对战争第二年各条战线的发展、解放区的情况、蒋管区群众运动状况，以及敌我双方力量的变化，都作了详细的阐述和分析。

在讨论中，周恩来对财政经济、土地改革、统一战线等问题作了多次发言。

他对土改和整党中发生的一些"左"的倾向，提出了批评。

十二月会议旧址

在 28 日会议结束的那天，毛泽东做结论时说，这次会议是一次令人高兴的会，与洛川会议相似，都是在时局发展中召开的。20 年来未解决的革命力量在斗争中的优势问题，今天解决了。局面的开展，胜利可期。虽然我们工作中还有严重的缺点，困难还很多，但都是可以解决的。这次会议所制定的政治、经济纲领，比《新民主主义论》和《论联合政府》中提出的纲领有进一步的发展。

会议最后通过了毛泽东的《目前形势和我们的任务》。会议认为这个报告是"在整个打倒蒋介石反动统治集团，建立新民主主义中国时期内，在政治、军事、经济各方面带纲领性的文件"。

《目前形势和我们的任务》交新华社公开发表后，在党内外和国内外都产生了很大影响。国民党统治区的地下党组织收到后，大大提高了对形势的认识和胜利信心，他们通过各种方法向工人、学生、各界爱国人士进行宣传后，团结了更多的群众，扩大了爱国民主统一战线，使反内战、反饥饿的群众斗争更加发展。

陈毅从华东赶到杨家沟时，会议已结束一周。他看了会议文件，了解了会议情况。毛泽东、周恩来和他详谈了向江南作战略跃进的问题。陈毅于1948年2月4日返华东。

从1948年1月至3月21日中央离开杨家沟这个

毛泽东和陆定一（左五）、谢觉哉（右八）、王明（右六）、蔡畅（右一）等在杨家沟合影

时期，集中力量解决新形势下关于土改、整党、工商业、统一战线、新区工作等方面的具体政策和策略问题，特别注意纠正当时党内主要的"左"的错误倾向，使各种工作循着正确方向前进。

毛泽东根据12月会议精神为中央起草了一系列有关党的方针政策和策略的重要指示。

1月18日，他根据12月会议中讨论的政策问题，起草了《关于目前党的政策中的几个重要问题》的指示。2月3日，起草了《在不同地区实施土地法的不同策略》的指示。2月11日，起草了《纠正土地改革宣传中的"左"倾错误》的指示。2月15日，起草了《新解放区土地改革要点》的指示。2月27日，起草了《关于工商业政策》的指示。3月1日，起草了《关于民族资产阶级和开明绅士问题》的指示。以上这些指示，对于巩固和保障解放区和保障解放战争的胜利，都起了十分重要的作用。

党中央在12月会议期间，同时也指挥解放军在各个战场进行胜利的反攻。

经过历时半年异常艰苦复杂的斗争，我中原三路大军密切配合，机动作战，共计歼敌19.5万余人，彻底打破了蒋介石的中原防御体系，调动和吸引了蒋军南线全部兵力160多个旅中约90个旅于自己周围，迫使蒋军处于被动地位，对我全面战略进攻的胜利起了决定性作用。

西北人民解放军经过9个月的艰苦作战，越战越强，已经由原来的6个旅，2.5万多人，增加到5个纵队16个旅，共7.5万多人。收复了大片失地，掌握了战争的主动权。

林彪、罗荣桓领导的东北野战军10个纵队又12个独立师，于1947年12月至1948年3月15日，在四平街至大石桥的中长铁路沿线和山海关至沈阳的北宁路沿线，发动了空前规模的冬季攻势，连续作战3个月，共歼敌人15.6万余人，攻克战略要地四平街和工业基地鞍山等城市18座。争取了营口守敌五十八师师长王家善率部1万余人起义。迫使东北敌军退缩固守长春、沈阳、锦州等大城市。

晋察冀、晋冀鲁豫、胶东、苏北等战场，也不断取得胜利，收复大片失地。各野战军经过冬季整训之后，又相继发动了春季攻势。

宜川大捷，彻底粉碎了胡宗南对陕北的进攻，我西北野战军转入外线作战，延安的收复，也指日可待。为了便于指挥伟大的战略决战和准备夺取全国胜利的各种工作，中央决定离开杨家沟东渡黄河，经晋绥边区转至华北平山县西柏坡同中央工委合并。3月20日，即离开杨家沟的前一天，毛泽东为中央写了在陕北的最后的一个文件——《关于情况的通报》，要点是：（一）最近几个月，中央集中全力解决在新形势下关于土改、工商业、统一战线、整党、新区工作等方面的各项具体的政策和策略的问题，反对党内右的和"左"的偏向，而主要是"左"的偏向。（二）对那些接受了中国共产党关于时局的主张，声明反蒋反美、联共联苏的民主人士，我们应当采取团结的政策，对他们的某些错误观点作适当的批评。在将来成立中央人民政府时，邀请他们一部分人参加政府工作是必要的和有益的。（三）本年内，我们不准备成立中央人民政府，因为时机尚未成熟。成立中央人民政府的时机，大约在1949年。（四）我各野战军经过冬季休整，采取了诉苦、三查和群众性练兵的方法，发动了全军指挥员、战斗员的高度的革命积极性，提高了纪律和军事技术，极大地增长了战斗力。我军经过12个月的作战，兵力也大大地增强了。总计我军现有10个兵团，正规兵力已达132万余人。尚有非正规军、地方部队、后方军事机关、学校等，116万余人。全军总计为249万余人，比1946年7月以前，兵力和战斗力都大大加强了。（五）国民党军队不仅战斗力大大降低，数量也减少了。1946年7月以前，其正规部队、非正规部队连特种部队、海空军等总共430.5万人。而在1948年2月，总共365万人，即是说，减少了65.6万人。通知指出："估计再打一个整年，即至明年春季的时候，敌我两军在数量上可能达到大体上平衡的程度"，"五年左右（一九四六年七月算起）消灭国民党全军的可能性是存在的"。（六）目前南北两线敌军除在大别山和淮河以北地区尚有机动部队，还有主动权外，"其余一切战场的敌军，全是被动挨打"。

这个通报发到各野战军和各解放区后，大大提高了军民的胜利信心。这个通报中所列举的敌我两军的统计数字，是非常精确的，这是周恩来直接领导的几个参谋长期积累、精细统计出来，又经过周恩来亲自核算过的。

1948年1月11日，周恩来在西北高干扩大会上作了关于全国战争形势的报告。他详细叙述了一年来解放战争取得的伟大胜利。他说："我们中央已经决定一直打下去，不要再走弯路，一直走到胜利"，"我们可以这样看：三五年消灭蒋介石，全国胜利。我们要有这个信心。"他特别强调政策的重要性。他说：我们的军队打到外线后要注意政策，"掌握政策的基本方针是要争取多数，反对少数，集中力量打击消灭当前主要敌人，而不应多树立敌人"，"城市政策更重要，不要毁坏。在韩城搞得不好，犯了纪律，连学校的钢琴亦没收了，真是乱弹琴！"他特别强调反"左"的倾向，尖锐地指出："我党历史上右倾错误时间短，易纠正，'左'倾错误的时间长，不易纠正。因为你以为很左就很光荣，但客观上是帮助敌人"，"在土改中有些连中农亦不要了，很容易孤立。……我们一方面防止敌人捣乱，一方面要掌握政策。这样才能保证我们打出去的胜利，开展大西北的局面"。

周恩来很注意土地改革的问题，他尽可能地进行一些调查研究。1月6日他在审阅关于执行《土地法大纲》的指示的草稿时，加上了几段为了纠正"左"的偏向的内容。《指示》草稿提到中农问题时，周恩来加上了"各地在平分土地时，仍须注意中农的意见。如果中农不同意，则应向中农让步"。《指示》草稿中讲到抗战时期与我党合作过的开明绅士时，周恩来加上了"对这些过去同过患难的人士，应当加以照顾，并应当区别这些党外人士过去对农民的剥削关系与压迫关系。一般的，开明绅士过去均是以地主身份参加三三制政权的。只要他今天赞成实行《土地法大纲》，我们没有理由责备他过去不该剥削。而其对农民的压迫行为，也必须区别是发生在参加三三制政权以前或以后。如果是发生在参加以前，则其参加三三制政权对全国人民的利益已足抵补对一个地方人民利益的损害，我们应负责向当地受损害的人民解释，免予斗争"。他还写上"在土改深入的地方，必须吸收农民中尤其是贫雇农中最积极分子入党，增加党内新的血液"。

2月22日，周恩来为中央起草了《关于在老区半老区进行土地改革与整党工作的指示》。《指示》指出：在老区与半老区中，大致应分为土地改革较为彻底、不彻底、很不彻底的三类地区，应该根据地区的不同，采取不同的方针。"每一个乡村土改与整党问题的解决，均必须酝酿成熟，取得绝大多数人的同意，方能作出决定，采取行动，不能由少数人强制解决，致犯命令主义的错误。同时，对于群众中发生的不正确意见，又必须耐心说服，实现党的领导作用，不要犯尾巴主义的错误。""土改与整党，均应采取有重点的、波浪式的逐步推广的方法。凡无得力的领导者或健全的工作团的地方，宁可暂缓发动，不要急于求成，致走弯路。"

2月23日，周恩来又为中央起草了《关于平分土地问题给阜平中央局的指示》，对土改中的许多问题作了详细的规定。

我军相继占领一些国民党统治区的城市后，发生了一些违反纪律的情况。周恩来特别注意城市政策问题。3月份，他为中央军委起草了多次指示，告各野战军前委：务使每个干部战士都懂得党在新区和城市中的正确政策，必须严令各部队在攻入城市后，"遵守城市纪律，坚守城市政策，不得丝毫违反"。为防止部队进入城市后触犯外交政策，周恩来为中共中央起草致各中央局、前委电："凡有关外交行动及外交政策之决定，必须报告中央并得中央批准后，方得实行。一切违反中央外交政策及处理外侨方针的行动必须禁止。"另外，周恩来还对国民党统治区的党和统战工作发出许多指示。

3月8日，周恩来和任弼时指示中央直属机关负责人廖志高、汪东兴、叶子龙、邓洁等召开机关行政会议，研究中央机关由陕北转到华北的准备工作。随后，审查批准了他们的方案，并指示他们注意检查群众纪律。由于战争影响，陕北群众粮食困难，除通知晋绥支援外，周恩来和任弼时决定，将中央机关未用完的小米和黑豆几十担，留给当地政府救济粮食困难的群众。

3月10日，周恩来在杨家沟给中央直属机关全体人员作了形势报告。他宣布：一年来，敌我力量对比已经起了根本变化，中央坚持在陕北的任务已经胜利完成。为了准备迎接即将到来的全国范围的胜利，中央决定东渡黄河，移驻华北。

21日，毛泽东、周恩来、任弼时率领中央机关告别住了4个月的杨家沟，经过两天路程，于23日从吴堡县川口渡口东渡黄河，进入晋绥边区的临县地区，于24日到达中央后委驻地三交镇双塔村。

从1947年3月18日撤离延安，到1948年3月23日东渡黄河，中共中央转战陕北共一年零五天。在这一年中，中国人民解放军在党中央、中央军委正确领导下，粉碎了蒋介石几百万兵力的全面进攻和重点进攻，转入了全面反攻，使战争形势发生了根本性的变化。

当毛泽东、周恩来率中央机关从晋绥暂移到晋察冀途中，4月22日，收复延安的胜利消息传开了。中央24日给彭德怀等首长和西北人民解放军贺电说："去年3月19日国民党匪军占领延安的时候，我们就断言这种占领将标志着国民党匪军的失败和中国人民的胜利。一年多来，一切事实，充分证明了这一断言。"

一般人都说，毛泽东、周恩来坚持在陕北指挥全国解放战争，是"运筹帷幄之中，决胜千里之外"。而我说，应该是"运筹窑洞之中，决胜千里之外"，更为确切。

新中国成立以后，毛泽东对人说过："胡宗南进攻延安以后，在陕北，我和周恩来、任弼时同志在两个窑洞指挥了全国解放战争。"周恩来说："毛主席是在世界上最小的司令部里，指挥了最大的人民解放战争。"这是千真万确的。但是我觉得应该补充一些具体事实，使读者更具体地了解这个世界上最小的司令部的情况。

这个司令部的主帅，当然是毛泽东，副帅就是周恩来。他直接领导五六个精悍的参谋人员，夜以继日地收集敌情（国民党和美帝国主义）、我情（解放区军民、国民党统治区地下党和人民）以及友情（民主党派、民主人士、地方势力、国民党内的进步人士以至国际友好人士），加以分析研究，及时报告毛泽东，参与决策，并向各中央局、野战军司令部通报，真正做到了"知己知彼"。每个参谋人员都是专家。专管敌军的，凡国民党的军队每天驻扎在哪里，向哪里调动，长官的出身、经历、指挥能力，部队的人数、武器装备、战斗力如何，等等，都了如指掌。而且每天要在毛泽东、周恩来墙上挂的五万分之一作战地图上插上蓝色旗子和箭头。专管我军的也一样这样做。在每一次战斗后，都要及时精确统计我方和敌方的损失和补充的数字，一问就能对答如流。其他管敌情侦察、机要译电、无线电通讯以及行政管理等各种工作的，都是政治觉悟高、业务熟练的干部。因而人数虽少，工作效率是极高的。中央后方机关及时向中央提供情况，提出建议，对中央决策和战争胜利，同样做出了重要的贡献。还有一直长期隐蔽在国民党统治区领导党的情报工作的潘汉年、刘少文、吴克坚等同志，隐藏在胡宗南身边的熊向晖、国民党中央党部的沈安娜以及其他地下工作者，为中央及时提供国民党党政军的各种重要情报，都为解放战争的胜利做出了贡献。党和人民永远不要忘记他们。而这方面的工作，也是周恩来亲自领导的。

周恩来在解放战争时期的作用，让我引一段当时在周恩来身边的参谋张清化的回忆来说明。他说："在这个阶段，我有一个深刻体会：周副主席在军事上是党中央、毛主席完全不能缺少的得力助手，是一个非常杰出的军事组织者和指挥者。当时他运筹帷幄，出谋划策，深得党中央、毛主席的称赞和全军的拥戴。凡是党中央研究，毛主席下了决心以后，具体的组织部署和如何执行等，都是周副主席具体来抓的。无论前方或后方，无论是后勤供应或部队调动，总离不开他的具体的组织指挥。周副主席的军事修养很好，对毛主席的战略战术领会得很深，运用得很好。"

毛泽东在 1936 年写的名著《中国革命战争的战略问题》中说过："战争的胜负，主要地决定于作战双方的军事、政治、经济、自然诸条件，这是没有问题的。然而不仅仅如此,还决定于作战双方主观指导的能力。军事家不能超过物质条件许可的范围内企图战争的胜利,然而军事家可以而且必须在物质条件许可的范围内争取战争的胜利。军事家活动的舞台建筑在客观物质条件的上面,然而军事家凭着这个舞台,却可以导演出许多有声有色威武雄壮的活剧来。"

我认为,党中央转战陕北一年中解放战争取得的伟大胜利,就是伟大的无产阶级军事家毛泽东和周恩来所导演的,各野战军将领和解放区军民参加演出的人类历史上最为有声有色、威武雄壮的活剧。

(本文选自《风雨四十年》[第一部],中央文献出版社1994年版。标题为编者所加)

# 在西北解放战争中

彭德怀

> 彭德怀,原名彭得华,号石穿。生于1898年,湖南湘潭人。1928年加入中国共产党。参加了长征。解放战争时期起,先后任人民解放军副总司令,西北野战军、第一野战军司令员兼政治委员,中共中央西北局第一书记,西北军区司令员。新中国成立后,曾任中央人民政府人民革命军事委员会副主席、西北军政委员会主席、国防委员会副主席,国务院副总理兼国防部部长等职。1955年被授予元帅军衔。1974年逝世。

## 撤离延安

"七大"开完,我留在延安中央革命军事委员会任参谋长工作。1946年蒋介石发动内战,向解放区进攻以后,至当年冬11月,被我人民解放军歼灭35个旅,蒋军受到严重打击,他的机动兵力近于枯竭,想以开伪"国大"[①]和进攻延安两招:一方面从政治上来打击人民解放战争;另一方面以压倒优势兵力,歼灭陕甘宁边区我军,压迫我军和我党中央、解放军总部到黄河以东,然后沿无定河、黄河封锁之。这样,蒋介石可以抽出嫡系胡宗南部主力控制于中原或华北,加强机动兵力。这是蒋介石当时的阴谋企图。

1947年春,蒋军向解放区的全面进攻,被迫改为向山东、延安重点进攻。毛主席坚定而英明的方针是:"必须用坚决战斗精神保卫和发展陕甘宁边区和

---

[①] 指1946年11月15日至12月25日,国民党政府违背政协决议与全国民意在南京单独召开的"国民大会"。这一分裂的、独裁的"国民大会",遭到了中国共产党、各民主党派和全国人民的坚决反对和抵制。

西北解放区，而此项目是完全能够实现的。"很明显，中央的目的是要以较小的兵力吸引和歼灭敌军大量主力部队。为了全国解放战争胜利的早日到来，中央和解放军总部留在陕甘宁边区，继续指导全国解放战争；同时直接指挥西北人民解放战争，滞留胡宗南部于西北，粉碎蒋介石的阴谋。

胡宗南部进攻延安时，敌我兵力大概是 10 与 1 之比：敌军 24 万左右，我军 2.5 万余人。胡部是蒋嫡系，经过长期整训补充，部队比较充实，装备也是头等的，有一定的战斗力。1947 年 3 月初，胡宗南以 5 个旅进攻我陇东区庆阳、合水地域。我方三五八旅、新四旅、警备一旅约 1.2 万人，西华池序战没有打好，伤亡 1200 人左右，从陇东撤到鄜县（今富县）集结，准备直接参加保卫延安之战。因西华池战斗打得不太好，意见很多。

这时，胡匪主力也正在向洛川、宜川集结，准备向延安进攻。

我赶到鄜县，向该部队同志讲了全国各解放区战争形势很好；保卫延安，保卫毛主席、党中央，保卫陕甘宁边区的意义重大。大家听到保卫毛主席，劲头很大。当时，部队正在开陇东战斗检讨会，我未参加完，即到防卫延安的主要阵地南泥湾检查教导旅设防情形。听了罗元发同志的介绍，就是子弹太少，平均每枪不到 10 发。同他们商量了部署，认真研究能防御几天，他们说 5 天。我说，尽可能阻击，给敌以杀伤，但不死守，争取防守一星期，使中央机关撤出延安有充裕时间。以后证明，也守了 7 天。如果有充足的弹药，当然还可能延长守备时间。以后，我仍回到鄜县。

3 月 12 日回到延安，向毛主席报告了上述情况。当时贺龙同志在晋绥，不在延安。我向毛主席说，在贺未来延安前，陕北几个旅并后勤人员也不过两万人，是否由我暂时指挥。毛主席说："很好！"同意了我的意见。以后中央又任命习仲勋同志为西北野战军政治委员，我为司令员，贺龙同志为西北军区[①]司令员兼管后方。这时我党在南京的办事处撤销，周恩来同志等已从南京撤回延安。党中央秘书长为任弼时同志，军委参谋长由周恩来同志兼。此后，我离开了军委，

---

① 当时是陕甘宁晋绥联防军，后改西北军区。

从西北局调了张文舟同志做参谋长。我要三局配备了两个手摇马达小电台,调了几个参谋、译电员,组织了一个小司令部,全部人员五六十人。此时,胡宗南已在向洛川、宜川集结兵力,并向北推进。西北局召集了群众大会,习仲勋同志①和我讲了话,动员保卫延安、保卫边区,对敌人坚壁清野、封锁消息;号召拥护人民解放军,打倒蒋介石,消灭胡宗南匪军。这次动员大会是开得很好的。

在敌人进攻南泥湾的第三、第四天时,告新四旅即刻派人到青化砭预伏地区详细侦察了地形。撤出延安的前一天,教导旅也作了同样的侦察。他们在南泥湾的防御战斗和保护主席安全通过拐峁中,都尽了很大的责任。

3月17日,毛主席已由枣园搬来王家坪住。毛主席对我说,这次撤出延安时,要把房屋打扫得干干净净,家具一点也不要破坏。18日黄昏,主席离开延安,我们悄悄地送到飞机场。敌迫近离城约7里处,也即是教导旅的最后掩护阵地。主席经飞机场、桥儿沟、拐峁向青化砭前进时,沿途都可听到延河南岸敌之枪声。在主席离开王家坪后,我即到西北局、联防司令部、杨家岭等地检查:房屋都按照主席吩咐打扫得很干净,家具也摆好了。约9时许,我回到了王家坪,同前方部队首长都通了电话,规定了撤退路线,告诉了意图和撤退时间,特别要三五八旅大摇大摆地向安塞以北撤退。我以小部兵力诱敌向安塞(延安西北)进攻,主力埋伏于延安东北之青化砭地区。

我军撤出延安是最有秩序的,这也证明毛泽东思想教育下的人民军队是何等镇静,何等可敬啊!我率小司令部从王家坪东面一条小路爬上山,向青化砭前进,当天午后到达。敌从南泥湾、甘泉进到延安大概用了7天。3月19日胡宗南进占延安。

## 青化砭、羊马河、蟠龙战斗

我军到了预伏圈的第二、第三天还不见敌军到,有些同志就有些着急,想:

---

① 在这次大会上讲话的是朱德、周恩来,习仲勋是在另一次群众大会上讲的话。

彭德怀、习仲勋、张文舟、徐立清在青化砭前线视察地形

不会来了吧？我相信敌人终是会来的。1947年3月25日，胡宗南之整编二十七师的三十一旅，以一个团控制于拐峁，旅部率一个团进入我军预伏圈内，战一小时余，即全歼该敌，缴获了近30万发子弹，抓了两三千名俘虏，活捉了其旅长。这是胡宗南进攻延安的第一批礼物。虽然不多，但当时我军弹药奇缺，人员补充也甚困难，实在是太需要了。此役虽小，对我军帮助不少，补充了新四旅和教导旅在陇东和南泥湾战斗的消耗。

毛主席于4月15日给了西北野战军作战方针，就是：采取"蘑菇"战术拖疲敌人，逐渐削弱它，各个消灭它。这是总的意图。我们如何执行主席的战略方针呢？这就必须了解敌人的方针，根据敌我双方方针，定出自己的切实可行的战斗计划。

我们取得青化砭序战胜利后，将主力隐蔽集结于青化砭西北，观察敌军进攻动向。胡宗南发现我在青化砭地区，即以主力3个旅从延安经拐峁从南向北进攻（而不由安塞向东），一路向延长、延川、清涧进攻扑了空，一路向瓦窑堡、永坪、蟠龙又扑了空。这时胡宗南已发现我主力在青化砭西北地区，他又不由清涧、瓦窑堡、蟠龙向西分路进攻，而将主力集结在蟠龙、青化砭，由南向北进攻；在瓦窑堡、清涧各以一部兵力守据点。从他这些行动中，判明胡宗南的企图是要把我军赶到黄河以东，而没有歼灭我军的信心。以此定下了西北野战军的作战方针，其特点就是要求每战必胜，粮食、弹药、被服、人员的补充，主要取之于敌人。

当敌人开始行动时，我军已转移到瓦窑堡以西偏北地区集结。敌人扑空后，又回头控制一个旅（一三五旅）于瓦窑堡。这时我军又转移至青化砭西北、安塞以东地区。敌防我向西南发展，胡宗南把永坪、蟠龙、瓦窑堡各部向延安地区及其以北集结；又怕瓦窑堡之一三五旅孤立，故派两个旅由青化砭北进接出该敌。在判明敌之企图后，我以主力埋伏于瓦窑堡以南5里外，至羊马河大道两侧；以精干小部队坚决抗击北援敌于羊马河以南（羊马河离瓦窑堡15里）。4月14日，待南撤之一三五旅进入我夹击阵地时，不到两小时，全歼该敌，其代旅长被俘。

胡宗南发现我主力后，集结7个旅分三路由南向瓦窑堡齐头并进，企图压我退绥德、米脂线。我以小部队采取节节向后抗退，将主力乘夜转移，隐蔽集结于蟠龙、永坪、瓦窑堡、清涧之间。我每旅抽出一个连，摆在敌北进道上阻击，将北进敌诱至无定河、绥德、米脂线。我主力争取了四天时间休息。敌刚到米脂、绥德线，我即向蟠龙发起进攻（蟠龙是敌人的一个重要补给点，驻有较强的一个旅）。从5月2日开始，4日晚攻克。消灭一六七旅约6000人，俘旅长李昆岗等；缴获夏季军服4万套，面粉1万余袋，子弹百万余发（这是最宝贵的），医药品无数。解决了我军当时严重困难的粮食、衣服、医药问题。等第四天胡宗南部回到蟠龙，兵站基地已一无所有，变为一座空堡。

三战连捷，我军集结安塞地区整训近月，开了庆祝大会。

## 由防御转入进攻

毛主席在1947年4月15日提出"蘑菇"战术的指示，要我军在瓦窑堡、清涧、青化砭地区周旋一月。从3月19日敌占延安时起，到现在一月余的时间里，打了3仗，消灭3个团、3个旅直属队。主席指示要"磨"得他十分疲劳，现在还只磨得他七八分疲劳，一仗还不能顺利地消灭敌两个旅。把打和磨、磨和打灵活地结合起来，整垮胡宗南的信心是大大地增加了。

引诱胡军由南向北进：胡宗南准备六七个旅由延安向安塞及其以北大举进攻。我主力军两天前即已离开安塞地区，从下寺湾、甘泉之间出环县、曲子，

西北野战军向三边推进

越梢山。王震部进攻合水，遇马继援部，未能取得胜利。围攻环县、曲子县，消灭马鸿宾部两个多团。胡宗南害怕我军出西兰公路，星夜集结主力于西峰镇、庆阳，由南向北进攻，抽调延安主力南援。待胡宗南部向环县进攻时，我已休息半月了。即出盐池、定边、安边、靖边，恢复三边，马鸿逵部退宁夏。胡宗南部约八九个整编旅尾随追击。我军第一次围攻榆林打援，因敌靠紧未打好，即撤至榆林城东南70里，米脂以北60里。胡部又尾追之。我撤至沙家店以北，摆开阵势，8月20日伏击整编三十六师。一役消灭三十六师两个旅，俘一二三旅旅长。至此，胡宗南号称20万大军进占延安，半年中，被歼灭和拖垮近半数。敌二十九军军长刘戡率5个旅退守绥德，廖昂师守清涧、延长、延川。

为了威胁敌人后方，命王震率二纵队出南泥湾、宜川、洛川、韩城以南。这时，胡宗南令刘戡退守洛川；敌五兵团裴昌会总指挥率两个旅守延安；整编七十六师廖昂师守清涧原防未动。我主力从绥德上游渡过无定河，控制清涧、绥德公路。绥德敌南撤时，我军出延安、甘泉及其以南，将绥德之敌引回延安。我军主力适时从绥德下游偷偷渡过无定河，从清涧以东黄河南进，突然袭占延长、延川，将整编七十六师师长廖昂所率二十四旅两个团和师直属队围困于清涧。1947年10月11日，该部被我歼灭，廖本人被俘。

陕北气候寒冷，部队经过半年多的紧张战斗，本应集结清涧、延川地区进行休整，不要再去打榆林了。当时为顾虑中央安全，第二次去进攻榆林，结果围攻近月未下。且12月冬临，故停止进攻，这算是犯了一个小错误。否则可以多休整一月，新式整军成绩会更大些。

12月中旬即准备新式整军。

1947年，西北战场同全国各解放区战场一样，是取得伟大胜利的一年。在毛主席亲自指挥下，由防御转入进攻了。

## 新式整军

我在西北战场上取得了一条宝贵的经验是"新式整军"。1947年12月中，撤围榆林，进行整训。一纵队三五八旅战士中有一名四川人，是俘虏来的。深夜，一个人在野地，写着他母亲的神位，哭诉他母亲是怎样惨死的，仇恨国民党和当地的恶霸地主，他参加了人民解放军，要如何为母亲报仇。一位连指导员悄悄在旁听着，他也有类似苦难，结果他们拥抱相诉相哭。我们抓住这件事，开了诉苦大会，把它当作运动来开展。我军新老战士、干部，多数都有一本不同程度的血泪史，过去各不联系，不能成为同仇敌忾的阶级感情。诉苦大会普遍开展后，大会小会又紧密结合，一个人的痛苦，就变为大家的痛苦，大家的痛苦也就是每个人的痛苦。很自然地提高了阶级觉悟，凝结为阶级仇恨。大家认识到，只有打倒国民党政府，消灭其军队，建立人民政府，分田地，组织合作社，才能解放自己，消灭剥削阶级。又进一步查阶级，查出了一些国民党特务隐藏在人民解放军中，在坦白从宽的政策感召下，说出了他们的罪恶阴谋，这就进一步提高了指战员的阶级觉悟和革命警惕。查工作、查斗志，都问一个"为什么"。有的工作好，有的勇敢。有的表现不好，不勇敢，多数是由于阶级觉悟不高，也有的是由于缺乏经验。认真加以分析，进行评比，然后转到练兵。"官教兵，兵教官，兵教兵"，真正做到了官兵互教。

对于干部的任命，采取民主推选，组织批准的办法。第一野战军中，在瓦子街战斗以前，感到干部很缺乏，特别是连、排、班长三级。经过诉苦运动，提高了战士阶级觉悟以后，提出民主推选、组织批准的办法，解决了干部缺乏问题。推选的条件是：阶级觉悟，长处短处，指挥能力。推选和被推选者，指挥员和战斗员一起，进行反反复复的评比。这是一次普遍的政治思想教育和业务教育，加强了上下级和官兵之间的团结。事实证明：被推选出来的干部，绝大多数是好的；上级机关原先内定的某些人，有些是不好的，而且还有坏人。经过这次运动之后，群众纪律好了，上下级之间、军民之间相互关系好了，这就是群众自己教育自己。这种诉苦会的形式是很好的，红军和抗日时期，都没有找到这种形式；要是早找到这种形式，对争取俘虏兵加入红军，扩大红军的成绩，要快、要大得多。毛主席把这种做法推广到全军，并誉为"新

西北野战军转入战略反攻

式整军运动"。

## 从瓦子街战役到攻克兰州

1948年1月中旬,一、三、四纵队约3.2万人,集结于甘谷驿、南泥湾、临真镇,二纵队1.2万人集结于韩城以东。西北野战军总计有四万四五千人,经过新式整军后,士气异常旺盛。

当时敌军布置是:两个旅困守延安孤城,3个旅守洛川,中部(今黄陵县)、宜川各有一个旅驻守,共7个旅。我军当时最大困难是没有粮食。前进无后方接济,后退更无办法,非打宜川无其他更合适的办法;而围攻宜川打援有八成把握,敌如不援即可打开宜川。我们决定突然包围宜川打援。胡宗南令中部、洛川四个旅全部来援,加上宜川一个旅共是五个旅,每旅平均不超过6000人,这样敌军共约

3万人。

2月28日已布置就绪，28日晚大雪，打了一次电话问一纵的情况。他们说："雪下得越大越好。"3月1日，在瓦子街干干净净全部歼灭敌援军4个旅，无一漏网。3日晚攻克宜川，守敌一个旅全歼。此役消灭敌人5个旅共3万人，击毙敌军长刘戡、师长严明等人。1947年3月，我们一次只能消灭敌一个旅，过了一年，一次就能消灭五个旅，这个变化多么大啊！

此役后，如果有粮食时，可以回师围攻延安，而且围延打援，也是一个好办法。因为没有粮，故未拟议。

当时也想帮助中原区刘邓、陈谢两路大军。故决定经马栏峪出淳化，取邠州，扼断西兰公路。对延安、洛川之敌，留了两个旅交许光达指挥，乘延、洛之敌撤退时截击，但未起到作用，所以这次分兵是不对的。

占领邠州控制西兰公路后，胡宗南从河南调回四个旅，另有广西军一个师（似六十五师）；撤出延安两个旅，逃回西安。我军收复延安，这离我军撤离延安的时间为一年。

我一纵深入宝鸡，破坏胡宗南总兵站基地。这对缩短西北战争时间，增加胡宗南的困难，起了某些作用。但对马步芳部积极援胡估计不足；对胡从豫抽援部队之快，也估计不足；加以分散了部分兵力，使我深入宝鸡后，回师时弄得很被动，也很疲劳。毛主席1947年4月指示，要把胡宗南军磨得十分疲劳，这是一个很深刻的指示。部队到了十分疲劳时，即消失了战斗力，非亲身经历是很难体会的。

为了筹粮和休整，又回到白水地区，在蒲城县以北歼灭由韩城南退的一个师。我一野全部即分布在黄龙山区、韩城、中部、宜君、同官、耀县、富平、白水、蒲城广大地区做群众工作。1948年冬也是在这个地区过年的。

1949年2月17日，我奉中央命令离开西北前线，去参加七届二中全会。二中全会未开完，毛主席即令我去帮助指挥进攻太原。得手后，大约4月中旬，中央将华北野战军十八、十九两兵团拨归第一野战军建制，我即将十八、十九兵团带去西北。去中央开会及打太原来往共用去三个月时间。

5月下旬返回西北前线。部队得到了一次较长时间的休整。十八、十九兵团到西安平原时，巩固了西安、咸阳两城。经过了一次扶郿战役，消灭胡宗南四个军，结束了胡宗南在西北12年的统治，解放了宝鸡。十八兵团留守宝鸡，对付胡宗南退汉中残部。十九兵团随第一野战军西征，在兰州进行了一次恶战，全歼了马继援军。8月25日解放了兰州，9月5日解放了西宁。十九兵团单独消灭马鸿逵3个旅，马鸿宾5个团。1949年9月，西北人民解放战争基本结束。

10月初（大约五六号）我到酒泉，同新疆派来的陶峙岳谈判关于和平解放新疆的问题。

1947年3月份，当我军撤离延安时，全国解放区均处于战略防御；到1948年3月初，这一年中，全国各解放区均先后转入进攻，这个变化是多么大啊！由放弃延安到瓦子街战役胜利是一年零十八天，由瓦子街胜利到攻克兰州，是一年半的时间。在这一年半内，解放全国领土2/5（包括新疆），打了20次旅以上的战斗，至于团以下的小战斗，就没有去计算它了。只有人民的武装斗争，才能解放人民自己。

西北解放战争时间共是两年半，中国人民解放战争不到四年。全国以1与4的对比，战胜了优势的敌人，解放了全世界1/4的人口，把世界革命运动推进到了一个崭新的阶段。这是伟大的毛泽东思想的胜利。

## 两次错误和一条宝贵经验

我在西北战场有过两次错误，取得了一条宝贵经验。

第一次错误，是在1947年10月下旬，打下清涧，活捉了蒋部师长廖昂后。陕北气候寒冷，部队经过半年多的紧张战斗，应该就在清涧、延长线进行整训，不要再去打榆林了。结果围攻榆林近月未下，妨害部队休整训练。如不再打榆林，新式整军可以多搞一个半月，成绩会更大些。我在作战指挥上有一个优点，就是不满足于已得胜利；但求之过急，就变成了缺点，而且屡戒屡犯，不易改正。第二次打榆林，只是想到中央在米脂、绥德一带不安全，打下榆林就放心了，未考虑其他方面。

第二次错误是在瓦子街战役大胜后，进占陇东、邠州，截断了西兰公路之后，应当集结兵力，进行休整，争取教育瓦子街战斗中的大批俘虏。但当时想乘胜进攻宝鸡，破坏胡宗南后方，缩短西北战争时间。这就是思想上的急躁病，产生了轻敌思想。结果胡宗南采取了异常迅速的手段，从延安，主要是从河南调集最大的兵力，和青海马继援部一起向我夹击。我撤出宝鸡后，搞得很疲劳；因为过度疲劳，使本来可以歼灭之敌而未能歼灭。这样的教训在我的战斗生活中，过去就有几次，但都没有这次深刻。过急求成，在思想上是主观主义，在行动上是冒险主义，而且往往发生于连续大胜之后。这就是骄傲，但当时还会得到一定的群众支持。

一条宝贵经验是新式整军，已在前面叙述了，不再重复。

（本文选自《彭德怀自传》，解放军文艺出版社2002年版。标题为编者所加）

# 忆中央后方工作委员会

杨尚昆

> 杨尚昆,生于1907年,四川潼南(今属重庆)人。1926年加入中国共产党。参加了长征。文中身份为中共中央后方工作委员会委员、后方支队司令员兼后委秘书长。中华人民共和国成立后,任中共中央副秘书长,中央办公厅主任,中央军委秘书长,中直机关党委书记等职。1978年起,先后任中共广东省委第二书记、副省长,省军区第一政委,中共广州市委第一书记,中央军委常委兼秘书长,中央军委常务副主席兼秘书长,中华人民共和国主席,中央军委第一副主席。1998年逝世。

蒋介石对解放区发动全面进攻后的8个月内,虽然占领了一些城市,但付出的代价很大,折兵70余万,在战局上开始丧失主动,不得不改全面进攻为"重点进攻":东面,重点进攻山东解放区;西面,重点进攻以延安为中心的陕甘宁边区,企图将我中央领导机构赶出西北,然后集中力量击破华北解放区。这是蒋介石的如意算盘。

为了诱敌深入,拖住胡宗南进犯延安的23万兵力,中央决定主动撤出延安。中央和军委机关的大部分人员东渡黄河,移到晋西北,在那里建立后方工作委员会,由叶剑英担任后委书记,我任后方支队司令。毛主席、周恩来、任弼时等同志率领一支精干的队伍,坚持留在陕北。

毛主席说了一句形象的话:中央好比一块招引绿头苍蝇的肉,放到哪里,都会引许多苍蝇来叮,可以把人家搞乱。陕北群众条件好,地形好,我们熟悉,可以在这里搞一个战略上的作战计划,以钳制敌人的力量。

后委的工作，主要是负责向留在陕北的中央纵队提供情报、给养、物资器材，连蒋管区的报纸杂志都送过河去；同时，中央同全国各地的联系，也都集中地经过后委来收转。

## 建立中央后委的决策过程

中央后委驻地的确定，经历了一个过程。

中央原来决定，中央机关除了少数人留在河西毛主席身边工作外，大部分转移到晋绥地区的山西临县三交镇。但是，胡宗南进占延安后，周围的"绿头苍蝇"从四面八方都叮上来了。为了加强陕甘宁的兵力，中央从晋西北抽调王震的两个旅和张宗逊的新编旅过河，晋绥边区的军事力量因此有所减弱。中央估计"数月内贺、李处局面将较紧"，所以在3月25日来电，要我们将已经到达晋绥的大部分中央机关转移到五台去，以减轻晋绥地区的负担，留下的机关也不要过于集中，必要时可以转移到太行去，以"免在傅阎两敌进攻晋西北时受损"。

接到这个电报后，剑英同志和我立刻行动，行军序列都编好了，第一批前梯队已从三交镇到达兴县。但我们在思想上对转移到五台去是有保留的。先头部队刚走了一天，3月28日，恩来同志从河西

20世纪40年代，杨尚昆在延安

过来。那时，中央和军委机关转移到晋西北的人员共有5500多人，恩来同志过河是来帮助我们处理大队人马的安全转移。他发现我们有点想法，不赞成远去五台，就让我们敞开谈谈自己的意见。我们说：这一大摊子人走到哪里都是个麻烦，从晋西北到晋察冀有好几百里地，途中还会遇到阎锡山的部队；更重要的是，中央和军委机关走远了，留在陕北的中央纵队后勤工作还得另外组织。因此，我们建议还是不要走远好。恩来同志听后觉得有道理，就打电报给中央，说同我们研究的结果还是留在晋西北好。我们就停了下来。

4月2日，刘少奇、朱德同志也过河来了。他们把贺老总、董必武同志和我们找到一起。这时，我们才知道3月29日中央在枣林沟召开会议，讨论中央机关的行动问题，决定：毛泽东、周恩来、任弼时率中央机关和军委总部留在陕北，主持中央工作；由刘少奇、朱德、董必武组成中央工作委员会，以刘少奇为书记，前往晋西北或其他适当的地点，进行中央委托的工作；已到晋西北的中央和军委机关，"照前议一部去太行，一部就地疏散"。这样，我们的行止处在举棋不定的情况下，大约有一两个星期。

到4月11日，贺龙同志派专人"火速"送来中央的电报。这才最后确定将在晋西北的这5000多人分成三部分行动：一部分回陕北；一部分去太行；大部分暂留原地不动，准备将来同中央会合。这是恩来同志回到河西后，中央经过进一步讨论所作出的决策。

后来知道，当傅作义、阎锡山蠢蠢欲动，威胁晋西北时，毛主席胸有成竹地认为："只要陕北及陈、谢在南线胜利，即有办法对付傅、阎。"3月28日，毛主席命令陈赓、谢富治率主力4个旅，发起晋南战役，威胁胡宗南侧后。4月2日，又要晋察冀军区提早发动正太战役，牵制傅作义部。加上3月25日，西北野战军在青化砭首战告捷，陕甘宁边区和晋西北的局面稳住了，后委的驻地才最后确定下来。这说明中央对确定后委驻地的重视，因为一旦中央和军委机关遭受敌人严重破坏，政治上将造成很大的损失。

4月中，按照中央的方案，我们组织在晋西北的一部分人员分别西渡和东行。

西渡黄河回陕北工作的，是军委一局大部、二局和中央机要处一部分，以及警卫连的一个排共99人，有人把它称为九九大队。这部分人员原定由军委作战部长李涛带队，因为李涛翻了车，行动不便，改由童陆生带队。他们从碛口过河，经绥德以北的四十里铺进入湖峪后，到达当时中央纵队驻地陕北安塞的王家湾。

东去太行随中央工委工作的，包括中央组织部、宣传部、社会部、中央党校、解放日报社、中央青委；军委政治部、三局一部和中央机要处、秘书处各一部，合为一个单位；还有总卫生部、供给部和杨家岭行政处各一部等。这部分人员，共1300多人，由安子文带队，分四批经静乐、崞县（今原平县）、五台转入河北地区。

留在晋西北的中央和军委机关人员有3000人。单位十分庞杂，包括军委作战部一局、二局和三局的一部分，他们主要是搞电台、密码和报务的；中央机要处、秘书处与中央办公厅合在一起；法律委员会、中央城工部、情报部、军委总卫生部、外事组、交际处、中央妇委、工会，还有烈士家属、交际处的客人，军委蓝家坪托儿所的娃娃和婆姨们；供给部、行政处留下一批人，专门担任供给和运输。这些单位，绝大部分住在临县三交镇的3个行政村和12个自然村。只有法律委员会的王明、吴玉章、谢觉哉和陈瑾昆等住在后甘泉，那是三交镇和贺龙司令部所在的兴县之间一个比较大的村子；还有，康生率领的中央土改工作团临时在那里，工作结束后就要到中央工委去。后甘泉的这两个单位，我们只是联系，他们的供应全由晋西北负责。

后委的领导班子，中央原定由叶剑英、杨尚昆、李维汉和邓颖超4人为委员，叶为书记，我任后方支队司令。后来经过中央批准，有所扩大，由叶剑英、杨尚昆、李维汉、李克农、邓颖超5人为常委，作战部长李涛、二局的戴镜元、三局的王诤和妇委的帅光（帅孟奇）为委员，我兼任后委秘书长。

我们在三交镇，从1947年2月到1948年3月，住了一年多。李伯钊参加土改工作队，在康生那里的临县郝家坡重点村搞土改。《土地还家》《兄妹开荒》等小戏，就是她那时在农村排演的。

后委这一年，毛主席、恩来和弼时同志在"最小的司令部"里，指挥着"最大的人民解放战争"。我们后委，在相对稳定的环境里，掌握敌情，提供情报，统筹后方工作，为毛主席、党中央服务。

## 后委是中央的参谋部

后委所在的三交镇，地处吕梁山西麓，同陕甘宁边区隔河相望，湫水河绕镇而过，向西南流入黄河。小镇北距临县县城40华里，依山傍水，交通方便，又出产煤炭。三交镇历史悠久，北周时是窟胡、定胡、乌突三部的交界处，所以叫作三交。后委机关有那么多电台，因为大部分住在傍山的窑洞里，防空有着很有利的条件。我们又在驻地的高山上设有观察哨，安装了报警器，发现敌机马上发出警报，所以敌机虽然多次来空袭，造成的损失并不大。

延安虽小，毕竟是个城市。到了三交，环境和条件都发生很大变化：一是从原来相对和平的环境转入了战争生活；二是从城市转到农村，加上"扶老携幼"，生活上有许多不便。后委的驻地安排停当后，我们立刻组织大家学习中央的指示精神，明确后委的任务；结合行军总结，清点物资器材；转变作风，尽快适应新的环境和条件；开展工作，为转战陕北的中央纵队全力服务。

首先是，架设电台，侦察敌情，当好中央的耳目。

侦察敌情，便于中央作出决策，是后委的一项重要任务。到三交后，电讯侦察遇到一系列的困难：没有电源，电台无法工作；原有的人员一分为三，一部分在河西前线，一部分远去河北，技术力量分散了；部分机器坚壁在陕北，组装和维修时缺这少那；加上转移过程中，侦察电台不得不暂时停止工作；在此期间，敌台更换了密码，给跟踪侦察带来了困难。面对这种局面，我们和一局的李涛、二局的戴镜元、三局的王诤一起，发动大家想点子，出主意，采取应急措施。挑选了一部分有战斗经验的同志，重返陕北，在敌人眼皮下取回坚壁起来的器材，改装废旧的马达，自力更生地解决了电源问题。为了弥补人手不足，以老带新，并动员部分病休同志做些力所能及的工作。经过大家日夜奋战半个多月，到4月下旬，已在三交镇的各山沟里建立起8个通讯电台，可以同全国各根据地、各战区的前后方和蒋管区的有关密台建立起联络。我们立刻向中央纵队作了这样的报告："28日可以全部通报。"

由于全国战场辽阔，我们的电台力量有限，这时只能根据中央的战略部署，进行重点侦察。4月份，着重加强对傅作义和阎锡山部的监视，为中央工委和随工委东行的队伍通过同蒲铁路北段进入晋察冀地区提供情报。6月以后，战争开始由内线转向外线，刘邓大军、陈粟大军和陈谢部队分三路挺进中原，我们的侦察电台集中70%以上的力量，搜集各路的敌情变化，向战略区首长提供情报。9月下旬，陈谢部队从豫陕边隐蔽东进，准备在郑州、洛阳之间攻击国民党军李铁军部，周恩来、任弼时同志来电要二局加紧将陇海铁路郑州、宝鸡段的敌方兵力调动情况及时提供给陈谢。10月2日，陈谢部歼敌第十五师师部及六十四旅大部。1975年4月，邓小平同志接见当时担任军委总参谋部三部部长的戴镜元时还提到：解放战争期间，你们的情报工作做得好，对战争的胜利发挥了重要的作用。

二是，建立晋绥转报电台，保障中央和全党全军通讯联络的畅通。

在陕北群山间同敌军周旋的中央纵队，没有固定的驻地，为了避开敌人的侦察，也不可能架设功率较大的电台，单凭自带的几个小电台，只能同少数地区直接联系。但是，中央又急需加强对全国各战略区、各根据地的联络。后委的电台通报后，5月1日，中央决定，在叶、杨领导下，在晋绥建立中央后方大台，"负责收转中央与各地来往电报"，通告各地，"此种电台现已布置就绪"，并规定：后委的转报大台共联络14家，包括中央工委刘少奇、朱德、董必武、安子文；晋绥、晋察冀、晋冀鲁豫军区的前后方；东北、华北军区的前后方及冀热辽分局、中央局等。中央还规定：东北局、华东局、邯郸局、晋察冀中央局、中原局等主要战略区也应经常同中央工委及叶、杨后委台联络。这样中央同全国各地、各战略区之间通过转报后，构成一个电波联络网。联络电报分为三类：少数是同中央直接联络的，大多数经由中央后方大台转报，为了求得迅速，有些直接收转，有些由后委台译转。中央还电示中央后委负责这方面工作的李维汉和李克农，有关中央各部业务情况的通报，凡紧急而重要的军政、特殊情报，须随时分别通知有关的前后方电台，"如认为有必要通报蒋管区有关密台者，由你们自行决定"。

7月中，弼时同志又通知后委，将各地送给中央的文件刊物，由曾三负责，分土改、财经、武装政策及党的组织状况、思想动态等专题加以整理，写成简明的提要，由李维汉、李涛分送各部门。

地面的交通，也逐步恢复。在敌人的残酷摧残下，我兰州到沈阳一线的秘密交通一度被严重破坏，中央决定在后委设立交通科，由原中央秘书处交通科科长王凯负责，恢复同各中央局的秘密交通联系，归李克农领导。6月初，后委在河西建立了交通站，在山西崞县建立了同晋察冀联系的交通站，每隔半个月，由晋察冀社会部派交通送来一批蒋管区的报纸刊物。

三是，汇总整理、通报和交流人民解放军各部的作战经验。

4月下旬，为了统一全军的报道，军委通知各战略区，从5月开始，对内实行通报，对外发表战报。中央纵队人力有限，所以对各方面资料进行汇总整理、分类研究这项任务就落在后委肩上。我们将从各个渠道搜集到的资料，编印出《敌情汇编》《敌情综合》《敌情通报》等内部刊物，介绍蒋军有关战略战术，正规部队、非正规部队、特种兵及联勤机关、学校、军工厂等单位的实力，主官姓名，工作情况，各部队的作战特点等，供我军各指挥单位用兵时参考。外事处的同志，在王炳南领导下，还整理塔斯社、美联社、路透社、法新社和中央社的每日电讯，编印了《参考消息》，供领导机关参考，对国际形势、外交政策和国共两党关系等问题写出专题材料，报送中央。

我军由战略防御转入战略进攻后，后委曾多次汇总并通报各地的作战经验。我记得曾介绍过西北野战军如何诱敌深入，牵着胡宗南部"武装游行"，在运动中接连取得青化砭、羊马河、蟠龙镇三战三捷的经验。11月中旬，晋察冀部队在朱老总指导下，发起石家庄战役，一举歼敌两万余，首开我军向较大城市组织攻坚战取胜的先河。后来，东北野战军攻打长春前，曾来电询问城市攻坚作战的情况，我们根据关内各区的经验作了答复。年底，陈毅同志去陕北出席中央的会议，途经三交时，我们请他介绍了华东地区的作战经验，向各战略区交流。这一时期，各区有关作战情况的总结，大部分先报送到后委，由后委汇总上报中央，或转发各野战军。

四是，根据中央的委托，指导蒋管区的群众斗争。

全面内战爆发后，国民党当局横征暴敛，蒋管区人民反饥饿、反内战、反迫害和反对美国助蒋内战的斗争越来越高涨，5月20日，京沪杭16所高等院校的学生代表赴南京请愿，遭到国民党军警的镇压，酿成五二〇事件。中央对蒋管区的人民运动及时进行了指导。事后，我们也向中央提出4条斗争策略的建议：（一）要求各地的秘密党组织加强统一领导，扩大学生阵营；（二）提出的斗争口号要经过群众酝酿和推敲，不让反动当局找到借口；（三）建立情报工作，尽可能预先揭露反动派屠杀进步力量的阴谋，公开工作和秘密工作分工，使斗争能持续开展；（四）发动工人、公教人员、平民参加反饥饿斗争，争取军警。中央完全同意这些策略建议。

对蒋管区农村的游击斗争，后委也提出了一些斗争策略方面的建议。当时，福建、广东的农村中反动统治力量空虚。4月下旬，后委要求香港工委帮助广东区委，制订计划，将流散在广东内地和闽西南的党员集中起来，加以训练，派回农村去开展游击斗争；并为曾生纵队的干部回粤工作开辟交通线，逐渐在闽西南建立游击中心。6月，后委为蒋管区开展农村游击斗争提供了6条建议。经各地党组织努力，闽粤赣、湘粤赣、黔桂滇边区，浙东南、海南岛等地，先后建立了游击队。

随着我军外线作战的胜利，城工部开办了准备回四川开辟工作的"川干训练班"。这个训练班有学员260余人，来自三个方面：中共四川省委和重庆《新华日报》撤回来的人员；陕甘宁、晋绥区内原红四方面军的川籍人员；中央机关和陕北地区的川籍干部。他们在训练班里学习党的土地改革政策和工商业政策、山区小分队的游击战术，并进行了"三查""三整"的学习。9月底，周恩来、任弼时同志电示我们：这批干部的分配，等于江震和杨超到三交后面商决定。1948年2月，川干班的人员离开三交回川时，陕南、鄂西已开辟了新解放区，他们就被留下来参加新区的剿匪和建设工作。1949年，二野南下时，他们和西南服务团合并，随军入川，参加接管工作。

五是，为在陕北前方的中央纵队补充人员，运送物资。

中央纵队最初的人员共800人。毛泽东称它为"八百人的国家"。6月，中央通知后委从太行和五台地区征集新兵1300人，补充入警卫团。后委立刻派社会部的干部，去当地同军区同志一起做好政治审查工作，又组织新兵到西北野战军参加陕甘宁边区保卫战，在实战中经受锻炼。后来，从他们中选出600人编成一个团四个连，到中央纵队报到。这样，中央纵队的人数增加到一千四五百人。聂荣臻同志还为这些警卫战士配备了精良的武器，包括美式步枪500支，每枪子弹130发；机枪18挺，每挺子弹500发。9月，后委向中央纵队运送棉衣（包括棉鞋、棉帽）800套，土布1036丈，棉花1470斤。其他如电台的摇手，保健药品和医疗器械，骡马的蹄铁、肚带、鞭梢等，也都根据前方的需要随时运送。

总之，后委的工作头绪多，事情杂。有人说，无非是吃穿用、后勤保障。王震同志比较了解后委的工作。他说过：有些同志以为中央和毛主席转战陕北期间，没有参谋部，这是一种误解，"毛主席在陕北之所以能够料事如神，指挥若定，中后委起了重要的作用"。这是王震同志对我们的鼓励。

## 康生和晋绥土改

三交的工作安排停当后，我到后甘泉去看望法律委员会的几位老人和中央土改工作团的康生。法律委员会的主要工作是起草宪法和法律条文。这是

1946年开展宪政运动、召开政治协商会时期搞起来的。国共和谈破裂时，蒋介石片面召开"国大"，制定《宪法》，我们当然不能承认；但从长远看，我们确实也需要有法制建设的准备。他们完成了宪法草案的初步修改，共13章、100条；正在继续草拟民法和刑法。晋绥土改开展后，他们参加了附近村子里的土改。因为康生、陈伯达在临县郝家坡和兴县的后木栏杆村"蹲点"，有许多"左"的做法，谢老等很有意见，同康生、陈伯达的关系有些紧张。我将他们的意见转达给土改工作团的娄化蓬和赵林。娄是牺盟会的，当时在晋绥军区政治部工作，是工作团的负责人之一。赵是代理县委书记。

我又见了康生。我说：过些日子我准备过河去向中央汇报工作，你有什么话要我捎给毛主席？他眉飞色舞地向我讲了一大篇，都是极左的东西。

他说：晋绥是老区，要按过去的标准去找地主富农，你找不到。他们在人民政权下，早已化了形，成了"化形地主"。什么叫"化形"呢？解放区有个政策，地主富农经营的工商业不没收，只没收地主的土地和浮财、富农多余的土地；对经营工商业的地主富农在政治上按工商业者对待。康生却说，老区的地主富农，把财产转到工商业上去了，凡是这样的人都应该是斗争的对象，要挖浮财，把他们扫地出门，只给他们一双筷子一个碗。他把这些人称作"化形地主"。康生还和陈伯达一起搞出划分"化形"地主富农的4条"标准"，就是：一看现在的土地和财产；二看土地财产的历史根源；三看过去和现在的经营方式；四看群众的态度。陈伯达更把它扼要地说成3条：查三代，看历史；看铺的摊子大小；看政治态度。按照这些"标准"，兴县蔡家崖村划成地主富农的竟占农户总数的22.46%，大大超过了一般估计的8%，将许多本来不是地主富农的人错划成地主富农，扩大了打击面，搅乱了阶级阵线。

康生又说：中国有句话叫"家徒四壁"，这不完全对，因为北方的农村，一般都有一个土炕，炕也是一"壁"，应该改为"家徒五壁"，但这里的贫农连炕席都没有，才是真正的"家徒五壁"。他这样说，是表示他工作深入。

全面内战爆发后，阶级关系发生了变动，基层干部中有些人阶级斗争观念薄弱，这是客观事实。但是很多人对康生扩大打击面、侵犯中农利益的做法不满，这是正当的。康生却把这些干部都看成土改运动的阻力，是挡道的"石头"，提出"搬石头""抛开支部闹革命""贫雇农要怎么办就怎么办"等错误口号。

对康生那一套，我当时也有些不同意的看法，因为他不归我们后委管，只想等有机会时向上面反映。但他们在村子里"搬石头"，搞"贫雇农坐天下"这股风也刮到机关里来了。当时晋绥的党校里，竟召开"搬石头"的会，会上指定一部分座位，挂着"王八蛋席"的牌子，凡是家庭成分是地主富农的干部，让他们坐到"王八蛋席"上去。影响所及，后委机关里也有些人想"造反"了，也要开"搬石头"的会。我说：这不行，我是后方支队司令，秘书长，是党中央委任的，谁也不许动。你们得听我的，不能由你们说了算。我当时有个姓任的通信员，表现得特别激烈，他们开会不让家庭成分不好的同志参加。我就坐在那里不走。我说：这里是军事机关，有组织纪律。当然，也有许多人是拥护我的，这股风才慢慢地过去了。

康生这一套，后来又拿到少奇同志主持召开的全国土地会上去推广。在会上康生有许多插话，那些喜欢"左"的人，还编了一本《康生语录》，把它当作发动群众的经验，发展了那种"左"的偏向。后来，我到河西去向中央汇报工作时，讲到晋绥土改中的这些情况，毛主席当即表示：不要听康生那一套。不久，弼时同志专门研究了土改中的情况，作了《土地改革中的几个问题》的报告，阐明划分农村阶级的正确标准，批评扩大打击面、侵犯中农利益的错误，阐明正确对待知识分子、开明士绅和工商业者等政策。毛主席还写了纠正"左"的偏向的一系列文章，单是编入《毛泽东选集》第四卷的，就有9篇，端正了土改运动的方向。后来，在党的二中全会上，毛主席在做结论时还提到对土改运动的领导错误是：只讲战略，不讲策略。就是说事先没有讲清楚划分阶级的标准。可惜我在大搬家时，把那本《康生语录》烧掉了，不然倒是一份历史资料。

## 小河会议前后

不久，我准备去陕北向中央汇报工作，叶剑英和邓颖超同志将要去西柏坡参加全国土地会议。在我们离开三交期间，后委由李维汉代理书记，李涛代理秘书长。我原定在6月上旬去陕北。正要动身时，突然接到任弼时同志的电报，要我暂缓出发，因为胡宗南的主力西进，先头部队已到安塞镇，有向中央纵队的驻地王家湾袭击的可能。

这次胡宗南西进，毛主席判断是"盲目乱窜，已失主动"的表现。但为了避敌，中央纵队仍冒着大雨连夜离开住了56天的王家湾，转到10华里外靖边县的小河村。第二天，又在敌人的眼皮底下离开小河，转到天赐湾，同时派出一个排向西南方向活动，佯装同敌遭遇，且战且退，把敌牵向西南，中央纵队又回到小河村。6月16日，中央才通知我西渡黄河。

我渡过黄河后，先到绥德专区。军分区的同志正在忙扩兵，中央规定的任务是在4个月内完成扩兵一万人的任务。军分区政委张邦英和地委的同志向我介绍了情况，希望后委从河东的工作队中抽出一些干部，协助他们做扩军工作。我当即电告叶剑英同志，后来，后委抽调了40名干部到绥德帮助工作。

这时，中央纵队刚回到靖边县的小河村住定。靖边县属于三边分区，位于陕甘宁边区的西北部，古长城脚下，毛乌素沙漠的边缘，非常偏僻。但是，小河村却像沙漠边上的一颗绿色明珠。它依山近水，绿树浓荫，山麓有几排窑洞，周围是羊圈。毛主席住在半山上，其余人住在底下的窑洞里。

这时，人民解放战争已进入第二个年头。过去的一年内，人民解放军歼敌112万，国民党军队由430万降到373万，其中正规军由180万降为150万。人民解放军由110万增加到195万，其中主力部队有90万人。战争局势已经发生重大变化。毛主席一面考虑怎样把战争转入外线，引到国民党统治区内作战，一面准备去苏联会见斯大林，我一到小河，就听到这件事。从哪里走？那时的打算是先到内蒙古，斯大林派飞机来接他。所以，中央考虑过先派刘秀峰和李初梨到张家口一带去了解情况，还准备把罗瑞卿抽出来，率领一个旅护送毛主席去内蒙古。这件事中央讨论过，但我没有参加。

我到小河后，交给我做的是同这件事有关的另一件事：那就是毛主席派我给彭德怀同志送一封信。当时我有点纳闷，同彭德怀那里电报是通的，为什么要郑重其事地派我专程去送信？那时，彭德怀同志指挥的部队已赶走马鸿逵的骑兵，收复了三边地区，司令部设在靖边的张家畔。那里已是古长城外了。我带了11个人，骑着马走了5天，每人身上背一个装水的葫芦，像是八仙里的"铁拐李"。离开小河后向北走，越走越近沙漠。一出古长城，满眼都是沙丘。当时正是酷暑时节，骄阳把沙丘烤得火热，连棵遮阴的树都找不到。风一刮，飞沙遮天蔽日，打得脸上生疼，眼睛根本张不开，只好让牲口自己走，好在"老马识途"，它倒知道该朝哪个方向走。当地的水，又苦又涩，不能喝。后来王震告诉我，他们在大三边打二马，部队往前面走，后面得有几百辆大车拉着"甜水"跟着。所谓甜水，就是能喝的淡水。

见了彭总，我把毛主席的亲笔信交给他。他拆开一看，问我：你知道什么事吗？我说：给你的信，我哪敢拆！他说：主席的意思是把西北的军事交给我，后方工作包括联防军、地方工作和后勤统归贺总管。我说：主席要去苏联见斯大林，这大概是临走的托付啊！彭总说了一句话："一个韩信，一个萧何嘛！"这是汉高祖刘邦用人的故事，有个分工：韩信指挥作战，萧何经营后方。后来，毛主席没有去苏联。我回小河，就开会，这就是小河会议。

小河会议开了3天（7月21日至23日）。会议就在山麓的羊圈里开。在羊圈里搭起个棚子，上面用柳条遮阴，就是会场。饭在羊圈前吃。羊白天放出去，晚上还要回圈。参加会议的有西北野战军、联防军和太岳的指挥员：彭德怀、贺龙、陈赓、习仲勋、马明方、贾拓夫、张宗逊、王震、张经武以及我和陆定一。

会议期间，研究了陈赓、谢富治率领的太岳兵团的使用方向问题。中央原来决定，让陈、谢从晋西南西渡黄河，同彭德怀一起作战，集中力量在陕北解决胡宗南集团，这时，重新作了部署，原因有两点：

彭德怀、贺龙、陈赓、王震在小河村合影

一是6月30日,刘邓大军12万人突破国民党军的黄河防线,揭开了向中原地区进攻的序幕;7月10日,华东野战军陈粟大军也在鲁西南转入进攻,准备向豫皖苏展开。所以中央当机立断,商定陈谢兵团改为南渡黄河,挺进豫西,造成三路大军南下经略中原的新局面。

二是胡宗南进占延安后,陕甘宁边区地域缩小,人口由140万人降到90万人,财经和粮食都需要靠晋绥边区支援。如果陈谢兵团到陕北和西北野战兵团一起打大仗,财粮的供给都不容易解决;而在南渡黄河挺进豫西后,势必吸引胡宗南部从陕北分兵救援,就便于在运动中伺机歼敌,在经济上也比较有利。

所以,会议商定由贺总以联防军司令身份统一领导陕甘宁和晋绥两区的后方工作，实行精简节约，开展地方工作。同时，毛主席又同意彭德怀的建议，在西北野战兵团成立党的前线委员会，以彭为书记。7月31日，军委决定西北野战兵团正式定名为人民解放军西北野战军，彭德怀为司令员兼政治委员和前委书记。这时，我才领悟到毛主席让我送信给彭总，是为了酝酿新的战略部署和工作格局的安排，所以彭总要说：一个韩信，一个萧何。西北野战军的部队原来大多是贺总带领的，彭总没有直接指挥过，像这样地调整指挥关系，在旧军队中简直难以想象。但他们处理得很顺当。半年后，毛主席对彭、贺说：你们前后方团结合作得很好。

人民解放军由内线作战转向外线作战，是我军第二年作战的基本任务。所以，在小河会议上毛主席第一次说：对蒋介石的斗争从1947年算起，可以用五年时间来解决，但不要对外宣布，还是准备长期作战，五年到十年，甚至十五年。不要像蒋介石那样，先说几个月消灭我们，不能实现，又说再过几个月，到了现在又说战争才开始。为了支持长期战争，必须抓紧土地改革。不搞土改，就失去农民。失去了农民，就失去了战争。

毛主席去苏联会见斯大林为什么后来又拖下来了呢？这件事在会上没有透露。以后我才知道，斯大林接到毛主席准备访苏的电报后，在复电中先是表示同意，说如果你认为需要这样做，那么我们觉得最好是取道哈尔滨，需要的话我们将派飞机去接。但同时又说：鉴于目前的战事，鉴于你离开岗位可能对战事有不利影响，我们认为还是推迟为好。因为斯大林有这样的主张，毛主席就推迟了行期，到1948年中央转移到河北城南庄时才又有去苏联的准备。

小河会议上还有一个插曲，就是彭总对原来陕甘宁边区财经委员会的工作提出了尖锐批评。当时，边区存粮不到10万石，农业生产还没有达到耕三余一，粮食并不充裕，最困难的是棉花和布匹，自给率至多达到40%，所以部队的军服、口粮都扣得很紧。但当胡宗南进攻时，有一万多套缝好的军装和一批布匹在转移途中被敌人劫走了，彭总一听就火了，指着贾拓夫同志说：部队没有棉衣，没有被子，苦得很；你们就是不肯拿出来，现在统统被国民党抢劫去了。

你该当何罪？当时开会很有意思，许多人挤在一铺炕上，有什么意见就直截了当地当面提。林伯渠同志一听，替下面担担子，说责任在我，不能责怪下面的同志。物资损失了，当然心疼，但管后勤的同志扣得紧是情有可原的。因为这几年边区受灾，为了打胡宗南，部队又增加了，后勤部门怎能不留有余地呐！以后，弼时同志又要我去慰问林老，请他老人家宽心、宽心。林老请我吃了一顿饭，还弄了一只鸡给我吃。

小河会议后，为了策应陈、谢兵团南渡黄河向豫西挺进，中央决定西北野战军攻打榆林，吸引胡宗南部北上。我便离开小河，返回三交镇。8月21日，陈、谢兵团开始渡河，第二天晚20时，大军8万人乘黑夜在晋豫交界处西侧强渡黄河，切断陇海路，东进洛阳，西叩潼关，依托伏牛山在豫西展开。毛主席电告各地：今后4个月，"将是敌我两军转变形势的关键，务望各同志齐心协力，争取胜利"。5天以后，捷报传来，刘、邓大军渡过淮河，进入大别山区，胜利完成千里跃进的任务。

我离开三交将近两个月，回到驻地时，剑英同志还在西柏坡参加土地会议。在陕北期间，特别是通过小河会议，我更多地了解了人民解放战争的全局和胜利的前途，党中央5年解决对蒋介石斗争的战略意图，和全党齐心协力共同奋斗的要求。这些精神传达给同志们，大家精神更加振奋。

这一年，晋绥地区遭灾，收成不好。中央特别注意到陕甘宁和晋绥两区后方统一后，晋绥的负担加重了。在后委做预算时，恩来和弼时同志电示：后委经费不足部分，原则上不多麻烦晋绥，12月及明年1月两个月的经费不足部分由供给部自筹补贴。但供给制度不变动，力求节省。这是中央对地方的体谅。为了渡过困难，大家能够节省的钱决不多花一文，生活很艰苦，吃的是豆豆饭（又叫钱钱饭）[①]、山药蛋，好一点的是饸饹、小米焖饭。年底，陈毅同志去陕北出席中央的会议，经过三交，我们焖了小米饭招待他。他说：嘿！老杨啊！

---

[①] 陕北农家的便饭，因受灾，只能用豆荚压成片加上糠秕和瓜菜熬成的。

你给点好东西吃呀，你这个东西不像话！我说："按说，该宰个羊子给你打牙祭，可那得花钱买。我只有这个。就这小米焖饭，你不来我们也不常吃！以后补吧。"可见那时实在困难。

但就在这种困难的条件下，我们接到弼时同志给剑英同志和我的亲笔信：说一部分身体病弱的电讯业务人员及少数体弱的基层干部，应发给特别健康补助费，"方能保持长期工作下去"。并规定在三交的电台人员从12月份起每人每月补助3斤小秤的猪肉，并轮流休息，二局、三局与机要处一并考虑。这是中央对坚持工作奋不顾身的后委工作人员的肯定和慰问。这种鼓励既是物质的，又是精神的。

1948年1月20日，剑英同志和我接到恩来和弼时同志来电：中央后委的迁移，按计划在3月中旬开始行动。这表明中央和毛主席即将离开陕北向河北东进，表明我们在解决蒋介石的斗争中又跃进了一大步。于是，我们在早春天气中着手第二次"大搬家"。

（本文选自《杨尚昆回忆录》，中央文献出版社2001年版。标题为编者所加）

# 在新华社西北前线分社社长的岗位上
胡绩伟

> 胡绩伟，生于1916年，四川威远人。1937年加入中国共产党。文中身份为《边区群众报》总编辑，新华社西北总分社总编辑，新华社西北前线分社社长。新中国成立后，曾任《人民日报》副总编辑、总编辑、社长，第六、七届全国人大常委会教育科学文化卫生委员会副主任委员等职。2012年逝世。

## 第一次经受战火锻炼

1947年3月18日子夜，我们告别了清凉山，从延安向北撤退。天黑沉沉的，没有星光，没有灯火。我难舍难离地想看看延安一眼，可是四周一片漆黑，看不见山顶上的宝塔，看不见新市场的大门牌，看不见延安的城墙，整个延安的山峁峁山沟沟，都沉浸在一片漆黑之中。延安——八年来，与我朝夕相守，培育我、锻炼我的母亲，在这离别的时刻，连她的身影也看不清，我们就默默地踏上了征途。

尽管我十分清楚，这是毛主席决定的战略转移，用不了多久，我们就会回来。可是，我们的心头，仍然像压了一块石头那样沉重。

队伍静静地沿着延河走了一段，就钻进山沟向北偏东的方向前进。边区群众报的队伍，是西北局机关队伍中的一个小分队，夹在大队的中间，前，看不到头，后，看不见尾，大家心情沉重地闷着头跟着队伍向前走。

在延安七八年，早已走惯了山路，延安的机关都是从山下到山上一排一排的窑洞，每天上山下山，要跑好多趟。从这个机关到那个机关，从市区到郊区，都靠两条腿爬上爬下，磨炼出一双铁脚板，在黑夜里高一脚低一脚地行军，并

清凉山全景

不觉得难,也不觉得苦。

大队像一字长蛇阵般弯弯曲曲地逶迤推进。走到天已经大亮,到达离延安八九十里路的安塞东南的一个小村子,大家喝了几口水,咬了一点干粮,倒头就睡了。我们电台的几个同志没有睡,一住下来就开始接收新华社和中央社的电讯稿。大约在上午10点钟,就收到中央社播发的敌军占领延安的消息。无论它如何吹牛说:"经过七昼夜激战,于19日晨占领延安""俘虏敌军五万,缴获武器弹药无数"等等,我们都一条一条地收录下来,立即把敌人这个"陕北大捷"的消息分送西北局机关。

西北局机关的队伍同西北人民解放军总部常常在一起行动。解放军机关流动性大,西北局机关流动性比较小,因而有时两者靠得很近,有时离得很远。

我在安塞真武洞附近只住了两天，商量了一下边区群众报在战争时期的工作部署后，我就带着几个同志到驻在青化砭附近的西北解放军政治部去报到，在政治部主任徐立清领导下，成立了新华社西北前线分社，我担任社长。我们当时用的机器是一台很简陋的四灯收发报机，发电靠一台小小的手摇马达。

党中央、毛主席坚持留在陕北，解放日报、新华总社留在中央身边的小分队代号叫"四大队"，主持工作的是范长江同志。前线分社在业务上由四大队直接领导。我们的任务是把西北战场的战况及时向总社发出报导。同时，把战争新闻和通讯发给《边区群众报》。

战争时期，中央和西北局领导的新闻单位在体制上进行了很大的调整，总的原则是由以报为主转变为以社（新华社）为主。在清凉山，解放日报、新华总社和延安新华广播电台是三位一体的中央新闻首脑单位。陕北战争开始以后，就把工作重点由编辑《解放日报》改变为播发新华社电讯稿，在《解放日报》停刊以后，代表中央的言论也由新华社的名义播发全国和全世界。

同时，清凉山新闻首脑机关的大部分人员，由廖承志率领，随同刘少奇领导的中央工作组奔赴华北，小部分人员由范长江率领跟随党中央、毛主席在陕北坚持工作。

议时，西北局领导的新闻单位，边区群众报社也改为西北新闻社，包括西北新华社和负责发行报刊的西北新华书店，由杜梓生任副社长（社长由宣传部长李卓然兼任）。这种由以报为主转变为以社为主，由编辑报纸为主改变为以收发新闻为主，对于边区群众报的工作来说，也是一个具有划时代意义的转变。表现在战时报纸不能正常出版，但编发新华社的通讯稿却一天也不能停止。从读者对象来说，也有很大的转变，原来《边区群众报》的读者，是以基层干部和广大群众为主，现在变为以西北局系统的中高级干部为主。报纸的内容就随之有较大的改变，就是由大众化的报纸逐渐改变为一般性的报纸。

这一时期，我虽然在名义上仍然是边区群众报社和西北新华社的总编辑，但我没有做任何具体工作，一切工作都由副总编辑金照同志和林朗同志负责，我把全部精力投入前线分社的报导工作。

当时，前线分社只有十几个人，除了几名收报员和译电员、一名杂务人员外，其余的都深入到西北解放军中做随军记者，负责采写战争新闻和通讯，组织编发部队通讯员的稿件。经常在分社里的就我一个人，一方面编发记者和通信员的来稿，一方面同西北解放军司令部联系，编写主要战报。

前线分社的工作是相当艰苦的。在激烈的战斗中，部队经常在夜间急行军，我们这些随军记者，当然也跟着急行军。在一般急行军中，每个人拉着前面同志的衣服跟着走，走着走着就进入半睡半醒状态，我们自夸为"走着路睡觉"或"睡着觉行军"。一休息下来，无论是躺在地上，还是靠在坡上，倒头就睡。吃饭时，也常常是闭着眼睛，边吃边睡，我们又自夸为"睡着觉吃饭"或"吃着饭睡觉"。急行军常常是一路小跑，一跑就是一个多小时。很多次都是在雨中行军。有一次在滂沱大雨中行军，队伍进入一条山沟，前面几辆辎重马车陷在泥浆里，越陷越深，怎么拉也拉不出来，后面长长的队伍只好站着、靠着或者坐着淋雨，一停就是几个钟头，全身早就淋透了。到了宿营地，在老乡腾出的空窑里，人们脱得光光的，一件一件地把衣服烤干。大家有说有笑，毫不在乎，更未听说谁因此伤风感冒。

到部队的前十来天，我虽然身体瘦弱，对于行军的艰苦，还能挺得住。可是由于头脑里出了点问题，好像病了几天，一下就寡言少语了。我的病按当时流行的说法，是"小资产阶级爱面子"的虚荣心在作怪。

事情是这样的。在部队中，等级制度是比较明显的。像我这样的干部，当时是应该配备军马的。因为前线分社是新建的一个小单位，还未来得及分发马匹。在行军中，和与自己差不多的同志们相比，感到人家都骑在马上行军，而自己没有马骑，面子上很过不去。有一次，我一个人到司令部去开会，要经过一段离敌人很近的地带，政治部临时派了一名战士背一支长枪跟在我后面作保护。我越走越觉得心里不舒服。回分社后，我发了牢骚，生气地说："我又不是俘虏，派一个战士押送我。"很快，组织上就给我配备了警卫员和一匹浅灰色的日本大马。这样一来，我反而感到不好意思。我分配警卫员去做其他的事，不愿意他总跟着我。在行军中，我也很少骑马，常常让生病的同志乘坐，只有在跟随总部首长们一起行军时，才骑上那匹大马，和首长们同样快马加鞭奔驰前进。在战争中我很喜爱这匹大洋马，每天晚上我都要去为它加草喂水。在行军途中，凡是上坡的时候我都下马，在后面拉着它的尾巴，一步一步地向上爬。有一次，我一个人拉着马去司令部，在一片开阔地带，突然遇上敌机轰炸，我让马卧倒，我贴着它的肚皮躺着，深感我们是同呼吸共命运的战友。久而久之，我们之间建立了亲密的感情。

在前线，生活上并不觉得很苦。首先是粮食比较充足，即使在最困难的时候，伟大的边区人民倾其所有来支援战争。陕北的山药蛋是我们的宝贝。有粮时，它是菜；无粮时，它就是最好的粮。战争中，菜当然是很少的，连咸菜也很少，常常是一小碟野菜加一些盐，或者一点辣椒加一点盐，拌着小米饭，就是美味佳肴了。当时，盐也很少。有一次老乡跌死了一头羊，我们弄到一条羊腿，没有盐，只能吃红枣炖羊肉。小米、糜子、荞麦、糠秕，是主要的粮食。面粉很稀少，只有在打大胜仗时才能吃一次蒸馍。经常成问题的是油，因为吃的油和点灯的油都是一样，有时是棉籽油，更多的时候是羊油。我们经常通宵打夜工，点灯的油总不够，常常把食油拿来照明用，炒菜就常常没有油水。肉当然更少，但每次打胜仗以后，总要美美地吃一顿。

当时，部队的作战情绪是很旺盛的，充满必胜信心，最大的快乐就是打了大胜仗。战士的快乐是缴了多少枪支弹药，抓了多少俘虏，消灭了多少敌人。我们的快乐是写了多少稿子，发了多少条新闻通讯。这些稿子特别是战争通讯，大都送给《边区群众报》，只有重大新闻才发到长江同志那里。每次西北战场打了大胜仗以后，新华总社总要播发一两篇我们的新闻报道。

当然，我们的十几名随军记者更为艰苦，也十分勇敢，他们是在枪林弹雨下进行采访和写作的。他们还常常帮助抢救伤员，同战士一样冲锋陷阵。我们的记者蓝钰同志，有一次同连队一起被敌人包围，在进行英勇抵抗以后，他同战士们一起，从十多丈高的山崖上跳了下来，及时地报道了这场英勇的突围战。

每次，中央要开会，西北局和中央就靠得比较近，我总要回群众报去看看，也要到总社去向长江同志汇报请示。

从3月18日我军撤出延安，到5月4日，47天中，我军在青化砭、羊马河和蟠龙打了三场大仗，获得了三战三捷，胡宗南占领延安时那股不可一世的猖狂气焰，像泄了气的皮球一样，再也蹦不起来了。"一举消灭共军主力，把中共首脑赶过黄河"成为一枕黄粱。西北人民解放军在安塞真武洞召开了几万人的祝捷大会，部队就在这一带休整，我们分社同群众报社和新华总社都靠得很近。我赶回群众报社，分社的随军记者也大都回到报社这个家，这是我们自延安撤退以后第一次大团聚，战友重逢，喜气洋洋。

这时，西北新闻社的名义取消，改称为边区群众报社和新华社西北分社，加上新华书店，是一个合三为一的统一体。在这期间《边区群众报》有时出4开四版、4开两版、8开两版，有时铅印、石印、油印，随着战时物质条件的变化而变化，采用各种方式坚持出版。由于西北战局全面转入反攻，后方比较安定，物质条件也较好，当时就在筹备把《边区群众报》改为《群众日报》。这个计划，在1948年1月10日终于实现了。为了继续满足广大群众的要求，同时编辑出版了大众化的《边区群众副刊》，是32开的小册子。改出日报以后，则改为《群众日报副刊》，以后又改为16开本的《群众周报》，继承和发扬《边区群众报》通俗易懂的优良传统。

在祝捷大会以前，蟠龙战役快要结束时，我赶到总社发出蟠龙大捷的简短新闻。这时范长江同志正在撰写《新华社记者评蟠龙大捷》的述评。他在文章最后还写了一首打油诗：

> 胡蛮胡蛮不中用，延榆公路打不通，
> 丢了蟠龙丢绥德，一趟游行两头空！
> 官兵六千当俘虏，九个半旅像狗熊；
> 害得榆林邓宝珊，不上不下半空中。

这一篇评论给蒋介石的战略进攻下了一场瓢泼大雨。

只要分社和总社一靠近，我就会到总社去联系业务。同志们为了我的安全，要我带上警卫员，我都不带，一个人来来往往，习以为常。大概是这年12月，我又去总社，同志们说路很好走，骑马一两个钟头就到了。只要沿着后面一条大山沟，一直走到沟底，再翻一座山就到了。吃过中饭，我一个人拉着那匹大洋马就上路了。不知在哪里走错了路，老走不到沟底。等我从沟底翻到山顶，天已经黑了。

那时，我军和敌军的驻地常常是犬牙交错，相距很近。天黑了又看不清究竟走到哪里了。我把马拴在一棵大树上，一个人悄悄向前走，看样子，我是走在一排窑洞的脑畔上。我趴在地上伸着头往下看，下面是四孔窑洞，没有哨兵，断定是老百姓。静耳细听，很安静，我断定不是敌占区，如果有敌人，一定吵吵嚷嚷，打打闹闹，但我还是不敢贸然下去，耐心地趴在窑畔上观察动静。十多分钟以后，听到下面有笑声，有一个娃娃唱："鸡娃子叫来，狗娃子咬，当兵的哥哥回来了。"肯定是我们自己的地区，我才大着胆子拉着马下了一个小坡，到这户人家去问路。果然是边区的老乡，他们热情地让我喝了一碗水，告诉我走错了路，走偏了十几里，然后把我送到四大队住的村子。

到了总社，我把这场虚惊讲给他们听，大家都责怪我太冒险了，同志们东一句西一句，说得我真有点后怕。设想，如果真的误入敌区，当了俘虏，"一失足成千古恨"，我这一生，可能完全是另外一种样子了。

## 用兵如神的彭老总

在陕北战争中，我们西北前线分社虽然经常同党中央靠得很近，却很少见到中央机关的首长。在我记忆中，我第一次见到毛主席是在沙家店大捷以后，1947年12月底，党中央在米脂杨家沟召开会议的时候。

我先到新华总社，范长江同志向我传达了毛主席所作的报告《目前形势和我们的任务》的内容，然后带我到杨家沟去看望陆定一同志。他曾是《解放日报》的总编辑，当时是党中央坚持留在陕北战斗的中央纵队的政委。

定一同志住在一间很小的窑洞里。门开在中间，两边架了两副门板做睡铺，就把这间小窑洞挤得满满的。我同长江坐在定一同志的对面，相距很近，真可谓促膝谈心了。定一同志也向我们介绍了毛主席讲话的内容和这次会议的重要意义。

　　正在谈话当中，毛主席从窑洞门口路过，同长江同志打招呼，我们都站起来请他坐。他站在门边，两手扶着门框，他的头都快顶上门楣了。当长江向他介绍我说："这是胡绩伟同志，他是《边区群众报》的总编辑。"毛主席笑着说："认得，认得。"他对长江说："你的打油诗，讽刺胡宗南，他真是一只又笨又蠢的大狗熊。"他哈哈大笑，说了一声"你们谈"就走了。

　　在延安时期，我同毛主席没有个人间的来往，他怎么说认得我呢？原来是延安文艺座谈会时，他曾主动走到周文同志面前同周文谈话，我正站在周文身边，周文曾把我介绍给他，他说："哦，群众报，办得好，我们都喜欢。"

　　这次短短的见面，使我十分兴奋而又激动。当时，我对毛泽东的崇拜处在又一个高潮时期。经过10个月的陕北战争，我对他坚持留在陕北领导战争的宏伟气魄更是钦佩得五体投地，对他指挥战争的高超艺术，更是由衷地佩服。

　　毛主席在杨家沟会议上的报告《目前形势和我们的任务》，由长江同志领导下的新华总社很快地播发出去，我们是最早的一批读者，这篇讲话是我们在战争中学习毛泽东人民战争的最好文件。

　　当时，我还做了学习笔记，写下了自己的三点体会：

　　一、学习毛主席的人民战争的战略思想。这是一场依靠广大人民和人民子弟兵自己解放自己的战争，因而无论经过多少艰难险阻，人民终究要得到胜利。

　　二、学习毛主席指挥战争的高超艺术。主要是集中优势兵力，各个歼灭敌人，变被动为主动，变劣势为优势，达到保存和壮大自己、削弱和消灭敌人的目的。

　　三、学习毛主席的统一战线的民主团结思想。主要在于：既坚决满足广大贫苦农民的土地要求，又努力防止和纠正侵犯中农利益、破坏工商业和把党外人士一脚踢开的偏向。

10个月来，我亲身体会到，由彭德怀和习仲勋所领导的西北人民解放军，对毛主席的人民战争思想和指挥艺术，不仅充分掌握了，而且是创造性地运用了，从而赢得了一场又一场威武雄壮的战争胜利。

我亲身体会到，保卫延安这场战争，确实是边区150万人民和几万人民子弟兵全体动员、全力以赴的生死斗争；人民是这场战争的决定力量，指挥员的杰出才华表现在善于创造性地发挥和运用人民群众的巨大力量。

陕甘宁边区在战前几次土改运动中，妥善地解决了农民的土地问题，团结了中农，切实避免了"左"的偏向。在这个基础上发动了轰轰烈烈的参军运动，壮大了正规军和民兵队伍。与此同时，又普遍改选了各级政府，首创性地实行了"三三制"（解放区的政治制度，共产党员在政权中所占的席位只能占1/3，其余，进步分子和中间分子的代表各占1/3），不断健全人民民主政权。这样，整个边区在进行延安保卫战之前，就形成了全民皆兵、团结一致的大好形势。在党中央决定主动撤出延安以后，延安全体军民都满怀着同仇敌忾的必胜信心。

我军撤出延安时，边区人民进行了彻底的坚壁清野的战争准备，不仅没有给敌人留下一粒粮食，连一个碗一双筷子也不留给敌人。民兵游击队布置了地雷阵，使敌人进占延安后，在人民战争的天罗地网中，常常陷于惶惶不可终日的困境。敌人成了瞎子、聋子，毛主席的中央纵队常常就在附近，离敌人只有几里路远，可敌人却一点也不知道。

在我军撤离延安到收复延安的一年多时间里，我始终在前线，很多次在彭总身边，我除了赶写一些战争新闻以外，却没有写过一篇关于这次战争和关于彭总的通讯报导。因为受到机械的保密思想的束缚，我把保密当成神秘，没敢留下任何可供写作的材料。今天，回过头来看看，我只是历史上的一个普通的匆匆过客。当时，在我们的前线记者中，我也只是一个很逊色的记者。有很多人比我优秀得多，特别是以后成为著名作家的杜鹏程同志，更是佼佼者。在

50年后进行这段人生历程的回忆时，我感到有些茫然，也很歉然，毕竟这是无法挽回的事了。

每次重大战役的开始到结束，我常常跟在彭总的身边。他总是深入到前线的前沿阵地去观察和指挥。他走得很快，一溜烟就到了基层指挥所，我总是一路小跑着跟在他后面。敌人的子弹常常从我的头上呼啸着飞过。我这个文化人，在延安一住七年，没有经历战争的体验。有几次是他的警卫员或参谋，突然把我按倒在地上，才躲过了飞来的子弹。当我站起来拍打身上的泥土时，只见彭总还是像山一样巍然矗立，或者仍然跨着大步一往直前。

初见彭总时，他一脸威严，令人望而生畏，但一接触，他常常是有说有笑，和颜悦色。到了战壕里，他总是对这个战士说两句，给那个战士擦擦脸上的灰土。到了指挥所，他耐心地听取基层指挥员报告敌情动向和征询意见，很少打断人家的话。在司令部，下级来请示，他总是有问有答，说完后总是问一句："行不行？"或者"好吗？"有一次下雨，下级冒雨来到，他立即叫来人脱去湿衣服，把自己的棉衣给他们披上，让他们脱了鞋，到炕上暖暖身子。

彭总在前线睡得很少，吃饭也不定时。有几次在他那里碰到快吃饭时，他总是留我吃饭。他的饭菜很简单，似乎总是一小盘土豆丝，或者一盘野菜，加一小碟辣椒。他同战士一样，常拿着一个馒头或者一个窝窝头，一边啃一边工作。记得有一次是一纵队司令员张宗逊将军来，他留他吃饭，特别吩咐炊事班加了一盘炒鸡蛋。只有在蟠龙大捷和宜川大捷时，我在他那里吃饭，正赶上会餐，大家都有肉吃，炊事班长才给他端来一碗红烧肉。打了大胜仗，下面送来缴获的肉罐头，彭总都吩咐送到医院去，还要批评两句，以后就很少有人敢给他送战利品了。

在指挥作战方面，彭总的确是充分运用和实践毛泽东人民战争思想的军事家。在陕北战争初期，蒋介石调集了39个旅、23万军队包围陕甘宁边区。这中间，胡宗南就有15个旅、14万军队从南面发起进攻，大军压境，来势汹汹。当时，西北人民解放军只有7个旅、2.6万人，敌军部队超过我军9倍，等于一个战士面对9个敌人。我军主动撤出,国民党军队进入空荡荡的鸡犬皆无的延安后,中央社竟胡吹什么:"经过七昼夜激战,于19日(1947年3月)晨占领共军总部延安,俘虏敌军五万,缴获武器弹药无数。"这种厚颜无耻的谎言,只能骗骗不知真相的蒋管区人民,边区军民对此嗤之以鼻。我们的战士和老百姓都明白毛主席的战略思想不在于一城一地的得失,而在于消灭敌人的有生力量。我们撤出延安是让胡宗南背上一个大包袱,然后按照毛主席指示的:"采取'蘑菇'战术拖疲敌人,逐渐削弱它,各个消灭它。"彭总更是神机妙算,他说,要"按照我们预订的计划,把敌人引进我们预订的路线,在我们预订的地点,接受我们预订的歼灭"。

撤出延安以后,我军主力隐蔽在延安东北蟠龙一带。敌人经过四五天侦察,还是摸不清我军去向,只好分两路"扫荡",寻找我军主力。彭总指挥一支小部队把一股主力引向西北的安塞。敌军的另一股主力于3月25日被我军引入布置好的蟠龙以南的青化砭地带的伏击圈,仅仅经过两个小时的战斗,就全部歼灭敌人三十一旅全部,活捉敌旅长。4月14日,我军又诱敌进入蟠龙以北羊马河的伏击圈,又消灭了敌军一三五旅一个旅,活捉代旅长。我到前线还不到一个月,就深深感到毛主席的集中优势兵力各个歼灭敌人的战术开始显灵了。

胡宗南吃了分兵扫荡的苦头,决定把两个兵团集合在一起,排成数十里长的"方形战术",同宿同行。彭总指挥一小部分队伍迷惑敌人,且战且退,把敌人引向延安以北的绥德。敌人以为这是我军主力向北退却,就趁势沿着咸榆公路向绥德推进,企图在黄河西北地区消灭我军主力,或者逼迫我军主力过黄河向山西败走。从蟠龙到绥德本来只有三天的路程,敌人被我军和游击队一路阻击,竟走了六天,弄得人困马乏,疲惫不堪。

蟠龙是敌人武器物资供应补给站。我军主力在蟠龙附近地区休息四天以后,等敌人主力远离蟠龙接近绥德的时候,彭总指挥我军向早已包围起来的蟠龙发起攻击,经过两天(从5月2日到4日)的激战,我们又歼灭敌人一六七旅6000多人,缴获军服5万套、面粉1万多袋、子弹100多万发和很多药品。

等到敌人从绥德掉转身来赶去蟠龙营救时,那里已是敌人的一座大坟场了。

使我惊异的是,彭总像是一个老练的记者,每次写战报时,他早已成竹在胸,对我口述战报的内容,我只要一一记录下来,就是一条很简明扼要的新闻。在蟠龙战役之前,他还指示我发了两三条绥德地区的小战斗的新闻,还发了一条黄河沿岸的民兵游击队运粮支援解放军的消息。他对我说:"'民兵用船运粮'这句话,一定要写上。"我知道,彭总强调写上这句话,大概是有文章要做。果然,这句话引起了敌人的注意,他们的军事情报人员向上报告说,他们特派飞机到黄河边侦察,发现我军在几个渡口集中船只,说什么"敌军可能要东渡黄河"。彭总把这份情报给我看,冲我挤挤眼,哈哈大笑说:"你看敌人蠢不蠢?"

退出延安还不到两个月,接连三场大战都赢得了胜利,大大刹住了敌人的威风,扭转和稳定了一度危急的陕北战局。

敌人打通咸榆公路,打算在黄河边歼灭我军的美梦破灭了。当敌人清醒过来,整顿队伍,再度寻找我军主力作战时,我们在安塞真武洞开了一个两万多人的军民祝捷大会,然后在这一带休整了一个月以后,彭总又指挥我军主力经过两天两夜的急行军,突然出现在陕甘宁边区西部的陇东高原。

当胡宗南从南线进攻边区时,延安西部陇东专区、西北部的三边专区和北面的榆林,蒋介石指挥马步芳、马鸿逵和邓宝珊的部队,趁机侵扰边区。在胡宗南三战三败的情况下,蒋介石指挥这 20 多万杂牌军,配合胡宗南发起新的进攻。

彭总趁胡宗南在蟠龙地区整顿败军的时候,指挥西北人民解放军进军陇东,然后经三边到达榆林,打击这些杂牌军,把胡宗南孤立起来。同时,调动胡宗南主力部队在咸榆公路再来一次大游行。

在陇东黄土高原和三边沙漠地带急行军,是我一生中最难忘的,也是最艰苦的远程跋涉。

陇东黄土高原是十分贫瘠的地区。高原上没有水源,种庄稼全靠天老爷,收获很少。人民饮水都是从高坡下到深沟去取水,一个人赶一头小毛驴,从天亮出发,到沟里驮上两桶水,到傍晚才能回到家。一般庄稼用水和牲畜饮水,都是靠收集雨水积成的窖水。由于高原缺雨,大路上都是厚厚的一层浮土,车马一过就是一片黄天昏地,烟尘弥漫。我们在高原上行军,最大的困难是缺水。当时,正是5月,赤日炎炎,热尘扑面,头发、眉毛、口鼻、耳孔都是灰土。汗水早已烤干,口渴得嘴唇干裂,舌头起泡,连转动都不灵了。行军中,望眼欲穿地盼到有几户人家,前面的队伍早就把老乡家的水喝干了,连泡菜罐子里的酸汤也挤光了。有的同志把马尿接下来分给大家,我实在难于下咽。同志们劝我说:"你就把马尿当救命药吃吧!"想到小时候,母亲夸我什么苦药都能吃下去,于是下狠心,闭上眼睛,喝了几口。天呀!这又苦又涩又臭的马尿,真成了我的救命药了!

黄土高原

从三边沿着长城到榆林,要经过很长的断断续续的沙漠地区。刚刚饱尝了黄土高原缺水的奇苦,接踵而来的是沙漠奇苦,也就显得不那么惊异了。沙漠是软的,每向前一步,脚就陷到沙土里,腿用不上劲，走不了几步，鞋子里、袜子里灌满了沙土，越走越抬不了脚，起不了步，真可谓举步维艰。走不了多远，小腿大腿都像针扎一般的刺痛，脚板很快起了血泡，我们咬着牙，忍着痛，一步一步地挣扎着前进。太阳的直射和黄沙的反射，如履锅底，如进烤炉。大家嘴唇破裂，嗓子嘶哑，不少人流鼻血，头晕目眩，摇摇晃晃。沙漠里的艰苦，我觉得似乎比在黄土高原上还稍好一点，起码不是那样满头满脸、整个眉眼都黏糊着灰土，而且沙漠里还不时出现小块绿洲，稀稀拉拉地长着各种野草。实在渴得难熬了，还可以挖一条甘草根含在口里，还没到渴得不能不去喝马尿的地步。

经过两夜一天的沙漠行军，我们终于在长城边的草原上休息了一天，再继续向榆林前进。

从陇东、三边到榆林，这一路，敌人的战斗力很弱。听说解放军来了，没有经过多少激战就纷纷撤退。我们虽然收复了广大地区，却没有消灭多少敌人。

解放军突然沿着边区西北面包围榆林城，使蒋介石、胡宗南大为恐慌。榆林是陕甘宁边区的后门，是国民党反动派多年经营的反共堡垒，是历代军家争夺的军事重镇。彭总这一大迂回的目的，就是想把龟缩在延安地区的胡宗南主力引出来，牵着它的鼻子沿着咸榆公路再大游行一次，以便寻找战机消灭敌人。这次，我军常常深夜行军，不断转移，迅速而神秘地变换位置，严密封锁消息，故意欺骗迷惑敌人，因此包围榆林，就像神兵天降一般，弄得胡宗南昏头涨脑，赶快派兵北上增援，达到了彭总调遣敌军大游行的目的。这次，我更深刻地理解和体验了彭总的"围城打援"的作战思想。在围城期间，彭总指示我发了几则攻城的新闻，故意把榆林说得岌岌可危，就是要引诱胡宗南忙忙慌慌地长途跋涉赶来增援。鱼饵下好了，等着大鱼来上钩。

实际上榆林的城防是相当坚固的。这场攻城战役，打得很激烈。每当夜幕降临，我跟着彭总到前沿阵地。攻城夜战，实在壮观。当时还没有大的照明灯和探照灯，敌人用铁丝编成一个大铁笼，里面装满木炭，点燃后，风一吹，就是一个个大火球。他们沿着城墙一段距离就挂一个这样的大灯笼，把整个榆林城照耀得通明雪亮。激战中，枪炮声像新年放爆竹一样，乒乒乓乓响成一片。夜空中飞来飞去的枪弹炮弹，有如流星一样拖着亮闪闪的长尾巴，像突然喷出一股钢水的钢花一般，交错着一阵阵的红绿色信号弹，将漆黑的夜空点缀得五光十色，绚丽多彩，真是壮观。此情此景，对我这个初上战场的书生来说，对战争，只想到了悲怆壮烈、生死拼搏、惊心动魄的一面，却未想到也有如此赏心悦目、令人神往的一面。新中国成立以后，每当我站在天安门广场欣赏节日焰火的时候，我就回想起1947年8月这场榆林攻城战的夜景，引起对人生的无限感慨。

得知我军主力围攻榆林，蒋介石、胡宗南又惊又喜。喜的是终于确定我军主力部队在榆林，而且得知我党中央留陕纵队也在附近的米脂一带。蒋介石如获至宝，马上亲自飞到延安，部署一举消灭"中共总部"的大战役。蒋介石调遣在陇东的胡宗南三十六师连夜赶到榆林救援，又命令胡宗南两个军九个半旅沿咸榆公路北上作战。

我军在围攻榆林时，本来布置好先歼灭来援的三十六师。那师长钟松老奸巨猾，他看穿了我军围城打援的战役布置，命令三十六师在距离榆林很远的地方就停止前进，一转身从横山北出长城，绕到我军背后，使我军这次围城打援战役没有打成。我军只好停止围城，把主力向南靠近中央纵队，以便寻找战机，打击北上的敌军。

这时，敌三十六师经过几天几夜的急行军，供给奇缺，逃兵很多，十分狼狈。知道我军主力南下，正想在榆林休整一下，谁知上级命令马上南下尾追我军。这支疲惫之师，只好马不停蹄地向南进发。

逃脱我军虎口的三十六师，现在又送上门来。彭总布置好，准备将其一口吞下。果然，当三十六师进入米脂和葭县（今佳县）之间的沙家店地区，被我军重重包围，经8月18日到20日的激烈战斗，胡宗南三大主力之一的三十六师全部被歼灭。

这时，北上的胡宗南两个军赶快掉头南窜。我军一面乘胜追击，一面挺进敌后方，引诱敌军加快向延安南撤。这样，尾追敌人的我军突然包围清涧的七十六师，在10月11日将这个师全部歼灭，活捉了师长。

这样，胡宗南号称20万大军进攻边区，仅仅半年时间，就被我军歼灭和拖垮了一半。西北人民解放军从此由战略防卫阶段转入战略进攻阶段。

## 民主的军队，民主的统帅

在西北战场由防御转向进攻的大好形势下，西北人民解放军进行了一个月的整顿。彭总在军队内部推行了一场意义深远的新式整军运动。毛主席为党中央起草了一个内部指示，高度评价这一整军运动为我军的"军队内部的民主运动"。毛主席还为新华社写了一篇社论，提倡在全国各地解放军中普遍推行这一新式整军运动。这样，在我国解放战争转入全面反攻的前夕，整个解放军中都进行了一场提高军队内部民主的新式整军运动，提高了我军士兵的思想觉悟和战斗力。这是彭德怀大将军对解放军所做的一项重大贡献。

这场新式整军运动是怎样开展起来的呢？在西北人民解放军一纵队三五八旅中，有一个"解放"战士，是俘虏过来不久的四川兵。他在一天深夜，一个人在野地里祭灵。他跪在地上，面对着写着他母亲名字的灵牌，边哭边诉说他母亲如何惨死的经过，倾吐了对国民党官员和恶霸地主的满腔仇恨，发誓要在人民解放军中奋勇杀敌，为母亲报仇雪恨。这时，连指导员听到了这个战士的哭诉，想到自己也同这个战士一样，也有同样悲惨的遭遇。他上前紧紧地抱住了这个战士，两人抱头痛哭，互表决心，不打倒国民党反动派绝不罢休。这个连队就用他们的事例，召开了诉苦会。大多数来自贫苦家庭的战士，几乎每人都有一段伤心的血泪史，诉苦会得到广大士兵的共鸣与热烈响应，促进了战士的觉悟，大大提高了官兵同仇敌忾的战斗情绪。彭总对连队中这一诉苦活动十分重视，加以总结，在西北解放军中普遍推广。彭总在给中央的报告中强调，"诉苦大会开展以后，大会小会结合起来，一个人的痛苦就变为大家的痛苦"，促使大家认识到，"只有打倒国民党政府，消灭国民党军队，建立人民政府，才能解放自己，解放全中国"。战士的觉悟提高了，奋勇杀敌的信念增强了。很快，在军队中形成了"官教兵、兵教官、兵教兵"的互教互学运动。在这次运动中，既启发了广大战士的政治觉悟，又提高了指战员带兵作战的思想方法，特别是在检查批评我军政治思想工作、爱兵练兵、爱民助民工作和管理军队给养伙食工作的基础上，普遍进行了评比和推选基层干部，大大增进了部队的战斗力。

毛泽东同志把它提高到军队内部民主运动的高度，肯定在我军中发扬政治、经济、军事三大民主，是人民军队的本质。当时，使我从实践上和理论上开始认识到：我们解放军不仅是人民的军队，也是民主的军队，是同旧式军队完全不同的军队。而且相信依靠这样的军队建立起来的政权，一定是人民的政权、民主的政权。

给我留下深刻印象的，就是彭德怀大将军不是一个专制的统帅，而是一个民主的统帅。旧军队的高级将领给人的印象大都是官架子十足、独断专行、粗暴野蛮、动辄骂人的大人物。在彭总身上丝毫看不到这种影子。在一个大战役之前，他召集作战会议时，提出几种方案，说明每个方案的优缺点，征求大家的意见。他鼓励大家畅所欲言，提倡大家推翻原有方案，提出反对意见和新的方案，鼓励提出一些大胆的设想。在大家发言的时候，他常常静静地坐在墙角，专心致志地倾听每个人的发言，很少打断别人的讲话；他常常提出一些问题，启发别人进一步阐明自己的意见，从未见到他打断人家讲话，自己长篇大论，不让人家讲话的场面。他说话虽然义正词严，还不自觉地带有"骂娘"一类的口头语，却很少见他骂人训人和横蛮地对待下级。

在每次战役总结会议上，彭总总是先检讨自己的失误。第一次在榆林围城打援时，让三十六师突出长城绕出了我军的包围圈，打援未成，他承认是自己的指挥失误。在沙家店后第二次围攻榆林，又未攻下，他检讨说，当时，12月寒冬，本应争取休整，可是，他却急于再次攻下榆林，结果围攻半个月也未攻下，只好停下来。他谦虚地检讨说："我这个人不满足于已有的胜利，但求之过急，优点就变成了缺点。"他摇摇头说："我这个毛病屡戒屡犯，很不容易纠正。"在讨论中，彭总向参加总结会的各级指挥员坦露自己的内心。他说，当时只有米脂以北、长城以南、无定河以东、黄河以西一小块地方，方圆只有一两百平方里的地盘，是解放军能够自由活动的地区，党中央、毛主席就在这里。如果将榆林打下来，中央的安全就更有保证了，免得总是让人提心吊胆，所以总是急于去把这个钉子拔掉。我听他讲这些的时候，深深地感受到彭总肩上的千斤重担和他对党中央、对毛主席的赤胆忠心，心情激动得难以克制，眼泪都几乎要流下来了。

彭总的民主作风，对西北解放军的各级指挥员，产生了普遍影响。在每次战役之前，各连队指挥员发动大家开动脑筋，献计献策；在每次战役之后，又动员大家总结经验，开展批评和自我批评。这种民主作风在西北解放军中已经成为习惯，形成一种优良的民主制度。

彭总爱民如父母，处处为群众着想，他统帅的部队是名副其实的人民子弟兵。西北解放军在陕北战争期间的爱民故事实在太多了，《边区群众报》几乎期期都有报道。彭总本人就是一个优秀的爱民模范。当时在部队和群众中都流传着彭总关于"菩萨和扫帚"的谈话。杜鹏程同志在《保卫延安》中是这样记载的："彭总说……我们要像扫帚一样供人民使用，而不要像泥菩萨一样让人民恭敬我们，称赞我们，抬高我们，害怕我们。泥菩萨看起来很威严吓人，可是他经不住一扫帚打。扫帚虽然是小物件，躺在房间里并不惹人注意，但是每一家都离不了它。"

经过这次新式整军运动以后，西北解放军主力在米脂以南的延川、清涧地区度过了1948年的新年，于2月底，由内线作战转入外线作战，越过边区，挺进到蒋管区，于3月1日包围宜川。这里是蒋军长期袭扰边区的重要军事据点。彭总这次又成功地施展了一次"围城打援"的战术，3月1日到3月3日先是在瓦子街地区消灭赶来增援的敌军4个旅，然后于3月3日攻占宜川城，再歼灭敌人1个旅。这就为西北解放军开创了一次战役歼灭敌军5个旅的新纪录。

经过一年来的作战，西北野战军也由原来两个纵队、2.5万人，增加到5个纵队、4.5万人。

这一胜利，使胡宗南部队胆战心惊。本来我们可以乘胜收复延安，但为了消灭敌军有生力量，彭总又指挥我军突然向西挺进，横穿陕西，攻占了邠州，截断了西（安）兰（州）公路。胡宗南惶恐万分，赶快撤出延安的两个旅，又从河南调回四个旅为西安保驾。这样，我军于4月21日收复了延安。算起来，从主动撤退到收复延安仅仅一年一个月零三天。这时，配合全国解放军的强大攻势，西北解放军从劣势变为优势，大规模地展开了进军敌占区的外线作战计划。从此，整个西北战场的形势进入了一个新阶段。

延安收复，粉碎了蒋介石一举消灭共产党、八路军总部的迷梦，西北解放军胜利完成了"保卫延安、保卫边区、保卫党中央、保卫毛主席"的光荣任务。这是西北解放军的胜利，也是边区150万人民的胜利。彭总向全体官兵说："陕甘宁边区是个穷地方，但它是我们铁打的江山。这里的150万人民，就是150万战斗员，这个'兵力优势'，敌人永远也赶不上。"

从保卫延安到解放新疆一共两年多的时间里，陕甘宁边区人民支持战争所动员的民工就有330万人次，动员运输弹药给养的牲畜240万头次，缝制军鞋50万双。在这期间，边区人民吃糠咽菜，倾其所有支援战争，单是支援前线的公粮就是660多万担和草料5540多万斤。这几个简单的数字包含着千万个可歌可泣的支前拥军故事，是150万人火热的心所谱写出来的壮烈的英雄史诗。在这一年多的时间里，我们前线分社的记者侧重报导解放军的战绩，我们《边区群众报》的记者侧重报导边区人民这些动人的事迹。在艰苦的环境下，《边区群众报》的同志们坚持出报，忠实地记录了边区人民和解放军并肩战斗的光荣历史。

在我军向西兰公路挺进时，我们就估计到敌人很快就会从延安败退。西北局决定我结束前线分社社长的职务，准备随同西北局一起返回延安继续主持边区群众报的工作。这样，在这年4月底，我在欢送大军西进以后，告别了我敬爱的彭大将军。

一年来，在我经常同彭德怀同志的接触中，他在我心中树立起伟大的形象。而毛泽东同志的形象，比彭总更为伟大。他坚持留在陕北指挥全国的解放战争，正如周恩来所说："毛主席是在世界上最小的司令部里，指挥了最大的人民解放战争。"在我的印象中，陕北战争是在毛主席亲自指挥下节节胜利的。彭总决无贪天之功的念头，他总是把战争的一切胜利都归功于毛主席和党中央。全国的解放战争由劣势转入优势，由防卫转入反攻，由十几个解放区发展到解放全中国，都充分体现了毛泽东战略思想的伟大，体现了他指挥战争的高超艺术。在陕北战争中，我虽然只是见过他两次，只说过几句客套话，但我却从彭总口里知道他很多具体的情况，

边区群众送军鞋

我还读过他若干篇在陕北写的文章和发表的讲话,还有很多关于他的艰苦的、机智的、惊险的生动传说,都不断加深了我对他的崇拜。

我在前一篇回忆中曾经内疚过,在陕北战争中,我觉悟低,没有想到日后能专门为彭总写些什么的打算,连一篇对他的通讯报道也没有写。这是我一生中的一大失误,一大遗憾。令人难以解释的是,1959年庐山会议以后,我的这一失误,却成了我的"侥幸",因为在庐山会议和十年浩劫的反彭运动中,我没有因此受到牵连;反对"彭高习反党集团"时,我也逃过了株连。而我们的前线分社记者杜鹏程同志,因为写了一本《保卫延安》的小说,为此被整了近20年,被整得九死一生。

记得在1951年,杜鹏程的母亲去世,他从新疆赶回陕西奔丧。那时我是西北局《群众日报》的总编辑,他特地来看望我。他把自己的创作意图和写作计划告诉了我,使我大为惊讶和佩服,没有想到我们前线分社竟然有这样一位目光远大、辛勤耕耘的了不起的记者,我这个社长对他的想法、抱负竟然一无所知,实在是相当官僚的了。我十分称赞和鼓励他把这本小说写出来。

1954年,杜鹏程九易其稿,把一个长篇报告文学终于写成了一本长篇小说。小说记述了这场震惊中外的延安保卫战,重点描绘了彭德怀等老一辈革命领袖人物的形象,受到上下一致的欢迎,小说销售了100多万册,这在新中国成立初期小说发行史上也是很突出的。作家协会副主席、文艺评论家冯雪峰同志称赞这本书说:"它描写了一幅真正动人的人民革命战争的图画。成功地写出了人民如何战胜了敌人的生动的历史中的一页","是够得上称为它所描写的这一次具有伟大历史意义的有名的英雄战争的一部史诗的"。

可是,到了1962年的北戴河工作会议和党的八届十中全会期间,毛泽东批评小说《刘志丹》说:"利用小说进行反党活动,是一大发明。"1963年反对所谓"彭高习反党集团"以后,对《保卫延安》的批判又升了级。1963年9月,文化部指示各地新华书店对此书"停止发售",四天后又发文指示"就地销毁……不必封存"。

在史无前例的"文化大革命"中，杜鹏程更是受到各种非人的摧残。"文革"结束以后，他身心都受到严重伤害，不幸中年夭折。

当我今天回忆起杜鹏程同志的一生遭遇时，我的心情是十分沉重的。他在战争年代做记者时，就产生了写作《保卫延安》的宏图大志。他深入前线采访，写了近200万字的日记，为自己的小说写作做了切实充分的准备。仅就这一点，就比我这个分社社长高明得多。待到他写出《保卫延安》的不朽著作时，我更是望尘莫及了。可是他却因此而惨遭迫害，英年早逝。而我，由于觉悟不高和严重失误，却平安无恙地留存下来。1992年，我在写作《报人生涯五十年》时，对邓拓同志和我作过对比，我曾这样写道："我的战友和师长邓拓，在这场风暴（'文革'）中首先倒下了，他像'玉'一样地'碎'了，而我却如'瓦'一般地活着。"现在，当我将杜鹏程与自己对比时，我再一次感受到杜鹏程同志是出自深山的晶莹夺目的一块宝玉，而我仍然是一块由泥土烧制的砖瓦而已。

## 啊！延安，我们回来了

党中央决定离开陕北的时刻，我又一次见到了毛泽东主席。

1948年3月23日，毛主席率领党中央和解放军总部的机关，在吴堡县的川口东渡黄河，进入了山西地区，从此结束了共产党中央机关在陕北指挥各解放区军民抗击日寇、打退蒋介石进攻的前后共12年漫长的历史。

就在这个可纪念日子的两天之前，毛主席在米脂县杨家沟召集"亚洲部"（中央纵队的化名）全体会议，宣布了中央机关开赴华北的决定，并决定把一部分人员和物资留下来。西北局叫我赶到杨家沟参加了这次会议，听毛主席离开陕北前的讲话，并迎接新华总社和解放日报留下来的同志以及一批印刷物资。

面临着人民解放战争胜利在望的大好形势，我的心情十分激动。当时，因为通知参加会议的人不作记录，对毛主席的这一番讲话，我们几个在场的同志会后又聚在一起回忆一遍，把大家脑子里记下来的凑起来，由我回到报社作传达。

时间过去了50年，在写这篇回忆录之前，我特地回到西安，和当年的老战友团聚了几天，畅谈那一段难以忘怀的珍贵岁月。毛主席这次讲话的意思，大体上是这样：

主席说：中央机关决定离开陕北，转移到华北去。陕北是个好地方，我刚到陕北，中央红军只剩下两万多人，现在人民解放军已经发展到 300 万。中央在陕北 12 年，我对陕北是有感情的，当然舍不得离开陕北。

主席说：延安保卫战刚满一年。仅仅经过一年的战争，西北人民解放军就由劣势变为优势，由内线防御转为外线进攻。延安很快就会光复，整个陕甘宁边区就会光复，我们还会发展很多解放区。在这一年当中，全国各路解放战争的形势将发生根本性的变化，完全消灭蒋介石的反动军队，解放全中国的新时期很快就会到来。

主席说：随着全国形势的迅猛发展，党中央必须从陕北转移到华北，以便于领导这场最后解放全中国的伟大战争。

主席说：在中央离开陕北时，需要留下一批同志，一来是陕甘宁边区需要人；二来是中央在转移中也需要队伍精干，轻装前进。决定留下来的同志中，有人写信给中央，要求同中央一起转移。这种心情是可以理解的，我也舍不得同志们啊！

这时，主席幽默地说：我毛泽东离开陕北时，把所有干部都通通带走，将来到了华北，走时又把全部人员都带走。如果这样毛泽东越带人越多，走到哪里都带到哪里，这像话吗？（说到这里，把大家都说笑了！）

毛主席还说：陕北是个好地方，这里还是模范解放区，中央走后，还要把这里建设得更好。西北局和边区政府的林老（伯渠）、彭老总、贺老总、仲勋同志都欢迎留下来的同志，共同解放大西北，建设大西北。

这时，林老带头鼓掌，热烈欢迎"亚洲部"的一部分同志留在陕北。

我回到群众报社后，马上召开了一个欢迎大全，传达了毛主席的讲话，欢迎"亚洲部"留下来的同志们。留下来的几十位同志中，记得有林朗、丁济沧、张潮、普金、莫艾、李蕴辉、田方、马沛文、刘漠冰等人。群众报社一下增加了这样一大批富有新闻工作经验的同志，这是具有划时代意义的大事。这不仅为以后办好延安《群众报》和西安《群众日报》增加了主力军，而且对以后增强西北五省的新闻队伍也发挥了巨大作用。

这时，西北人民解放军已经挺进到大关中，截断了西兰公路，蒋介石、胡宗南十分恐慌，赶快把驻守延安的军队调来解救西安之危。眼看延安就要回到人民手中了。

1948年3月，我由新华社西北分社回到绥德霍家坪时，《边区群众报》早在三个月前，也就是1948年的1月时已经改为《群众日报》。西北局决定我不再去前线分社，留在后方，主持《群众日报》的业务工作，准备回延安办报。

这一年来，我虽然从前线回报社看过几次，却都是像回娘家一样，时间很短。这次回来，才比较具体地了解报社同志在这一年来的战斗历程。报社同志们的工作和生活十分艰苦，也十分英勇。

从撤出延安到回到延安这一年，报社的同志们承担了三项任务，这三项工作各自独立又紧密相连。边区群众报社坚持出报，由杜梓生、金照、林朗负责；随同我到新华社西北前线分社的记者跟随西北人民解放军总部采访写作，出版《新闻简报》，在全边区组织通讯网，对新华总社发稿，也对报社发稿；边区新华书店为报纸的出版和发行服务，同时印刷发行一些宣传品和书籍，由陶信铺同志负责。在战争中，书店的同志们走到哪里，只要有一点停留的时间，就把书籍从马背上卸下来，摆开地摊，向群众售书，作宣传。同志们的革命热情，像一团火一样，照亮了群众的心。

在这一年当中，报社同志在十分困难的环境中，紧紧跟随西北局在陕北"打游击"，不管条件多么艰苦，无论是油印、石印或者脚踏式的铅印；无论用的是马兰纸、麻纸或者晋恒纸；无论出8开两小版、4开两版或者对开四版，始终坚持这支新闻队伍在保卫延安战中所表现出来的顽强的战斗意志。

看一看下面这些文字短小的简单记载，就更具体地了解到群众报社这一年的战斗历程，是令人为之惊叹的。

1947年3月18日晚10点,报社五六十人,带着一台油印机离开延安。19日中午到达安塞县的真武洞,20日进驻附近的朱寨河村。我们是西北局机关的一部分,代号是五大队十二中队。

4月11日到19日,出版了6期试刊的油印报。4月21日正式出版了油印的《边区群众报》,4开两张,单面印刷。当时的印刷厂是4人的油印组,在半个破窑内,用玉米秆挡挡风雨。油印组的同志手冻麻木了,仍然坚持工作;油墨冻了不能印,只好烤一烤。刻写一张蜡纸只能印几百份,以后发报的份数不断增加,只好再刻写一张蜡纸。出一期报纸,弄得大家筋疲力尽。同志们一面出油印报,一面派人去搞机器。

5月,从敌我争夺的地区,从我们原来的"备战点",经过百般辛苦,秘密运回一部石印机和一些纸张油墨。5月12日,油印报改为石印报。

报社人员在朱寨河住了72天。5月31日,敌情紧张,大家经过两天两夜的急行军,于6月2日到达安塞县东北的子洲县,在皇峁镇安营扎寨。先出版了3期油印报。6月6日石印机也从朱寨河运到,报纸又恢复为石印版。

经过8天的艰苦努力,同志们又从延安的山沟里,运回一部8开的脚踏圆盘机。从6月13日起,《边区群众报》正式改为8开四版的铅印报。这时,报社又有了自己的印刷厂和石印机,又有铅印的6副排字架。当时印刷厂铅字不全,临时手刻也赶不上用,只好用其他字号的字或者同音字来代替。这样印出来的报大小字都有,还有一些"黑屁股"(即缺字的黑空)。可是这毕竟是我们在战争中建立起来的印刷厂,是战火中编印出来的报纸呀!看起来模样不大好看,可是读者得到这张报,仍然如获至宝,争相传阅。

在皇峁镇住了60天。8月2日,又转移到绥德县义合镇的豆子沟。在这里只出版了两期油印报。由于敌军接近绥德城,敌情紧急,报社人员只好东渡黄河,在山西陵县的碛口镇侯家台村住下来。这里是晋绥解放区比较稳定的后方,我们在这里不仅继续出版《边区群众报》,还由柯蓝、李季、闻捷、石鲁等同志组成了副刊组,编辑出版了一份专门刊登通俗化文艺作品的32开小册子《群众周报》。这4位同志在全国解放以后，都成为全国闻名的大作家、大画家、大诗人。

1947年11月1日，报社编辑部又西渡黄河，回到绥德义合镇的霍家坪村，直到1948年5月15日，才全部返回延安。沙家店大捷以后，我军节节胜利，敌军节节败退，霍家坪成了最稳固的后方，报社编辑出版人员在这里住了半年。工作和生活条件还是很艰苦的。印刷厂设在没有门窗的羊圈里，印刷机没有动力，靠几个年轻人手摇。排字房常常冷得像冰窖一样，排字工人还是坚持把一个一个冰凉的铅字钉拣出来排成文章，排成报版，每天出4版报纸非常辛苦。解放军打了大胜仗，还要赶着出号外，真是整天整夜加班工作。

就在这样紧张艰苦的工作条件下，报社同志仍然努力做好各项联系群众的工作。大家热情地帮助群众除草收割，拉碾推磨，担水铡草，扫街扫院，教群众读报认字，在墙上写标语、画宣传画。这年（1948年）春节时，报社还组织了宣传队，跳秧歌，演小戏，给烈军属拜年，走村串户，把周围几十里的村庄都带动起来，十分红火热闹。三四十年后，霍家坪的老年人还说，咱这山沟沟里，从古到今，再没有像群众报在时那样热火朝天。

1948年1月10日，《边区群众报》改为《群众日报》，就是在霍家坪的时候。沙家店大捷以后，边区的敌我形势开始发生质的变化，我们由劣势转为优势。一方面是后方比较稳固了，印刷条件好多了，可以放开胆子出报了；另一方面，眼看延安就要收复了，为正式出日报早做具体准备，早日进行实际练兵。

在改为日报之前，我们请毛主席为日报写一个新报头。毛主席很高兴，马上拿起笔写了4幅"群众日报"，他看了看，自己圈了一个，说这个好。我们就是用这幅字，请印刷厂厂长曹国兴（边区特等劳动模范）在一块铅版上刻成新的报头。

在我回到霍家坪仅仅一个月，4月21日，延安就光复了。从我们在1947年3月18日撤出延安算起，仅仅一年一个月零三天，胡宗南和他的残兵败将就滚出了延安。

转战陕北时出版的《边区群众报》

收复延安以后,先由副社长杜桴生带领一支先遣队回延安筹备出报,我留在霍家坪继续天天出报。等到延安已经出版了15天的试刊,工作正常以后,霍家坪才停止出报。编辑部在霍家坪住了7个多月,大家依依不舍地告别了霍家坪父老乡亲,全班人马回到清凉山,结束了一年多在战争中坚持出报的游击生涯。

回到延安一看,它已被敌人破坏得体无完肤。解放日报社和群众报社在清凉山工作的地方,几乎成了一片废墟。社长博古和总编辑陆定一同志住的几孔窑洞全部捣烂了。编辑部的两排石窑洞门窗全砸破了,好在拱门和拱墙还没有完全倒塌。我们先把这些修补好。可是一张桌子、一个凳子也没有。驻延安地区的记者从延安专署办公室要来几张桌子和几把木椅，编辑部工作又运转起来了。原来的印刷厂设在千佛崖的石洞里，敌人难于破坏，我们把机器搬来，就可以开动机器印报了。

最令人痛心的是，我们走时掩埋起来的报纸合订本、图书资料和印刷器材，完全被敌人挖走了。从报纸创刊到撤出延安的七年零二十二天中，《边区群众报》共出版了363期，全部不见了（平均每期发行8000份）。80年代，我同《陕西日报》的同志共同设法在全国各地图书馆寻找这363期报纸，结果只找到零零散散的一小部分，希望将来能够一张不少地搜集到整套报纸。

5月15日，我们全部人马离开霍家坪，经过3天的行军，18日晚上回到延安。在离开延安的一年多时间里，除了尽可能地每天出版《新闻简报》以外，《边区群众报》不定期地共出版了192期，1948年1月改为《群众日报》后，在霍家坪还出版了4个月的日报。这中间还出版了5期32开本的大众化的《群众周刊》。

离开延安时报社只有五六十人，回到延安时，已发展成近200人的队伍，主要是解放日报社和新华总社留下了一部分同志，从边区各地又陆续调来了一些人，我们的队伍在数量上和质量上都大大增强了。

回到延安以后，大家仍然像行军时一样，把破坏了的土窑洞打扫一下，地上铺一点草，就是安身之地，大家一心一意地投入了出版报纸的工作。正如毛主席说的，人是世间最宝贵的，有了人就有了一切。我们继续发扬自己动手克服困难的精神，把机器修复安装起来，又千辛万苦地到新解放区去采办纸张油墨等印刷物资。至于办公用具和门窗、床板、桌凳，都是因陋就简，自己制作。当然既不可能从市场买到，也不可能从什么地方去调拨，只能就地取材，自己动手。大家既是木匠，也是泥水匠，人人变成了能工巧匠，真是神了，好像要什么有什么，但这不是念念有词从天上掉下来的，而是绞脑汁、沥心血、出大力制造出来的。我们还自己动手种菜、养猪、做豆腐……生活在改善，工作也日趋正常了。

一年当中，我虽然始终在前线，却没有拿过枪去冲锋陷阵，但我仍然受到战火的洗礼。火与血锻炼了我，仇和爱磨炼了我。正义终于摧毁了正义的践踏者，人民终于战胜了人民的叛逆者。我这个文弱书生，身体锻炼得更能吃苦耐劳，头脑锻炼得更加能够明辨是非。

老实说，在这场战争的初期，我的必胜信心并不十分坚强。在我军主动撤离延安时，虽肯定相信一定会回来，但没有想到会这样快！对于解放全中国，原来以为会是一场旷日持久的战争，根本没有想到在八年抗战以后，仅仅用三四年的时间就全面胜利了。重新回到清凉山以后，我心里所琢磨的和同志们所探讨的一个主要的问题，就是我们为什么能这样快得到这样伟大的胜利。

一年来延安保卫战的节节胜利，给我最大的教益，就是使我从理论和实践的密切结合上，更深切地认识到我们党的新民主主义政治纲领的英明正确，也更深切地体会到这一纲领确实是日益深入人心的。一场战争和一个党的胜败，决定于人心的向背，这是颠扑不破的真理。

1947年秋，解放军发起全面大反攻时，党中央发表了一个"双十宣言"，对我们党在新民主主义革命时期的政治纲领又作了一次阐明："联合工农兵学商各被压迫阶级、各人民团体、各民主党派、各少数民族、各地区、海外华侨和其他爱国分子，组成民族统一战线，打倒蒋介石独裁政府，成立民主联合政府。"这就是我们人民解放军的，也是中国共产党的最基本的政治纲领，就是我们党在新民主主义革命时期的政治纲领。

我们把国民党反动派政府的政治纲领概括为"一个主义、一个党、一个领袖"的独裁专制，因为蒋介石效法的是希特勒那一套，人们都称为法西斯主义的政治纲领。所以，人心的向背，就是共产党的新民主主义深入人心，国民党的法西斯主义丧失人心。

国民党先安内后攘外方针失败以后，又积极推行反共内战和独裁专制的反动方针，我们这些革命知识青年，当然更热烈地拥护共产党的新民主主义。对广大的人民群众来说，他们更需要从切身的体验中来加深认识。在这次反共内战中，人民群众面对国民党军队的烧杀抢掠，地方官员的敲诈勒索，高官要员的贪赃枉法，腐化堕落，无数血泪斑斑的惨痛事件大大增加了对国民党、中央军的仇恨，也大大增加了对共产党、解放军的热爱。这也是我一年来耳闻目睹、亲身体验到的。人民的爱憎感染了我，教育了我，坚定了我的信念。

老实说，回到清凉山时，我已经是有 10 年党龄的共产党员，但我对马克思主义，对社会主义和共产主义还是了解得很肤浅，我心目中的社会主义，实际上就是当时毛主席一再阐明的新民主主义。

面对清凉山的一片废墟，我们没有气馁，没有畏难，仍然意气风发地开始了新的战斗。我们党的新民主主义的理论和实践坚定了我的信心：中国人民很快就会打败蒋介石，解放全中国！正如毛主席在《新民主主义论》的最后说："新中国航船的桅顶已经冒出地平线了，我们应该拍掌欢迎它。"站在清凉山上，我似乎已经很清晰地看见新中国航船的桅顶了！我不仅拍手欢迎它，而且更要加紧努力，促使它早日完全升出地平线！

（本文选自《青春岁月——胡绩伟自述》，河南人民出版社 1999 年版。标题为编者所加）

# 忆党中央在转战陕北中召开的小河会议

习仲勋

> 习仲勋，生于1913年，陕西富平人。1928年加入中国共产党。陕甘宁革命根据地的主要创建者和领导者之一。转战陕北时任中共中央西北局书记，西北野战军副政治委员、前委委员，陕甘宁晋绥联防军政治委员。新中国成立后，历任西北军政委员会副主席、代主席，中共中央宣传部部长，政务院秘书长，国务院副总理兼秘书长。1978年后任中共广东省委第一书记、广东省省长兼广州军区第一政委，全国人大常委会副委员长。1981年任中共中央书记处书记。是中共第七届候补中央委员，第八、十一届中央委员，第十二届中央政治局委员。2002年逝世。

1947年3月，蒋介石在全面进攻我解放区的计划遭到严重挫折后，被迫改取对山东和陕甘宁两解放区实施重点进攻。3月13日，集结在西北的10倍于我的敌胡宗南集团和宁青马鸿逵、马步芳集团，分由南、北、西三面向陕甘宁边区进犯，主力直取我党中央和人民解放军总部所在地延安。

面对这一严峻的形势，中共中央决定主动撤出延安。3月16日中央军委发布命令，陕甘宁边区各野战兵团和一切部队，统归中央军委副主席兼总参谋长彭德怀和中共中央西北局书记习仲勋指挥。同时决定组成西北野战兵团，以彭德怀为司令员兼政委，我为副政委。中共中央决心利用陕北的复杂地形和老根据地军民团结一致的有利条件，诱敌深入，与敌周旋，在运动中各个歼灭敌人，彻底粉碎敌人的进攻。

我军撤出延安后，中共中央又相继决定，由毛泽东、周恩来、任弼时等组成前敌委员会，代表中央，继续留在陕北，指挥全国的解放战争；由刘少奇、朱德、董必武组成中央工作委员会，前往华北进行中央委托的工作；由叶剑英、杨尚昆等组成中央后方委员会，率领转至晋西北的部分中央和军委工作机构统筹后方工作。小河会议，就是中央前委转战至陕北靖边县小河村时召开的一次扩大会议。

这次会议的最初主题，是准备商讨晋冀鲁豫野战军陈（赓）谢（富治）纵队到陕北战场配合作战问题。敌胡宗南部占领延安后，我西北野战兵团根据中央军委的作战方案，采取"敲核桃"和"打西瓜"的战法，积极歼敌。即集中优势兵力，消灭各点上立足未稳的小股敌军，这叫"敲核桃"战术。一口吃掉，吃了就走，再捕捉下次战机，通过这么几个回合，疲劳敌军，消磨敌军士气，而我军则就地隐蔽，以逸待劳，就可以抓住战机，争取在运动中歼灭大股敌军，积小胜为大胜，这叫"打西瓜"战术，从而使敌我力量对比由量变到质变。从3月底至5月初，我军相继取得了青化砭、羊马河、蟠龙镇三战三捷的重大胜利，奠定了粉碎胡宗南集团重点进攻的基础。为加强西北战场我军的力量，5月初，中共中央决定，陈谢纵队在结束晋南反攻战役后现地待命，准备西渡黄河至陕北，受彭、习指挥，协力击破胡宗南系统，收复延安，保卫陕甘宁，夺取大西北。6月中旬，毛泽东主席电告陈赓，要他于二十五、六日动身来中央商量作战方针。这时，我西北野战兵团刚刚胜利结束陇东战役。为策应陈谢纵队西渡黄河，彭总和我向中央军委提出，准备乘胜北进，收复被宁夏马鸿逵部占领的我三边（定边、安边、靖边）分区。6月20日，毛主席复电：陈谢纵队准备7月初由曲（沃）翼（城）地区出发，约7月15日在绥德集结完毕，20日左右开始向榆林方向出击，约一个月完成任务，然后向南作战。你们边区野战军月底开始执行歼灭宁马十八师，收复三边之任务甚为适当。胜利后并望向西扩大战果。指出，依西北之敌情、地形、补给等条件来看，边区野战军与陈谢集团在数个月内似宜分开行动，而不宜集中行动。并提出在榆林、三边两役完成之后，准备向南出击之前似宜开会一次，讨论作战及补给等事，届时当请你们及陈谢来中央集会。

正当我西北野战军收复三边的过程中,山东战场的战局发生了变化。6月30日,刘邓大军发起鲁西南战役,一举突破敌人的黄河防线,迅速控制了黄河南岸的广阔地区,与陈粟野战军形成夹运河东西呼应作战的态势。中央军委对于整个战略部署有了新的考虑。7月4日,我们刚到被收复的定边地区驻扎下来,就收到毛主席给彭总和我的电报,提出:"关于击灭胡宗南夺取大西北有两个方案仍然值得考虑:(一)陈谢纵队照原议,来边区从内线歼灭其相当数量,然后出外线(陇南)与边区集团直接协力完成任务;(二)估计到边区人口稀少,粮食及各种供应颇为浩繁;又估计到鄂豫陕三省交界及平汉以西、汉水以北、渭水以南广大地区敌力空虚;又估计到假如使用陈纵于该区,必然要吸引胡部一个军(五个到八个旅)使用于该方面,而如果胡部有一个军出该方面,则边区敌力大减,利于边区集团各个歼敌;又估计到刘邓十二万人已渡河向陇海前进,如若陈纵到鄂豫陕边开辟新战场,对刘邓亦有帮助。"以上两案究以何者较为适宜,请予考虑。并通知我们在收复盐池后到小河开会。7月7日,我军攻克盐池,三边全境收复。11日,毛主席又明确电告彭总和我:陈赓19日到小河,请你们亦于此时到达或提早数日先来。

7月16日,我和彭总从野司驻地张家畔(属靖边)出发,跃马扬鞭,前往靖边小河村。一到中央驻地,毛泽东、周恩来、任弼时等中央领导同志就与我们及随后到达的陕甘宁晋绥联防军司令员贺龙,一起研究磋商了陈谢纵队使用方向的两个方案。还向我们介绍了为正确解决陈赓纵队作用方向这个带战略性的问题。此前不久,中央领导同志曾召见绥德分区负责干部,商讨筹集粮食问题。绥德分区的同志说,要2万兵不成问题,要2万石粮食可是大问题。毛主席还为此组织调查研究组在农村进行了调查,了解一个区一年收成多少,交公粮多少,敌人破坏了多少。调查结果证实,由于敌人的破坏,群众存粮很少。毛主席认为在陕北打这么多人的仗是不可能了。所以,中央鉴于刘邓野战军主力实施战略突破后,战局已有重大变化,决心改变在陕北打大仗的计划,决定陈赓纵队由原定西渡黄河来陕北腹地,改为南渡黄河出豫西,协助刘邓经略中原，从相反的方向牵制敌人，配合陕甘宁边区军民击破胡宗南集团的进攻。7月19日，陈赓带领部分侦察人员到达小河村，中央领导同志在听取了他关于部队准备情况的汇报后，向他说明了上述情况和中央的决策，并最后与大家一起研究决定："（一）为着协助陕甘宁击破胡宗南系统，同时协助刘邓经略中原，决将陈谢纵队使用方向改为渡河南进，首先攻占潼（关）、洛（阳）、郑（州）段，歼灭该区敌人，并调动胡军相机歼灭之。尔后，向豫西、陕南、鄂北进击，创建鄂豫陕边区根据地，作为夺取大西北之一翼。陈谢纵队仍属彭习序列不变，同时仍属晋冀鲁豫建制。（二）提议赵基梅纵队（五师主力），秦基伟纵队及孔（从周）汪（锋）三十八军与陈谢纵队一同南进，统受陈谢指挥。（三）上述陈、赵、秦、孔4部统于电到20天内完成一切政治、军事、经费、干部等项准备工作，8月19日以前渡河。"

接着，中央领导同志又同我们一起进一步全面地研究和讨论了军事形势。认为这时解放战争已进行了一年，在这一年中，人民解放军在中共中央、中央军委和毛泽东主席的领导下，正确地执行了积极防御的战略方针，内线歼敌百余万，战争形势已经发生了重大变化。虽然敌人在解放区东西两翼发动的重点进攻还没有被粉碎，但它的主力已深深地陷入了解放区腹地。敌人的战线之长和兵力不足之间的矛盾，已经十分尖锐，在全国战场上已经没有进行战略进攻的能力。根据军事形势的新变化，人民解放军有必要而且有可能打到外线去，将战争引向国民党统治区。我军在各战场的局部反攻和刘邓野战军兵出鲁西南，转入外线作战的胜利，这些都显示了我军转入战略进攻的时机已经成熟了。因此，中央领导同志决定召开一次前委扩大会议，进一步讨论如何组织和发展战略进攻问题。

经过几天的酝酿和准备，中央前委扩大会议于7月21日至23日正式举行。会议是在小河村中间的一座大院里召开的。简陋的会场设在一顶用树枝、草席搭成的天棚下面，桌椅是临时从乡亲们家里借来的。三天的会议都在这同一地点进行。参加会议的有毛泽东、周恩来、任弼时、陆定一、杨尚昆、彭德怀、习仲勋、马明方、贾拓夫、张宗逊、王震、贺龙、张经武、陈赓等同志。

会议的第一天，首先由毛泽东主席就军事计划、战争形势作了讲话。他说，原先计划边区、陈赓两部集中打，现在决定分开打，从战略上与粮食上均有利。今年只能削弱胡宗南，到明年可以造成消灭他的条件。毛主席说，对蒋介石的斗争计划用5年（从1946年7月算起）来解决。这个计划，看过去一年的成绩是有可能实现的。山东战场局面最近可以转变，陕北战场还不可能，但基本上停止了胡宗南的进攻，这就打下了一个基础。现在我们有主力军90万，地方军60万，如能把主力军发展到150万，就足够解决问题。毛主席在讲话中分析了战争形势。指出，现在，蒋介石在政治上更加孤立，就是群众更加不信仰他，他更加众叛亲离。当然他还没有达到绝对孤立，还有一些人迷信他，这需要有一个过程。日本投降后的国共和谈是必要的，但是我们希望全部问题政治解决的目的没有达到，然而蒋介石的确是更加孤立了。我们说对蒋介石的斗争计划用5年来解决，这也用不着讲出去，还是要做长期准备，5年到10年甚至15年，而不要像蒋介石那样先说3个月要解决共产党，又说几个月，到了现在又说是才开始。毛主席还向我们分析了统一战线的形势。他说，现在是一部分减少了，一部分增加了。减少的是解放区的地主，因为我们现在要土地革命，不像抗日期间仅仅减租减息。但南方的地主却因征兵征粮首先与蒋介石闹翻，与我们还没有决裂。增加的是中间派，这些人在抗日时期相信蒋介石，现在则与我们共同抵抗蒋介石。坚持土地革命不至于吓跑民族资本家，但如不坚持土地革命，则势必丧失了农民，丧失了战争，丧失了民族资本家。在城市，我们是打倒官僚资本，而保护民族工商业。毛主席说，蒋介石最近颁布的"戡乱总动员令"，解决了一个极大问题，即人民要和平，现在人民弄清了谁要战争。全国人民的同情，全世界人民的同情，民族民主统一战线，土地革命，这些因素是经常起作用的，而军队的优势，突然的袭击，这些因素是临时起作用的。总之，蒋介石是在走向众叛亲离：众叛，是群众不要他；亲离，是他的内部不和，美帝国主义和他之间也不和。毛泽东主席讲话之后，周恩来同志接着在会上总结了解放战争第一年的战绩。他说，过去一年内敌军有了极大变化。从建制、人员、武器来说，都损失了1/3，若从质量说，则不止降低1/3。他说，到今年3月至6月，敌军攻势已成强弩之末，仅在山东、陕北两处进攻，在其他各处我军均转入反攻。敌正规军由190万降为150万，明年仍照此推算，则我正规军数量上亦将超过敌人。我军去年停战时，主力、地方部队共为140万，复员中减掉一些，7月大打后又陆续增加，连后方机关现已达195万人。但解放区能实际负担的人口不足1亿，负担脱离生产人员以1.5%计，已经超过负担能力。所以今后发展必须求之于新区，而主力的发展则须求之于地方部队之升级。

毛主席和周副主席的讲话，给我们以极大的鼓舞。使我们加深了对战争全局的了解，增强了对党中央提出的军事计划和战略决策的认识和信心。但同时也感到要实现中央的计划和决策还需要我们作出艰苦的努力。为了保证后方对前线的支援，建立巩固的后方基地，会议从第二天起，认真研究了陕甘宁、晋绥两解放区的地方工作和西北局的工作。彭德怀、贺龙同志和我以及西北局副书记马明方、西北局秘书长贾拓夫分别就陕甘宁、晋绥两解放区在土改中的问题和财政经济、后勤供应上的种种矛盾和不良现象作了发言。任弼时在会上介绍了陕北土改的一些情况，提出要保护中农以及如何斗争地主和加强群众团体的问题。

贺龙同志在会上提出，陕甘宁和晋绥两个边区党和军队早就统一，就是财政和行政不统一。如果不统一，就很难支持目前的战争。并就两个边区的统一问题谈了自己的意见。毛主席对此表示，边区在军事上与财政上均以依靠晋绥为主，今后更加如此。现决定由贺龙同志以联防军司令的资格来统一指挥和解决统一后方、精简节约、地方工作三个问题。

彭德怀同志在发言中谈到陕甘宁、晋绥两区统一和财政与粮食问题时说，拥护两个区统一，这很必要；财政统一也很重要。他认为由于敌人的进攻，边区缩小，人口减少了，因此精简节约非厉行不可。以90万人养9万人，甚至不能维持3个月。农村粮食枯竭，人力浪费太大。前后方均应有严格的编制与制度。财政工作中存在从财政而不从经济出发，从干部而不从人民出发的错误偏向。他指出团以上干部生活标准同下级过于悬殊，应该纠正；战士生活水平不能太高，群众负担不起，亦不能太低，影响体力。指战员的生活只能随着群众生活水平的提高而改善。对于战争，他说有人对胜利仍抱着侥幸心理，在领导机关中也存在，寄希望于陈赓来陕，而不认真准备艰苦奋斗。胜利并非唾手可得，这种思想必须切实解决。根据1947年2月中共中央关于在军队中组织党委会的指示，结合西北野战军的实际，彭德怀同志还在会上建议，在西北野战兵团中成立党的前线委员会，以讨论重大方针政策和执行战略任务。对于彭总的建议，毛主席当即表示同意。

我在会上对西北土改中出现的问题谈了自己的看法，认为土改中损害中农和民族工商业利益、乱斗乱打、抓"化形地主"等偏向应该纠正，否则对战争和发展经济都不利。

最后，毛泽东同志做了会议结论。他说地方工作就是要联系群众，其中心关键就是土地问题。关于财政和粮食问题，毛泽东同志指出，"处处从全面长期着想"，这一句口号非常重要，要在全党全军进行解释。敌人的把握放在我们不能长期支持这一点上，我们的对策就是主力转入外线，内部精简节约，实行军民兼顾。土地政策今天可以而且需要比"五四指示"更进一步，因为农民群众的要求更进了一步。平分是原则，但按情况可有某些伸缩，如对杜斌丞，但对共产党员则不应例外。中农土地应该不动，在群众大潮流中，如中农同意，富裕中农拿出少许土地也是许可的，但不能正式写在文件上。军队打出去时，在新区与其没收地主土地，不如按阶级路线摊派缴税，利用旧机构有时也是需要的。立即实行耕者有其田势必成为强迫群众。西北局领导上应加强。这个区域有几个有利条件便于团结群众，坚持斗争：第一，有本地的领导骨干；第二，有政治上可靠的军队；第三，人民是好的；第四，土地革命战争时期的许多老区工作作风至今是好的。有了这些条件，敌人是可以战胜的。

根据会议的决定，为了进一步组织和发展战略进攻，确保与扩大已经开始取得的主动权，会议结束的当天，中央军委即致电刘伯承、邓小平、陈毅、粟裕、谭震林及华东局，作出军事部署："刘邓对羊山集、济宁两点之敌，判断确有攻歼把握，则攻歼之。否则，立即集中全军休整十天左右，除扫清过路小敌及民团外，不打陇海，不打新黄河以东，亦不打平汉路，下决心不要后方，以半个月行程，直出大别山，占领大别山为中心的数十县，肃清民团，发动群众，建立根据地，吸引敌人向我进攻，打运动战。我们已令陈赓纵队并指挥太行纵队、五师、三十八军共七万余人，八月下旬出豫西，建立鄂豫陕边区根据地，吸引胡宗南一部打运动战。""陈粟谭率鲁中主力并在刘到大别山后指挥陈（士榘）唐（亮）纵队担负整个内线作战任务。陈谢集团至豫西后受刘邓指挥作战。"

小河会议决定加强西北战场的一些措施，在会后也迅速落实。7月底，中央军委即批准由彭德怀、习仲勋、张宗逊、王震和刘景范组成西北野战军前委，彭为书记。将西北野战兵团正式定名为西北野战军，彭德怀为司令员兼政委，我为副政委。将抗日战争胜利后，从陕甘宁晋绥联防军分出来的晋绥军区，重新并入陕甘宁晋绥联防军，由贺龙任联防军司令员，我为政治委员，统一领导陕甘宁和晋绥两个解放区的地方武装。贺龙同志还兼任西北财经委员会和财经办事处主任，以他为核心，统一领导这两个解放区的地方工作和财经工作，以加强陕北作战的后勤支援。由于会议确定组成西北野战军前委，决定西北局回后方主持工作，会后，我即与彭总分开，与贺龙同志一起前往绥德，统筹后方工作，全力支援野战军作战。

会后不久，根据中央军委的部署，西北野战军于8月中旬在沙家店战役中，一举歼敌整编第三十六师主力共6000余人，彻底粉碎了敌人企图将我军歼灭于陕北，或赶过黄河以东的狂妄计划。此战即成为西北野战军转入战略反攻的转折点。

小河会议形成的指导人民解放军大举出击、经略中原、发展战略进攻的正确方针和加强西北战场的重要措施,反映了毛泽东等中央领导人关于把中央的决心与前线指挥员的见解有机地结合起来的战争指导艺术。对我军在陕北战场迅速转入战略进攻,解放大西北,夺取全国解放战争的胜利有着重要的历史意义。

(本文选自《中共党史资料》第52辑,中共党史出版社1994年版)

# 西北野战军第一纵队的新式整军

廖汉生

> 廖汉生，生于1911年，湖南桑植人，土家族。1933年加入中国共产党。参加了长征。文中身份为西北野战军第一纵队政治委员。新中国成立后，任陆军第一军政委兼青海军区政委，中共青海省委副书记，西北军区副政委。1955年入解放军军事学院战役系学习。后历任解放军军事学院院长，国防部副部长，北京军区政委，中国人民解放军军事科学院政委，南京军区、沈阳军区政委，第六、七届全国人大常委会副委员长。1955年被授予中将军衔。中共第八届中央候补委员，第十一、十二届中央委员。2006年逝世。

人民解放军的思想政治工作是在长期的革命战争中逐渐形成和发展起来的，其中有许多好做法、好经验是由基层指战员创造出来的。

1947年冬季，西北野战军进行的以诉苦和三查为中心内容的冬季整军运动，就是群众性思想政治工作的一个创造。毛泽东主席把它赞誉为"新式整军运动"。

在新式整军中，我们第一纵队的诉苦三查开展得比较早，比较普遍和深入，得到了西北野战军前委的指导和肯定，也受到了党中央的关注和表扬。

## 诉苦三查的由来

1947年11月中旬，我第一纵队在横山县的响水堡、吴家岔一带进行短暂休整，按照野司要求对刚刚结束的榆林战役进行初步总结。

我军已经是两打榆林了，两次都没有打开。这不能不引起从野战军首长到基层指战员的深思，各级都在认真地检查原因：

在战役指导上，我军对胡马两敌迅速增援榆林邓宝珊部的积极性估计不足；在战术技术上，我军攻坚火力弱，装备差，经验不足。但是即使这样，榆林城也不是绝对打不开。

一打榆林，我纵三五八旅七一五团爆破小西门成功，突入一个排，但连营团指挥员仍以为城门没炸开，另行组织攻城，先头排得不到后续支援，伤亡大半，退守到城门洞里。后来竖梯登城的一个排与门洞里的那个排会合，再次派人报告，上级仍未作处置和报告，直到拂晓我军攻城未果野司下令撤回。

二打榆林，我纵独一旅二团挖坑道爆破城墙成功，该团指挥员却以为爆破未成，没有及时派部队乘隙突入，天亮后才发现城墙炸开，但突破口已被敌火力封住。

两打榆林未克，皆因一些人畏缩不前、谎报军情，个别营团指挥员责任心差、敷衍塞责，导致痛失良机，贻误战事。而两次重犯同样的错误，也反映出我们纵队领导姑息迁就，处理不严，教育不够。可见，战斗意志不强才是攻榆不下的根本原因。

通过对榆林战役的检查，我们发现部队思想上的问题不少，突出的有这么几个方面：

第一，对解放战争发展进程和我军即将担负的任务思想准备不足。

解放战争开始以来我军接连粉碎敌人的全面进攻、重点进攻，相继转入内线反攻、外线反攻。这年10月解放军总部发布毛主席在陕北葭县（今佳县）神泉堡起草的《中国人民解放军宣言》，提出了"打倒蒋介石，解放全中国"的伟大任务。战争进程几乎是以每三五个月就出现一个转折的速度发展、变化着，一方面鼓舞了广大指战员的胜利信心，一方面也使一些人思想准备不足，有些人的思想甚至还停留在抗战胜利后的阶段。他们不清楚为什么要同国民党军队作战，为什么要打倒蒋介石。有的提出："以前我们唱歌子'打走日本好回家'，现在怎么还不让回家？"像这样不懂得解放战争的正义性、必要性，也就不能自觉担负起人民赋予我们的历史使命。

第二，对解放区正在开展的土地改革运动认识不清。

在《中国人民解放军宣言》发布同日，党中央发布了《土地法大纲》，解放区的土地改革运动进行得轰轰烈烈。我军由于忙着打仗还没有深入进行土改教育，一些人不清楚为什么要搞土地改革。不懂得什么是剥削。有的家里分到土地就要求回家过"三十亩地一头牛，老婆孩子热炕头"的小日子。有的家里被农民斗争了就消极不满，甚至抵触对抗。我军指战员是以农民为主体的，如果对这场彻底消灭农村封建剥削关系的深刻变革缺少应有的认识，那么"为土地而战"的积极性也就无从谈起。

第三，兵员成分发生了很大变化。

解放战争开始前我纵三五八旅、独一旅的战士基本上都是根据地入伍的子弟兵。后来随着战争发展，一方面大量减员，一方面俘虏了大批敌军士兵，而在人烟稀少的陕甘宁和晋绥边区兵员困难，新成分的补充从过去主要靠子弟兵变为几乎全部从俘虏兵中解放入伍。解放兵在全纵各连的比例平均占到60%以上，有些连队占到80%。他们加入我军后掉转了枪口，但由于多年所受国民党军欺骗宣传和旧观念的影响，一些人不十分清楚我军的性质、宗旨、任务、纪律，不懂得为谁当兵、为谁打仗，只知道"吃谁的粮，扛谁的枪，就给谁打仗"。有的身上沾染着不少旧军队的坏毛病，我们一些干部因此嫌弃和反感他们，这也影响了内部团结。

第四，在连续不断的战斗中，一些人胜利信心不足，害怕艰苦生活，思想厌倦了，斗志衰减了，纪律松懈了，作风疲沓了。

这些问题的存在，不仅影响了部队在榆林战役中的战斗力，更为严重的是将使部队与解放战争飞速发展的形势和伟大历史任务不相适应。而要解决这些问题，最根本的是要提高部队的阶级觉悟和战斗意志。

过去对这些问题，我纵遵照野司要求曾不断进行教育，多次进行整顿，也收到了一定的成效。但是由于战事频繁，一直未能找到一个适当的时机和更为有效的办法，对部队进行一次集中的、深入的、系统的教育。

在榆林战役总结中，我纵三五八旅七一四团、七一五团率先采用了诉苦和三查的方法，为从根本上解决部队存在的上述问题提供了经验。

七一五团是一个有着光荣斗争传统、能征善战的红军老部队，打过许多硬仗、苦仗。两打榆林该团都担任主攻，却没有打好。元大滩打马家骑兵，一度乱了阵脚，向敌进攻时又以六路纵队连冲敌五个集团工事，伤亡过大，团长罗坤山的腰部也负了重伤。对此该团作了认真严肃的检查。

首先是查斗志。为什么仗没打好？主要是斗志不强。指挥不果断，突击不勇猛，抗击不顽强，个别人甚至贪生怕死。

接下来就是查思想。为什么斗志不强？主要是思想上有问题。对战胜敌人信心不足，对长期战争厌倦消极，不懂得为谁当兵、为谁打仗。

再进一步又查阶级。为什么思想上有问题？主要是阶级立场不对头，从中发现了站在地主阶级立场上蓄意破坏的分子，而大多数人还是缺乏一定的阶级觉悟。那么你是不是贫苦阶级出身？这样又引出了诉苦。他们这样做，收到了很好的效果。

诉苦，以七一四团搞得最早、最好。该团又以二营为最。二营政治教导员夏伟是个很会做思想工作的政工干部。解放战争初期，他就根据国民党军大量俘虏兵开始补入部队的新情况，搞了国共两军的对比教育，启发解放兵控诉在国民党军遭受的抓兵之苦、当兵之苦，畅谈解放军里官兵平等、军民一家的亲身感受，收到很好效果，并推广到全旅。一年前我纵接受毛主席、朱总司令检阅，三五八旅的大量解放兵一点问题没出，就是对比教育的成效。根据以往的经验，在榆林战后检查战斗意志时，七一四团二营在旅政治委员余秋里的指导下首先开展诉苦教育，从根本上提高战斗意志。

三五八旅政治委员余秋里做政治工作很有特点，一个是深入基层和战士中间，具体解决问题；一个是善于抓典型，运用典型推动工作。七一四团二营诉苦和七一五团三查的做法经他加以总结，推至全旅，同时也引起纵队党委和野战军前委的重视。彭总在一次野战军前委扩大会议上谈道："对此一问题，前委起了批准作用。起带头作用的是三五八旅,又以七一四团最为突出。"

11月下旬,野司召集一、三、六纵旅以上干部开会,总结二打榆林战役,同时决定利用冬季休战,进行一次大规模的政治整训。彭总要求我们运用群众路线的方式,普遍深入地开展诉苦运动与土改纪律教育,对历次战斗进行民主检查,扩大党的组织。而后野司率一、三、六纵移驻靠近晋绥的米脂、绥德、清涧一线,我纵驻清涧地区。纵队党委召开团以上干部会议,部署整训工作。三五八旅介绍了七一四团、七一五团的经验。我代表纵队党委明确宣布运用诉苦和三查的方法进行政治整训。

根据野战军政治部的20天整训计划,纵队政治部拟定出具体步骤:第一步广泛发动诉苦,进行阶级教育,以搞通剥削关系,提高阶级觉悟;第二步普遍进行三查,以清理思想,增强斗志,纯洁队伍;第三步深入开展练兵,以达到团结杀敌立功的目的。

一场声势浩大的以诉苦三查为中心内容的新式整军运动就这样自下而上、自上而下地在全纵队开展起来。

## 诉苦教育

诉苦,就是控诉地主阶级给予劳动人民的剥削之苦,控诉国民党反动军队给予士兵群众的压迫之苦。目的是要通过诉苦使广大基层指战员受到深刻的阶级教育,学好《土地法大纲》和《中国人民解放军宣言》两个文件,搞通剥削与被剥削的关系,从根本上提高政治觉悟和战斗意志,牢固树立"为土地而战"和"打倒蒋介石,解放全中国"的思想。

从阶级教育入手提高政治觉悟,其实是我军思想政治工作的传统做法。在长达十年的土地革命战争中,我们就是靠它来发动群众,扩大红军。在八年抗日战争中,由于战争性质、内容、对象的变化,我们主要进行的是以反对日本帝国主义为基本内容的民族教育。因此在这中间以及后来入伍的基层指战员的阶级意识比较淡薄,一些人不懂得什么是阶级、什么是剥削。当抗日民族战争已经转变为推翻国民党反动统治的国内革命战争以后，阶级教育再次成为我军思想政治工作的首要课题。

纵队政治部下发了《土地法大纲》，要求熟悉阶级教育的红军老干部亲自领导部队搞教育，要求懂得剥削与被剥削关系的政治干部辅导战士学习，但不搞包办代替。在纵队党委的统一指导下，各旅、团、营、连诉苦教育的方式、步骤、重点各有不同，大体都经过这么几个阶段。

首先是酝酿、座谈，发动诉苦。

有的单位从回忆个人和家庭的穷苦生活开始，有的从讲解《土地法大纲》开始，有的从宣读晋绥解放区《告农民书》开始，有的从辩论"穷人为什么穷，富人为什么富"开始。总之，经过充分酝酿和座谈来发动诉苦、发现典型。让那些既有贫苦遭遇又有一定觉悟的同志先在本班本排诉苦，带动一般同志诉苦，然后运用苦大仇深的典型召开全连、全营、全团军人大会，带动起更加普遍的诉苦，形成高潮。

在那个时代，哪一个劳动者出身的同志没有一肚子苦水啊！大大小小的诉苦会在窑洞里、操场上开起来了。不论走到哪里都可以看到这样的场面：战士们一个接一个登台，争相诉说自己过去饥寒交迫的生活、逃荒要饭的经历、家破人亡的遭遇，诉说自己的亲人是怎样被饿死、冻死、病死、打死、逼死的，兄弟姊妹是怎样被卖掉的，土地房子是怎样被夺走的。从国民党军队解放入伍的战士除了诉这些苦，还诉说自己是怎样被卖壮丁、抓壮丁的，在国民党军队里又是怎样挨打受骂、被长官克扣欺压的。

诉苦诉到伤心处，诉者失声，听者动容，台上台下泪水交融，场内场外同仇敌忾。

三五八旅七一六团通讯队解放兵于德水就是一个典型。他在军人大会上控诉说：

"我家5口人租种40亩地，后来父亲眼瞎了不能种地，欠的租子还不起，老财把耕牛拉走了。全家人没法过，父亲打短工，母亲妹妹做针线，我去给老财放羊。老财嫌我吃得多不要了，父亲又送我到铁厂拉风箱。年底结账给铁不给钱，说了好多好话，才给了点钱回家过年。腊月廿八我被抓了兵。正月初三父亲来看我，因为衣衫破烂不准进，在外面转了3天碰到我出来才把父亲带进去。父亲掏出糠窝窝吃，我看了伤心，到伙房要点饭。事务长强硬地说：'要吃饭拿钱来。'我说：'我家穷，没有钱。'事务长却说：'谁要你穷的！'我再三央求才要了碗饭。父亲很快吃光了，放碗不放筷子。我明白他是没吃饱，又去求来半碗饭。父亲吃完知道再没有希望才把筷子放下……"

诉到这里，于德水放声大哭，在场同志无不落泪。大家劝他不要说了，他一抹眼泪："我还要说，国民党那里我们穷人是吃不开的。解放军就不同，我刚被俘过来就看到对来队家属招待得很好，回去时免费坐火车，还送钱……"他又哭了起来。

诉苦之后是挖苦根。

开始有的单位没经验，只是单纯地诉苦，结果诉完了，哭完了，教育也结束了。纵队和旅团领导发现后及时指出：诉苦不是目的，流泪还不能解决问题，只有搞清剥削与被剥削的关系才能挖出造成穷苦的根子。

我们向部队提出问题："苦从何来？""穷人为什么穷，富人为什么富？"启发大家深入讨论。

对这个问题，不同出身的人有不同的看法，即使是贫苦出身的同志由于千百年来剥削阶级传统观念的影响而认识相当模糊。开始讨论时能够正确说明这个问题的不多，反面意见却不少：

一是说穷人是命穷，富人是命富。"路上有一块金子，穷人过去看不见，富人过去拾到了。""富人有财神，铁条变金条。"

二是说富人富是祖上积攒起来的，是劳动起家、会持家，穷人是不会持家、好吃懒做败家的。

三是说富人不但不剥削人反被穷人剥削。"世上只有穷人欠富人，没有富人欠穷人的。""地主养活了长工，地主不租地给穷人种，穷人就要饿死。"

对这些说法,我们不急着下结论,而是让每个人充分发表意见,运用辩论和算账的方法,摆事实讲道理,自己教育自己。

对于"谁养活谁"的问题,实质上是个关于劳动创造价值的问题。七一四团的一个战士说得好:"清涧河里的水本不值钱,谁都可以去担,但我担回来就可以卖钱,就是因为我劳动后才值钱的。土地也是一样,地里本不长庄稼,我给老财种了地才生产出粮食。这就是老财剥削我们的劳动力。"

那些持地主富农思想的人又退一步说:"人家养你的肚皮,你就应管人家的地皮,天经地义!"也有的说:"老财雇长工是两相情愿,给了你工钱就不算剥削。"

于是,大家就一笔一笔地算账。你一年给地主种多少地?每年收多少粮?地主给你多少工钱?这些粮都是劳动得来的,但工钱却少得可怜,这是不是剥削?有的用笔算,有的用口算,有的在地上画圈圈、搬小石子。一个算完了,又帮另一个算;有谁算不清,大家一起帮他算。

算着算着,许多同志禁不住哭起来了:"我一年到头流血流汗,给地主白白干活,过去总以为穷是自己命苦,现在才知道是被剥削穷的!地主老财不劳而获,是靠吃我们的血汗得粮买地才富起来的!"有的战士说不好"剥削"二字的含义,就用自己的话来说:"反正是咱穷人吃亏!"这样更容易接受。

一些出身地主家庭的人也主动以自家的罪恶行为揭穿剥削的秘密。

独一旅二团二营有个排长叫周甲子,在全营军人大会上控诉了他家如何把一个中农逼至破产的事实:我家就是老财,大斗进小斗出、吃租子、放高利贷都是剥削。我村崔老汉有1垧多水地、几垧坡地,他给儿子讨婆姨找我父亲借了60元白洋,议定5分利,年底还清。到了期限,我父亲想要崔老汉还,但我祖父更会剥削,叫明年再说。崔老汉非常感激我家。第二年他将水地种了西瓜,指望卖瓜还清这笔账。瓜快熟时我父亲带着狗腿子逼着要钱,软的硬的把地夺过来。收西瓜时,老汉想自己白辛苦一场气病了,想吃块瓜,他儿子来求给两个。我父亲破口大骂："瓜是白洋买来的，要吃拿钱来！"他儿子气不过到地里拿了 4 个瓜，被我叔父抓住送到村公所，罚了 8 块白洋。崔老汉把家里东西卖了净光才交上钱，病更重了，无钱治病又没粮吃，托人到我家借了 1 石粮，利滚利变成 11 石，把所有的地和零碎东西都算给我家还不够。这就是老财剥削穷人的铁证！

来自地主家庭内部的揭露成为诉苦教育的一个有力形式。

对于"命运说"，来自晋绥解放区的新战士用土地改革的翻身事实给予了有力驳斥："过去我吃糠受苦，一天挣不了半碗米，土改后分了 20 垧地一头牛，生活有了保障，从前是我，现在也是我，这是命吗？"

这话最有说服力，也引起广大指战员对土地改革的极大兴趣。大家详细询问土改情况，逐条学习《土地法大纲》，满怀希望地说："土地改革好，分了地我们穷人就能活了。"

搞通剥削关系之后，我们把"挖苦根"与"拔蒋根"紧密结合，引导指战员把个人和家庭苦难遭遇与整个阶级的苦难命运联系起来，与推翻剥削阶级的反动统治联系起来。

我们提出这样一些问题启发大家在深度和广度上作进一步的思考：你是四川人，他是河南人，为什么都是一样的苦？山西的老财、陕西的地主，为什么都是一样的黑？穷人为什么有理打不赢官司？共产党领导穷人斗地主、分田地、过和平的日子，国民党为什么不让？蒋介石为什么发动内战打我们？

经过大讨论和学习《中国人民解放军宣言》，大家对这一连串的问题做出自己的回答：你的苦，我的苦，他的苦，都是咱劳苦阶级的苦，天下穷人是一家；山西的老财，陕西的地主，都是剥削穷人才富的，天下老鸦一般黑；国民党的官府是为地主阶级说话办事的，国民党的军队是维护地主阶级利益的，蒋介石就是他们的总头子，剥削制度是总根子；我们共产党、解放军是为中国人民服务的，是为人民的翻身解放而战斗的；我们只有打倒蒋介石、解放全中国，才能过上好日子。

广大基层指战员弄懂了这么一篇大道理，把朴素的痛苦感受升为理性的阶级觉悟，把个人的仇恨上升到阶级的仇恨，打掉了对蒋介石的一切幻想，树立起为土地而战、为人民而战的思想。同志们自觉地喊出：

"苦从何处来，仇就向何处报！"

"打倒蒋介石，土地回老家！"

## 三查整顿

三查，即查阶级、查思想、查斗志。目的是纯洁组织，整顿思想，增强斗志。

诉苦教育深入进行了一段之后，纵队党委认为：经过诉苦教育广大指战员已经发动起来，剥削与被剥削的关系已经大体搞清，敌我界线比较分明，阶级觉悟充分提高，群众自觉提出了进一步检查阶级成分、思想立场、战斗意志及作风、纪律的要求，普遍开展三查的条件已经成熟。

纵队党委向部队下达了转入三查的指示，要求各单位在前一阶段诉苦教育取得很大成绩的基础上，自上而下、自下而上地普遍开展查阶级、查思想、查斗志的群众性运动。我们号召全体干部、党员和每个同志，自觉检查自己的思想、工作及阶级出身。有缺点错误不要紧，认真检查，立即改正。

从1947年12月下旬至1948年1月5日，全纵队普遍开展了三查整顿。

三查中，我们继续发扬诉苦时形成的群众性自我教育的精神，坚持群众路线，充分发扬民主，开展普遍的批评与自我批评，放手让群众去讨论。同时这种民主又是有领导、有秩序的。根据群众要求，纵队党委批准各连队、机关部门和直属单位由军人大会民主选举产生了"三查委员会"，作为临时机构，在支部和党委领导下组织本单位的三查，研究并提出处理各种问题、各种人的意见，报纵队党委把关。

三查首先是查阶级。

在诉苦教育中，通过对剥削与被剥削关系的辩论，各单位都发现了出身剥削阶级而又坚持站在剥削阶级立场上的人，因此三查初始就涉及对每个人阶级成分的检查。

独一旅二团七连有个排长叫侯玉柱，他在讨论剥削关系时公然说："你们说地主剥削人，那么八路军拉人当兵、打榆林要老百姓送粮送草，都是剥削。"他的这套歪理从全排全连一直争辩到全营大会。后来党组织发动群众展开说理斗争，米脂籍新战士用亲身经历予以驳斥："胡宗南进攻边区，烧杀掠抢，奸淫妇女，我是为了保卫边区自愿参军的。打榆林送粮草，是米脂老百姓自觉自愿的。"

侯玉柱仍然固执己见。群众起来追问他是什么阶级成分。他讲家里有120亩地，哥哥是土匪，父亲是恶霸，本人不务正业。又问他为什么参军。他说因赌博输了钱。继续追问他在部队干了什么坏事。他交代在葭县准备拖枪叛变，在米脂强奸一个小女孩，还曾打骂老百姓，贪污大烟百两。最后追问他为什么讲这套歪理。他说对分配土地不满意。群众非常激愤，当场把他捆起来。他在关禁闭时打死哨兵要跑，被发觉后钻进一间屋里对抗，往外扔手榴弹，被击伤后才逮捕起来。

侯玉柱这类异己分子在各旅团都有发现。对阶级成分的审查，清理出一批不纯者：有顽固坚持地主阶级立场的人，有混入我军阴谋破坏的奸细，有恶习不改的兵痞。这种审查是必要的，纯洁了我军的队伍，纯洁了党的组织。

在审查中也出现了一些偏向，如过分看重成分和出身，发生捆绑打骂行为，个别单位在群情激愤之下甚至打死了人。我们从各旅团的报告中及时发现这些偏向，纵队党委立即通报各级党组织，要求坚决制止并纠正过火行为，提出查阶级要把重点放在认真检查阶级立场上来，不论你是什么阶级出身的人，关键是检查自己的立场对不对头。这样，保证了运动的健康发展。

整个三查的重点是查思想、查斗志。

由于有诉苦和查阶级作为基础，检查起来也就顺理成章：

你是贫苦阶级出身也好，剥削阶级出身也好，在你头脑中有哪些非无产阶级思想？对于解放战争的性质是不是明白了，对于国民党反动派的幻想是不是打掉了，对于土地改革是不是真心实意的拥护？在以往的战斗中，你的战斗意志坚决不坚决，有没有厌战情绪？你对夺取最后胜利的信心坚定不坚定，有没有悲观情绪，你打仗勇敢不勇敢，有没有贪生怕死的行为？你对战友团结不团结，有没有打骂行为？你对人民爱护不爱护，有没有违反政策纪律？

这实际上是对每个人、对整个部队的一次全面检查，既检查思想和斗志，也检查工作、纪律、作风和团结；既检查战士和基层，也检查干部和机关。先由个人作自我检查，然后由大家进行评议，表扬好的，批评差的。

原来一些出身很苦但表现消极的人，特别是那些刚刚从国民党军解放入伍而思想没有真正转变过来的人，检讨了过去的错误，悔恨得痛哭流涕。同志们也批评他："你家那么苦，你有什么理由不好好打敌人！"这些人受到很大震动，发誓一定要洗心革面，当个好兵。

三五八旅七一四团二营四连有个战士叫路新理，原是胡宗南部一六七旅的，从蟠龙战役中解放入伍。他初到我军时怪话连篇。行军走山路，他就说："钻山沟，走夜路，连比土匪还不如。"发给他一顶帽子，他背着人把帽子甩到地上，用力去踏。发给他津贴费，他把钱票扯掉了。攻打环县时，他看到敌人被我军打垮了，便说："你拿的是枪，不是木杆，为什么不抵抗就跑了？"经过不断批评教育，他的思想由不愿在我军干转变到"吃谁家饭，给谁家干"，但仍然消极。

在诉苦三查中，他回忆起全家从山东逃荒到山西，后来父亲被老财逼死，弟弟被卖给老财家，自己被国民党军抓了兵。他检讨了自己的消极态度，痛悔万分，在军人大会上，他把手中的枪高高举起，说："我拿这支枪过去不知道干什么。今天我算明白了，我拿这支枪是干什么的！我没有了家，现在只有报仇，要保卫穷人，为穷人翻身打仗！"从此，他的学习、训练非常积极了。

早在榆林战役总结中，战士们对少数干部的指挥提出过尖锐的批评，在三查中战士们又要求对干部作进一步的检查。

纵队党委在关于三查的决定中明确提出：全体干部、党员都要积极地、自觉地参加这个运动，并在检查之内，不能例外。我们要求：连队干部同战士一起检查，营以上干部参加本单位检查，机关干部先下基层再回机关检查。各类人员在三查这个总题目内检查的侧重点有所不同，连队干部主要查战斗意志和带兵作风，机关干部主要查工作态度和思想立场，供给干部主要查经济手续。查出的问题涉及方方面面：有官僚主义，不关心下属，对不良现象麻木不仁；有战斗责任心差，执行命令打折扣，打滑头仗；有斗志不强，贪生怕死；有生活腐化，贪污公款；有军阀作风，体罚、打骂战士，持手枪威吓逃兵。

在各级党组织的统一领导和带动下，战士们打掉顾虑，对干部中存在的问题大胆批评。被军人大会面对面批评的有排长、连长、营长、团长和旅、纵机关的科长、部长，他们受到很大的触动和教育。各级干部尤其是军政主官也都主动进行检查，认真听取来自部下的批评。

三查中纵队党委部署了对党支部和党员的检查。检查党支部的领导是否坚强有力，党员的入党动机是否端正，与群众的联系是否紧密，在战斗和工作中是否起到了带头作用。在党内自查的同时，公布党支部和党员名单发动群众一条一条、一个一个地进行评议。支部认真听取群众意见，改进工作，并对每个党员做出结论。对群众意见强烈、确实不合格的分子，根据群众评议和支部会议讨论决定，报上级党委批准后清除出党。

三查比较过去的整风、整训，开展得更加普遍。过去整风主要是党内和干部，整训则主要是战士和基层。这次不同了，不论党内党外、干部战士、连队机关、前方后方、男的女的、子弟兵解放兵、老同志新同志，人人都来检查。

对查出的有问题的人和事，我们按照党的一贯政策，思想批评从严，组织处理从宽，着重于端正思想、改进工作、转变作风。同时在组织处理上区别不同情况，纵队党委做出决定：对确实的特务和有组织的反革命分子，交保卫部门处理；对混入我军且不适合留队的投机分子坚决清洗；对地主出身，过去表现不好，现在对土地改革仍不转变态度的人，调离工作继续学习和教育；对虽然是地主出身但经过严格考验，一贯表现好的人，仍继续原来的工作。

三查不仅仅是查问题，不是一味地查出多少问题、多少坏人坏事就算完事，而是通过"查"这个手段来起到全面提高部队战斗力的积极作用。

在三查后期，各单位普遍召开了"团结进步大会"，促团结，促进步，鼓斗志。同时，在连队开展推荐干部、推荐党员的工作。由士兵群众推荐那些在诉苦三查中涌现出来的积极分子，并且一贯表现出色、有较高政治觉悟、有较强组织指挥能力的同志担任干部，由支部讨论提出任职建议，再由旅、纵党委批准后正式任命。推荐党员则采取自己申请和群众推荐相结合的方式，经支部大会讨论通过后报上级党委批准。

从群众中推荐出来的新干部、新党员，觉悟高，斗志强，有威信，能打仗。推荐工作使我纵因战斗减员而严重缺额的基层干部队伍和党组织得到迅速的大量的补充，使干部、党员普遍受到一次民主评议，也使各级党组织又多了一条考察与选拔干部、吸收党员的有效途径。

## 大练兵

1948年1月，正当三查进行中间，西北野战军在党中央驻地米脂县杨家沟召开有团以上干部参加的首次前委扩大会议，贺炳炎和我带领各旅团的军政主官从清涧赶到杨家沟参加会议。

在这之前，党中央于1947年12月间在杨家沟召开了会议。野战军前委扩大会议就是根据中央12月会议精神并在中央领导同志直接指导下召开的。会上传达、学习了毛主席在中央会议上作的报告《目前形势和我们的任务》。毛主席在报告中再次提出"中国人民的革命战争，现在已达到了一个转折点"的著名论断，并进一步揭示"这是蒋介石的二十年反革命统治由发展到消灭的转折点"。毛主席还总结解放战争一年半来的作战经验，提出了著名的"十大军事原则"。

陕甘宁晋绥联防军区司令员贺龙在西北野战军前委扩大会议上讲话

前委扩大会议上,周恩来副主席给我们作了关于全国战争形势的报告,任弼时同志作了关于土地改革中的几个问题的报告。前委书记彭德怀作了《关于陕北九个月作战的基本总结》,总结了西北野战军从延安保卫战到二打榆林、从内线防御到内线进攻作战的经验教训。

前委扩大会议围绕这几个报告进行了热烈的讨论,提出了西北野战军将由内线作战转入外线作战、打到蒋管区的两个基本任务:一是大量消灭敌人,二是建立根据地,并规定了我军在新区的各项政策。

会议期间,前委组织交流了各纵各旅冬季整训的情况。三五八旅政治委员余秋里汇报了该旅诉苦三查的典型经验，独一旅副政治委员颜金生汇报了该旅从解决剥削关系入手进行阶级教育的经验，我代表纵队党委汇报了一纵开展诉苦三查的基本情况。

我首先汇报了整训开始前部队存在的问题：阶级意识比较模糊，阶级立场不对头，战斗意志不强，纵队领导上的官僚主义，等等。接着汇报了我们是如何从诉苦、挖穷根入手开展阶级教育的，如何经过酝酿、座谈发动群众掀起诉苦高潮的；汇报了在讨论剥削与被剥削关系中出现的各种争论、正反两方面的意见；汇报了是如何进行三查的，以及检查出来的坏人坏事；汇报了部队正在出现的新气象、新面貌。

毛主席、周副主席兴致勃勃地听取了我们的汇报，不时地插话，询问详细情况，热情肯定诉苦三查的做法，对有关问题作了指示。

当听到占连队成分80％的解放兵阶级觉悟大大提高时，毛主席高兴地说：我们从中央苏区起，就想找到一个教育俘虏兵的好形式，这次诉苦三查的办法把这个问题解决了。毛主席还把余秋里找去专门听了三五八旅的情况汇报，又在独一旅政治部《关于九天阶级教育主要经验总结》的报告上批示："此件很好。"

周恩来副主席肯定说："放手发动群众、高度发扬民主的诉苦三查运动是有成绩的，是整军与土改结合起来的一种群众性的政治工作，应该受到称赞。"同时，他又以一贯严谨的态度把汇报中没有完全解决好的一些问题提出来，让大家深入讨论，提醒我们"要看到好的一面，也要研究不好的一面"。

前委扩大会议决定在今后的外线进攻作战中，"我军政治工作必须采用新方式"，"发动解放兵自动诉苦，子弟兵讲过去痛苦及翻身情形，老战士讲人民解放军为什么打仗、为谁打仗、为什么要遵守群众纪律，反复展开讨论，有计划地经常社会调查，做群众工作，分析阶级（搞通剥削关系），这些都是士兵群众提高阶级觉悟、自己教育自己的最好办法"，"此次诉苦与三查运动，得到了不少的收获。……今后各纵队，均应继续普及与深入这一运动"。

对于我纵开展的诉苦三查，野战军前委给予了积极的肯定。彭德怀司令员兼政委在给党中央《关于1947年冬季整军运动报告》中,引述了我纵一些连队和个人的事例,评价说:"一纵队诉苦与三查运动,做得比较普遍与深入,从上至下,司政供卫各部门到连队所有人员均无例外地参加了这一运动。"

党中央和野战军前委对诉苦三查所作的指示,给了我们巨大的鼓舞,也使我们的认识深化了。如果说前一阶段我纵的诉苦三查是自发地搞起来的话,那么前委扩大会议后,做得就更加自觉了。

回到清涧驻地,我们进一步检查诉苦三查的情况,使之更加普遍、深入地开展起来。

同时,我们逐级在部队中传达毛主席《目前形势和我们的任务》的报告和野战军前委的决议,认清解放战争胜利发展的有利形势,明确外线作战的伟大任务,把诉苦三查运动适时地转入练兵阶段,在全纵队掀起一个群众性的大练兵热潮。

指战员们诉苦诉出了深仇大恨,三查查出了高昂斗志,学习党中央、野战军前委"向国民党统治区出击"的号令鼓起杀敌立功的强烈愿望。这三者结合起来就形成了空前高涨的大练兵热潮。

当时正值三九天,冰天雪地,气候寒冷,每个人心里却燃烧着一团火,起床号没吹就进了训练场,熄灯号吹过了还不回来,有病的也不停练。连队干部不断向我们发"牢骚"说:"以前是从屋里催促到操场,现在从操场往屋里拉;以前是下命令练兵,现在下命令休息。拉都拉不回来,下命令也不管用!"

我纵三五八旅、独一旅的练兵是有传统的。早在1943年驻防陕甘宁边区时,部队中就开展过轰轰烈烈的练兵运动,涌现出众多"朱德射击手""贺龙投弹手",三五八旅创造的"官教兵、兵教官、兵教兵"的练兵经验被中央军委、毛主席批转全军推广。这一次三五八旅又取得了诉苦三查的经验,为我军群众性思想政治工作再做贡献。部队发扬老传统,注入新经验,带着阶级仇恨练兵,越练劲越足。

在大练兵中,基层指战员着重训练进攻作战的各种技术、战术,纵队和旅团干部着重学习毛主席提出的十大军事原则，总结以往经验，提高指挥能力。整个纵队的军政素质大大提高，求战情绪空前高涌。

各单位纷纷召开动员会、誓师会，踊跃请战，许多人刺破手指写了血书，七一四团二营六连的请战书上写着全连有多少亲人被逼死，多少人被捆打，多少人被抓壮丁，多少人坐过国民党官府的牢房。部队中到处回响着这样的口号："血债要由血来还，消灭蒋军报仇冤！"

一些连队为死难的亲人和牺牲的烈士举行"公祭大会"，进行"灵前宣誓"。练兵场上搭起灵台，挂起挽联，摆上两块大灵牌，上书："旧社会折磨死的爹娘兄弟姊妹之灵位""为人民翻身事业而牺牲的烈士之英灵"。在这两块大灵牌下，摆上个人做的小灵牌，有祭父母兄弟的、有祭战友同志的。同志们流着热泪祭奠，高举铁拳宣誓。

有的同志面对亲人灵牌哭着说："你们死得太可怜了。现在我们手里有了枪杆子，我要为你们报仇！"

有的跪在亲人灵牌前，说："你们死了以后，我被蒋介石抓了兵，打咱穷人的队伍。今天我已明白了，我有罪，向你们请罪。现在我到了人民军队里，我要为你们立功！"

有的祭罢亲人，转身向全连敬个礼，说："我要求同志们帮我报仇！"全连同志则一齐高呼为某某的亲人报仇。

家在蒋管区的同志表示："打回老家去，消灭地主老财，消灭蒋介石！"来自解放区的同志表示："打到蒋管区去，帮助那里的穷人翻身，不消灭蒋介石不回家！"各单位纷纷向纵队提出："我们要求上级赶快下令打出去。早打出去一天，蒋管区的穷人就早翻身一天，少受一天罪。"

1948年春节前后，我纵各团相继召开了全体军人大会，为转战陕北以来的战斗功臣隆重庆功，为出击蒋管区誓师。各单位争着要求"打头阵，立第一功！"战士们自动联名给各级首长写信求战，很多战士还直接写信给毛主席、朱总司令和彭总表达自己的决心。

我们一面把部队的求战情绪报告给野战军前委和中央领导，一面引导部队深入讨论：怎样才能完成打到蒋管区去的任务？怎样才能打胜仗？

全纵队从上到下、从单位到个人进一步学习新区政策，普遍制订杀敌立功计划和公约，加紧战前练兵，保证完成党中央、野战军前委赋予我们的战斗任务，为即将开始的外线进攻做好了充分的思想、组织、战术、技术等各方面准备。

## 新的启示

历史已经证明，用诉苦和三查方法进行的新式整军运动，是一次伟大的群众性思想教育运动，是我军政治工作和民主生活的重要发展。

它极大地提高了广大指战员的政治觉悟，使之自觉地担负起"打倒蒋介石，解放全中国"的历史任务；

它出色地解决了解放兵的消化、改造问题，使之从被迫替国民党反动派卖命的炮灰迅速转变成自觉为人民解放而战的人民战士；

它全面增强了军内军外的团结，使子弟兵与解放兵、老战士与新战士以及官兵之间、军政之间、军民之间原来存在的某些隔阂，被阶级友爱代替了；

它空前地激发了广大指战员杀敌立功的热情，使其掀起了大练兵的热潮；

它从思想上、组织上、作风纪律上、军事训练上全面加强了部队的建设，使之在外线作战中显示出了强大的战斗力。

总之，诉苦三查使整个部队和每个同志的面貌在很短的时间内就焕然一新。正如毛主席所说："人民解放军用诉苦和三查方法进行了新式整军运动，将使自己无敌于天下。"

诉苦三查取得了如此巨大的成果，并作为我军政治工作一次成功的实践载入了史册，给我们各级领导机关和军政指挥员许多重要的启示。我的感受是：

首要的一条，思想教育必须着眼于提高指战员的政治觉悟。

毛主席和彭总都在他们的一些讲话和报告中，深刻地揭示了诉苦三查的根本经验。毛主席说，由于诉苦和三查运动的正确进行，大大提高了全军指战员为解放被剥削的劳动人民，为完成土地改革，为消灭国民党反动派而战的觉悟，大大增强了全体指战员在共产党领导下的坚强团结。"在这个基础上，部队的纯洁性提高了，纪律整顿了，群众性的练兵运动开展了……"彭总在给中央军委的总结报告中指出："三查（有四查五查者）运动前的思想准备，就是普遍发动挖穷根与彻底挖蒋根。挖穷根的目的就是在思想上解决剥削与被剥削的关系，打倒地主富农思想与立场，建立明确的为土地而战的意志。挖蒋根的目的就是要清洗对蒋介石的一切幻想，建立彻底打倒蒋介石的思想。在上述思想准备基础上再行转入三查运动，以达到纯洁思想、纯洁组织之目的。"诉苦三查之所以能够解决问题，取得成功，根本的原因就是毛主席和彭总共同指出的它为解决问题首先奠定了一个"基础"，这个"基础"就是提高指战员的"觉悟性"。我们在诉苦三查中，正是从阶级教育入手，抓住剥削与被剥削这个根本的阶级关系，抓住"打倒蒋介石，解放全中国"这个根本的历史任务，抓住"为谁当兵、为谁打仗"这个根本的认识问题，一步一步地从根本上提高了指战员的政治觉悟，从而为有效地解决部队中存在的思想、组织、作风、纪律、团结等诸多问题打下了基础，收到水到渠成、吹糠见米之效果。设想一下，当时的整军运动，如果不抓阶级教育，不注意从根本上去提高指战员的政治觉悟，而是忙于就事论事地解决具体问题，那么，要取得成功是不可能的，要解决部队中的种种问题——用彭总的话讲叫"庞杂的思想"也是不可能的。

因此，思想教育必须着眼于提高指战员的政治觉悟，这是诉苦三查所给予我的一个首要启示。

思想教育必须从实际出发，讲实话，办实事，求实效，实实在在地提出问题、解决问题。这是诉苦三查给我的启示之二。

我们党在解放战争中的任务是武装夺取政权，同时实行土地改革。它要求思想政治工作能够有效地提高指战员的阶级觉悟，切实解决部队中存在的各种问题，全面提高部队的战斗力。当时实际情况表明，只有实实在在地解决存在的问题，部队才能胜利地担负起新的历史任务。这对思想政治工作是一个最严峻的考验,任何脱离实际、回避矛盾、不求实效的做法都会危害部队,危害革命。

诉苦三查,从它的产生来看,正是适应了人民解放战争的实际需要和部队的实际情况,紧密联系部队的工作实际和思想实际。从它的目的来看,对于部队提高觉悟解决问题具有极强的针对性,诉苦是为解决问题打基础,三查是为着直接解决问题,二者都是有的放矢,互为联系,没有搞"空对空""两张皮"。从它实施的方法步骤和要求来看,始终注意从各单位和每个人的实际出发,不图形式,不走过场,采用的做法不强求一致,各自根据实际情况去创造;解决问题不作硬性规定,各自结合自己的问题去确定,是什么问题解决什么问题。从它实施的组织领导看,各级领导机关和干部坚持深入实际,深入群众,体察群众情绪,集中群众智慧,及时将群众创造的经验总结出来,再回到群众中去指导实际工作,使之步步引向深入,落到实处。同时,始终注意通过大量细致的思想发动工作和周密的组织工作,使人人都受到教育,得到提高。因此,诉苦三查收到了实实在在的效果。

思想教育必须以群众性的自我教育为主,这是诉苦三查给我的启示之三。

诉苦三查的一个本质特点在于它是一场群众性的自我教育运动。诉苦三查的产生就是出自群众的创造,在教育中也严格贯彻了群众路线,领导者预先不划框子,不定调子,而是让群众自己讨论问题,自己明辨是非,自己教育自己。人人都当教育者,人人又都受教育。运动中的典型都是从群众中产生出来的,又带动了运动向广度和深度发展。在诉苦三查中,广大指战员真正成为搞好这场教育的主体。

诉苦三查给我的启示之四是思想教育必须充分发扬民主。

有领导有秩序地实施民主,是诉苦三查获得成功的一条重要经验。彭总称,诉苦三查是"我军首次大规模的民主运动"。毛主席讲,诉苦三查使得我军"完全有领导有秩序地在部队中进行的政治、经济、军事三方面的民主发扬了"。在诉苦三查中,正因为贯彻了充分发扬民主的原则,因而,使得积极因素得到了调动,消极因素得到了克服,正气得到了发扬,邪气得到了打击,优点得到

选举新支委

了坚持，错误得到了修正。采用这种有领导、有秩序地发扬民主的方法进行整军，不仅对我军民主生活做出了重要的贡献，而且极大地调动了广大指战员的积极性和创造性。

诉苦三查给我的启示之五是思想教育既要继承过去的优良传统，又要根据新的情况，有所创新，有所发展。

彭总反复讲过，新式整军运动是毛主席建军思想的坚持和继续，不能把我们说成是新式整军的创造者。"我们应该从历史发展来看，我们只是给新式整军运动充实和增加了内容。"彭总的这些话是十分正确的。从阶级教育入手提高政治觉悟，是从红军时期就创造出来的经验,是我军政治工作的传统做法。诉苦三查,继承了这一优良传统,又根据解放战争的新形势和部队中出现的新情况、新问题,赋予它新的内容和形式,从而使我军政治工作发挥出了巨大的威力和作用。这说明,在思想教育中,处理好继承和创新的关系,是一个非常重要的问题。

(本文选自《廖汉生回忆录》,八一出版社 1993 年版。标题为编者所加)

## 转战途中与妻书（一）（二）
周恩来

> 周恩来，字翔宇。原籍浙江绍兴，1898年出生于江苏淮安。转战陕北时以中共中央军委副主席代理军委总参谋长，协助毛泽东组织和指挥全国解放战争，同时指导国民党统治区的革命运动。中华人民共和国成立后，任政府总理兼首任外交部部长，并任中央军委副主席，全国政协副主席、主席等职。1976年逝世。

## 转战途中与妻书（一）

（一九四七年三月二十五日）

超：

我于二十一晚便归队，未爽十日之约，但你已先我一日走了。留下的东西均收到。因精简箱了，我将你留在子龙①处的一个箱子打开，将两件衣服装入，附在主席疏散东西的车子带往义合②王家坪后方转运站，也许不久会过河，但我看将来仍归要埋藏的。我跟前已没有了箱子，只一背包与两三个小包，甚为轻松。

目前阶段是长期内战，一切都要精简，望你本此方针处事处人。我另有一信给董老，你可一看。为安排各事，中央总会有人来河东③处理的。安子文④同志今早已去河边，叶⑤杨⑥恐已至河边。你如路遇自己的行李，得便时仍可精

---

① 子龙，即叶子龙，时任中央军委机要科科长、昆仑支队参谋长。
② 义合，指陕西绥德专区的义合县。
③ 河东，指流经陕西和山西之间的黄河河套以东。
④ 安子文，当时任中共中央工作委员会秘书长。
⑤ 叶，即叶剑英，当时任中共中央后方委员会书记。
⑥ 杨，即杨尚昆，当时任中共中央军委秘书长兼中共中央后方支队司令员。

简一些。

专告，祝你好。

来

三·二十五

## 转战途中与妻书（二）

（一九四七年九月二十九日）

超：

今天是八月中秋，日近黄昏，月已东升，坐在一排石窑洞中的我，正好修写家书寄远人。今年此地年成不好，夏旱秋涝，直至前天还是阴雨连绵，昨天突然放晴，今天有了好月亮看，但是人民苦了，只能望收到二成左右。河东来电，亦说是淫雨不止，不知你们那里的情形怎样？

山居过节，居然也吃到两块月饼，几串葡萄。对月怀人，不知滹沱河畔有无月色可览，有无人在感想？假使你正在作农村访问，那你一定是忙着和农家姑嫂姊妹谈心拉话；假使你正在准备下乡的材料，那你或有可能与中工委①一起过一个农村秋节。不管怎样，一切话题总离不开土地改革和前线胜利。九个年头了，似乎我们都是在一起过中秋的，这次分开，反显得比抗战头两年的分开大有不同。不仅因为我们都大了十岁，主要是因为我们在为人民服务上得到了更真切的安慰。你来电提议在东边多留半年，我是衷心赞成。再多在农民中锻炼半年，我想，不仅你的思想、感情、生活会起更大的变化，就连你的身体想也会更结实而年轻。农民的健美，不仅是外形，而且还有那纯朴的内心，这是一面。另一面，便是坚强、坚定的意志，勇敢的行为，这在被压迫的群众中，

---

① 中工委，即中共中央工作委员会。1947年3月19日人民解放军撤出延安后，中共中央书记处的五位书记分两处工作，即：毛泽东、周恩来和任弼时继续留在陕甘宁边区领导全国的解放战争；另两位书记刘少奇、朱德和其他一部分中央委员组成以刘少奇为书记的中共中央工作委员会，到河北省平山县西柏坡村领导全国土地改革和建设根据地等工作。

更是数见不鲜。你从他们中间自会学习很多，只要不太劳累。我想半年的熏陶，当准备刮目相看。

土地会议的材料，等待参座①回来，当可听到看到。实际的经验，留待半年后再听你面叙吧！

大反攻已开始，事情会一天天忙起来。我们现在已经比初离延安时忙了许多。六个月中我们也走了不少地方，但既未到黄河边，又未看见长城，心既不死，又非好汉，相差又只有几里路，你说怪也不怪。我们的工作，还是伏案的多，接触的少，除了电报来往外，就是听新闻，读新闻。看书阅报，一天天的日子也就这样过去了。

农村的情况，与你们在晋绥五台所见所闻，本质上都相同的，只是这里还没大动起来，一方面由于敌人已深入堂户，许多弱点已客观地暴露出来，另方面还待秋收后再来普遍平分与清查。领导的转变，河东河西都还好，现在这里要克服的是粮食和人力的困难，打出去，将帮助解决这一困难。

各级农会②，将在平分后逐步地由下而上开起来。团也在谋恢复。妇女组织不知你和工委怎样计划的，

周恩来、邓颖超在枣园

---

① 参座，即叶剑英，当时任中共中央后方委员会书记。
② 农会，即农民协会，是中国共产党领导下的农民自愿结合的群众组织。

还没见你们电告。

过几天杨道同志将由此东去,我将托他带些城工部材料给你。华岗[1]、友渔[2]、其芳[3]走得快,都来不及约他们过河一谈。老高夫妇[4]来电要求参加土革一时期再出去,我们自然同意。你如与他们相隔不远,望转告他们,如坚决愿回湖南发展,最好的办法是先到刘邓[5]中原局的大别山去工作一时期,然后相机南下。如通信不便,亦不必提,反正我们会电告他的。

这封信是托陈默[6]同志带过河去,他们将继续前进,希望不久能达到你的手中。要说的话很多,执起笔来,又不知从何说起。你上次托之栩转来途中的两封报告信,我们都传观过了。

夜深月明,就此打住,留着余兴送我入梦。愿你安好。

鸾

九月二十九夜

(本文选自《周恩来自述》,解放军文艺出版社 2002 年版)

---

[1] 华岗,当时任中共上海工作委员会书记。
[2] 友渔,即张友渔,当时任晋冀鲁豫边区人民政府副主席兼秘书长,中共中央华北局秘书长。
[3] 其芳,即何其芳,当时任朱德的秘书。
[4] 老高夫妇,指高文华和贾连夫妇。高文华 1945 年至 1947 年先后在山西、山东等地参加土地改革。
[5] 指刘伯承、邓小平。
[6] 当时是西北局宣传科下属的延安电影制片厂的摄影师。

# 汪东兴日记选录

汪东兴

> 汪东兴,生于 1916 年,江西弋阳人。1932 年加入中国共产党。参加了长征。文中身份为中央直属队司令部副参谋长。中华人民共和国成立后,曾任中共中央办公厅主任兼中央警卫局局长、总参谋部警卫局局长,中共中央副主席,中共中央顾问委员会委员。1955 年被授予少将军衔。

## 1947 年 4 月 4 日

周副主席一早就起来了,他把我们都叫起来收拾行李。我和周副主席步行先走一步,小王、小关等牵着马和驴,驮着行李紧紧跟上。周副主席说:"这里离子洲县城只有 20 华里,我们赶到县委吃早饭。"

子洲县委只有县办公室主任一人看家,其他人员都疏散到山里去了。周副主席对办公室主任说:"你去把县长、县委书记找回来,我有事和他们商量。另外再想办法弄点东西给我们吃。"

晚上,子洲县的县委书记、县长来见周副主席。周副主席对他们说:"敌人来之前县委机关疏散是对的,但主要领导不留下就不太好了。我在子洲县城的街上看到不少军人和伤员,应该把他们收容起来,组织起来。伤病员要组织人把他们送到野战医院去及时治疗。现在正是春天,要马上准备种粮食。备战不能丢了生产。敌人进攻子洲县城是完全可能的,让县武装分队驻守在城内,保卫生产,保卫边区,看到敌人再走也来得及。县委领导更应留人指挥部队保卫县城人民的安全。"

子洲县的县委领导连夜分头去执行周副主席的指示。

## 1947年4月8日

一早,我带了周副主席给林伯渠同志的信,在石湾的街上找到了谢排长,把信交给他并告诉他周副主席的指示。

谢排长带领27名伤病员由横山县委派人带路向边区政府所在地出发了。

送走伤病员,我们也从石湾出发。

下午5时到达靖边县青阳岔与中央前委毛主席汇合。

晚上,毛主席、周副主席、任弼时、陆定一等同志开会,叶子龙和我列席了会议。

会议由毛主席主持,主要讨论前委机关的组成问题。会议决定,中央前委机关代号为九支队,下属组成为:支队司令部为一大队,司令员为任弼时同志(化名为史林),政委陆定一(化名为郑位),一大队包括参谋值班室、机要科、警卫科、行政处、卫生处、调查组和军委作战室,参谋长叶子龙,副参谋长是我,政治部主任廖志高,作战部李涛,卫生处黄树则,机要科吴振英。二大队负责情报工作,由胡备文同志负责。三大队负责通讯联络,由崔林同志负责,包括电台、有线电话等。四大队为新华社,由范长江同志负责。中央警卫团团长刘辉山、政委张廷祯负责中央前委的警卫工作。为保密、安全起见,从现在起毛主席化名为李得胜,周副主席化名为胡必成。

## 1947年4月15日

叶子龙同志召集我、吴振英、徐业夫、丁农、车平度、刘长明等同志开会,传达并讨论毛主席、周副主席、任弼时、陆定一同志对支队参谋处工作的指示。按照上级领导的要求,参谋处要24小时值班,保证随时将全国各解放军司令部发来的战况进展电报及时收抄,译出送交前委领导。

我们参谋处的几个人睡在一个窑洞的一个炕上,晚上值班回来炕上挤得上不去人,生活条件很苦,但大家的情绪高涨。看到毛主席、周副主席、任弼时同志为全国人民的解放事业日夜操劳，和我们一样住窑洞，睡土炕，保卫他们的安全，是我们光荣的责任。

## 1947年4月16日

上午任弼时同志来参谋处值班室通知召开支队各大队负责人会议。

下午2时，在村南打谷场，由陆定一同志主持会议。参加会议的有叶子龙、我、李涛、廖志高、胡备文、范长江、崔林、黄树则、刘辉山、谢邦宪、张廷祯等，会议的内容是任弼时同志传达毛主席的《关于西北战场的作战方针》。

毛主席指出："敌现已相当疲劳，尚未十分疲劳；敌粮已相当困难，尚未极端困难。我军自歼敌三十一旅后，虽未大量歼敌，但在20天中已经达到使敌相当疲劳和相当缺粮之目的，给今后使敌十分疲劳、断绝粮食和最后被歼造成有利条件。""目前敌之方针是不顾疲劳粮缺，将我军主力赶到黄河以东，然后封锁绥德、米脂，分兵'清剿'。敌3月31日到清涧不即北进，目的是让一条路给我走；敌西进瓦窑堡，是赶我向绥、米。现在因发现我军，故又折向瓦市以南以西，再向瓦市赶我北上。""我之方针是继续过去办法，同敌在现地区再周旋一时期（一个月左右），目的在使敌达到十分疲劳和十分缺粮之程度，然后寻机歼击之……应向指战员和人民群众说明，我军此种办法是最后战胜敌人的必经之路。如不使敌十分疲劳和完全饿饭，是不能最后获胜的。这种办法叫'蘑菇'战术，将敌磨得精疲力竭，然后消灭之。"

毛主席说："你们现在位于瓦市以东和以北地区，引敌向瓦市以北最为有利；然后可向敌廖昂薄弱部分攻击，引敌向东；再后你们可折向安塞方面，引敌再向西。""但你们在数日内即应令三五九旅（全部）完成向南袭击之准备，以便在一星期以后派其向南担任袭击延长延安之线以南、宜川洛川之线以北地区，断敌粮运。"

陆定一同志待任弼时同志传达完毛主席的讲话后对大家说："刚才任弼时同志传达了毛主席的最新指示，对我西北野战军的作战方针起着非常重要的指导作用,大家要好好学习领会。"任弼时同志接着陆定一同志的话说:"毛主席对敌人的分析十分透彻准确,对我西北野战军的作战方针给予适时有力的指导,非常重要,上述讲话就是发给彭德怀、贺龙、习仲勋同志的电文。为了让同志们了解毛主席的战略思想,了解西北战场的战争形势,特地把大家召集来,把毛主席的指示传达给大家,这个指示很重要,是我军的重大机密,只向今天到会的同志传达,没有向下面传达的任务。"

## 1947年4月18日

上午廖志高同志和我去中央警卫团参加军民联欢会。

联欢会由中央警卫团政委张廷桢主持,他代表中央警卫团的全体官兵对乡亲们的大力支持和帮助表示感谢。

廖志高同志代表支队领导在会上宣布了羊马河战役的胜利消息,使全场军民热烈欢呼。

欢呼声、口号声响成一片,大家以开水、秧歌庆祝。战士们、群众表演了一些小节目。

## 1947年4月19日

任弼时同志与叶子龙、廖志高和我讨论支队后勤供应问题。

任弼时同志让我们先谈一下目前供应情况,特别是粮食供应情况。

子龙同志说:"现在粮食供应问题不小,小米已很困难,正在筹集杂粮。"

我说:"骡马草料日趋紧张。边区政府来人讲过,为防止敌人进攻时粮食落入敌手,所以不少地方的粮站未将粮食集中入库,都分散保存在群众手中,现在群众疏散进山,粮食找起来就困难了。"

廖志高同志说:"现在供应处的同志日夜跑粮,跑草料。刚到这里时在近处跑,现在近处的粮食跑得差不多了,要到几十里路以外的地方去跑,工作相当辛苦。"

任弼时同志听了我们的汇报,深感粮食问题不容乐观,他说:"粮食问题看来是越来越紧张,我们要紧紧依靠地方政府配合来加以解决,还要注意尽量节约粮食,决不能浪费。供应处同志工作很辛苦,希望他们多注意身体,继续做好筹集粮食的工作。供应处的同志和政治部住在一个村子,廖志高同志要多去那里帮助他们解决困难,一定要保证支队的粮食供应。"

粮食问题,真是决定战争胜负的大问题之一。敌人疲劳无粮,必败无疑。我军靠毛主席、党中央的英明决策,依靠广大人民群众,缺粮只是暂时困难,我相信,在大家的努力下,九支队的粮食问题能够解决。

## 1947年4月20日

今天廖志高同志和我陪同任弼时同志视察各大队驻地。

我们来到一大队、二大队、三大队和四大队的驻地,胡备文同志、崔林同志、范长江同志分别向任弼时同志汇报了本大队的工作情况和生活情况。每到一地,任弼时同志都到各大队工作的窑洞、生活的窑洞仔细询问情况,看到了同志们在相当艰苦的环境中忘我的工作精神。在视察中也有的同志提出生活上的困难,特别是粮食配给制,个别人吃不饱的问题。任弼时同志告诉大家:"目前支队整个情况都是如此,粮食是有困难。供应处的同志尽最大努力解决困难。各大队都要抽出三至五人去做宣传群众、组织群众的工作。趁现在敌人还未来,一要抓紧本身业务工作,二要组织动员人民群众支援我们,集中粮食供应前线。"

为了解决支队吃饱饭的问题,各大队有什么吃什么,基本上以杂粮为主。

## 1947年4月21日

我陪同任弼时同志继续视察,今天来到中央警卫团的驻地。

刘团长、张政委向任弼时同志汇报中央警卫团的战士们思想情绪稳定，精神饱满，对完成九支队的警卫任务信心十足。

任弼时同志听了汇报后很满意，他指示警卫团的官兵，除完成好担负的警卫任务外，还应抽出一定力量帮助群众生产，训练民兵。

## 1947年4月22日

今天上午由我召开支队各直属大队支部书记联席会议，根据支队领导的意见成立支队直属大队总支委员会。经过会上各支部书记充分酝酿讨论，提出总支委员会委员候选人名单：叶子龙，汪东兴，黄树则，谢邦宪，周西林，毛崇横，吴振英。

下午在村南晒谷场上召开支队直属大队全体党员大会，首先由我向全体党员介绍了成立总支及总支候选人产生的酝酿过程。然后征求了其他党员对成立总支及候选人的意见，党员同志一致同意成立支队直属大队总支委员会，大家举手通过了总支委员会的组成人员名单。

会后当选的总支委员开会分工：汪东兴为总支书记，叶子龙、吴振英为组织委员，谢邦宪为生活委员，黄树则为群众工作委员，周西林、毛崇横为宣传委员。分工结束，我们又一起分析研究了当前支队各类人员的思想情况。总的来说，同志们的思想稳定，工作责任心强，都能较好完成自己担负的任务，但需要让大家一方面了解全国战场上的进展情况，鼓舞士气；另一方面要让同志们充分认识到我们目前所遇到的困难，做好克服困难的准备。

## 1947年6月11日

我西北野战军主力在庆阳、西峰镇、环县、曲马、盐池、定边、靖边一带消灭马鸿逵部的两个团，将马的其他部队赶回宁夏，恢复了三边解放区。

中午，毛主席叫人把我找去，对我说："这几天休息恢复得怎么样？"

我对主席说："吃饱饭，睡个好觉就恢复过来了。"

毛主席说："刘戡的部队寻找中央前委机关在王家湾扑了个空，现从小河镇向延安方向撤走了。我想再给你一个连的兵力，尾追敌人，再打一仗怎么样？"

我一听又有仗打，精神来了，说："主席你下命令，我什么样的仗都敢打！"

主席说："我看你很勇敢，能打仗。王家湾一仗是阻击战，你敢于面对敌人以小量部队阻击了大量的敌军，仗打得漂亮。这次任务是采取灵活机动的游击战术，还是以小部队插到敌后去，在安塞、延安之间袭击、扰乱敌人，让敌军睡不好觉，吃不好饭，不得安宁，疲劳不堪。一方面进一步给刘戡造成错觉，搞不清我们到底有多少部队与他周旋；另一方面也是在实战中锻炼我们的警卫部队，更好地保卫党中央。你看如何？"

我听完主席一番话，感觉到主席又在决策什么大的战略行动。

我对主席说："我还是带一个加强排就够了，兵力如果不足，我还可以同各地游击队取得联系，必要时和他们配合行动。"

主席不等我把话说完就急着说："这次是插到敌后独立行动，兵力不足，打不痛敌人，还是带一个连去。一路上要机智灵活，打得了就打，打不了就走，走到一定时候寻找机会再打。你这次离开支队单独行动，还要注意依靠群众支援，离开了群众，成了无源之水，无本之木，那就寸步难行了。敌占区人民生活很艰苦，你们在与敌人周旋的空隙，可以搞点群众调查，了解一下群众生活情况和他们的情绪。"

我很认真地听完主席的指示，对主席说："请主席放心，我带一个连去，保证完成任务！"

毛主席接着说："把电台、骑兵带上，一定要保持和我们联系，随时把敌人的动向报告给我们。等你完成任务回来时，我们可能已经转移了，注意千万保持联络畅通。"

我最感欣慰的莫过于主席的信任。我对主席说："请主席放心，我这就去准备，争取明早出发。"

主席听了我的话说："不要急，一同吃中饭。吃了饭向恩来、弼时、定一同志报告一下，看他们还有什么意见。"

我和主席一同吃午饭，没有拘束，没有客套，一边吃，一边就我的任务执行细节进行进一步的讨论。

午饭后我即去周副主席、弼时、定一同志处向他们报告了主席交给我的任务。

周副主席仔细听完我的汇报，对我说："主席对胡宗南的战略是蘑菇战，对敌人采取拖打疲的战术，派你带小股部队出去执行任务，也是为这个总体战略服务的。"

任弼时同志表示赞同周副主席的意见，说："主席派你去敌后骚扰敌人，侦察敌情，是直接保卫中央前委安全的措施之一。"

定一同志接着弼时同志的话说："王家湾阻击战你们打得很好，为我们的转移赢得了时间。这次出去执行任务，我们相信你能顺利完成任务的。"

他们一致同意主席的意见，叮嘱我处事灵活，随机应变，保持和前委机关的联系。

汇报结束，我马上找到中央警卫团团长刘辉山、政委张廷祯商量派哪个连跟我一起去执行任务。

刘团长说："我看三连去执行这个任务比较合适。连长惠金贤，陕北人，对当地情况熟悉，我们把三连的武器配备加强，多带些弹药，你看这样行不行？每排配备一挺轻机枪，每人带两颗手榴弹，每支步枪配发 50 发子弹。再派 5 名骑兵担任前卫、侦察、联络。骑兵由排长宫东勋负责指挥，团部由张政委协助你工作，你看怎样？"

我轻声对张政委说："张政委，你看刘团长的意见怎么样？"

张政委说："我同意刘团长的意见。"

我看三人意见比较一致，接着政委的话说："我同意刘团长的意见，另外请你们考虑一下,是否再派宣传、民运、参谋各一人随队前往,因为这次出去执行的不只是打仗的任务,还有宣传群众、组织群众的任务。非常高兴张政委能协助我一起指挥三连完成这次任务,不过呢,还要报告中央前委批准。"

和刘团长、张政委讨论完具体工作,我又回支队汇报,获同意。

## 1947年6月15日

有情报说延安董钊的留守部队派一个营的兵力护送两辆汽车的军用物资运到保安,我们决定在延安县境内的高家川伏击这股敌人。

我们三连和延安、安塞地区的游击队埋伏在高家川两侧,敌人有恃无恐进入川内。40分钟的战斗,敌人被我们打成两截。前面敌人和一辆汽车仓皇逃向保安,后面的敌人和一辆汽车被我们密集的火力阻住,伤亡惨重。

汽车被击中起火,我们赶到汽车旁,发现汽车内有无线电台,车内敌人的译电员已被击毙,从他身上缴获到董钊部队通讯联络的密码本。我马上派两个骑兵火速将密码本送回前委。

我们迅速打扫战场,游击队将缴获的物资转移。

## 1947年6月30日

前委指示,你部抓紧时机全力保护和帮助当地群众麦收。

三连全体官兵除站岗放哨的以外,配合安塞、延安地区政府组织群众抢收麦子。10天内共收麦子800余担(每担300斤)。受到当地群众盛赞。

为了保护群众能及时将抢收的麦子晒干、运走,坚壁起来,防止敌人抢走,我们三连发挥了正规武装的优势,打跑、赶走了企图抢麦子的还乡团。

有了粮食,战争的胜利才有保障。兵马未动,粮草先行。敌我双方对麦子给予同样重视,展开你死我活的斗争,但由于我们的斗争,麦收任务顺利完成。

## 1947 年 7 月 12 日

前委来电要我部归队。我们要走的消息很快在群众中传开了,群众纷纷来三连打听我们什么时候走,要为我们开欢送会。群众的心意我们非常理解,但我们身处敌后,大张旗鼓地搞欢送,难免暴露目标,会给群众带来不良后果,所以我们坚决不同意开欢送会。

延安、安塞的群众把我们当成自己的亲人,舍不得让我们走。三连在敌后开展游击活动,使群众生活的安定有了保障。我们对敌人的打击,使得敌人不敢轻举妄动。看到人民群众这样拥戴人民军队,再一次证明毛主席的"兵民是胜利之本"的论断英明。

## 1947 年 8 月 23 日

毛主席、周副主席、任弼时、陆定一、胡乔木、叶子龙同志前往西北野战军司令部驻地葭县(今佳县)前车原村,参加在那里举行的旅以上干部庆祝大会,毛主席在会上作了重要讲话,会议由彭德怀同志亲自主持。

中午,叶子龙同志给我来电话说:"会已经结束,我们现在启程返回梁家岔。毛主席刚才指示说:回到梁家岔就不再进房休息了,让你们把部队集中好待命,准备行动。"

我对叶子龙同志说:"下一个宿营地有没有变化?如果有变化,我先派人打前站。"

子龙同志说:"没有变化,照原计划执行。"

下午 5 时左右,主席、周副主席、任弼时同志回到梁家岔。毛主席下了马散了十几分钟步就又上马行进了。

今天又是夜行军,四周被黑暗包围着,分不清地形地物。主席总是询问还有多远。我感觉到主席是累了,经询问后我告诉主席:"大约还有 10 里左右。"

毛泽东转战陕北途中

我们来到朱官寨村口,主席说什么不肯走了。原来号下的支队司令部的房子还在沟里头,离村口还有3里路。我赶紧到村边打探,幸好村边有一排3个窑洞住着一家当地老乡。我赶忙进去向老乡们说明情况,老乡很明事理,马上让出两个窑洞给我们住。

主席实在是太累了,简单洗了一下就休息了。

## 1947年8月24日

天一亮,我就和子龙同志在朱官寨村里寻找适合主席、周副主席、任弼时同志的住房。

我们在村东面的山沟里找到并排五个窑洞比较适宜。周副主席起来后,我们向他汇报了这个情况。

周副主席说:"等主席起来问问他看,如果暂时不走的话,就请主席搬过去住;如果马上要走就算了。"

我和子龙同志坐在山坡上等主席醒来,我问子龙:"昨天主席在西北野战军干部祝捷会上讲了些什么?"

子龙说:"毛主席说,打胜沙家店这一仗非常重要。这一战役的胜利标志着西北野战军由内线作战转到外线作战,由战略防御转到战略反攻,这是西北战场的一个重要转折点。这一仗胜败与否很关键。沙家店战役胜利以后将使陕甘宁边区的整个战争形势迅速发生根本的变化。"

正说着,一架敌侦察机飞来,我们结束谈话,快步隐蔽起来。

敌机飞了一圈,很快就飞走了。主席仍然睡着。

参谋处的丁农、徐业夫、车平度、刘长明等同志和我一起谈论沙家店的战斗情况。

丁农说:"那天听到沙家店方向传来的枪炮声就像炒豆子声。"

车平度说:"像过年放鞭炮。"

徐业夫说:"那是彭总打胡宗南的板子声。"

大家随便笑着,随便说着。

叶子龙说:"你们说得好,笑得好,就是没亲眼看到。"

这时候,毛主席醒了。周副主席派人来叫值班参谋过去。

子龙和我一起过去,来到主席住的窑洞。主席睡得不错,精神奕奕又在查看地图。

周副主席看到我们进来,对我们说:"我刚才和主席商量过,暂时不走了,你们通知一下各大队安排好住房,住下后就开始工作。"

我对周副主席说:"我们已做好走与不走的两种准备。现在决定不走,主席和你的住房要调换一下。"

周副主席问:"离这里远不远?"

我回答说:"离这里不到200米。"

周副主席说："带我去看一下。"

我们和周副主席一起到山沟里看好的窑洞处查看了情况,周副主席认为比较适宜,同意我们换房的意见。

我们随即带人把窑洞打扫好,按主席的工作、生活习惯布置停当。

晚饭后,毛主席、周副主席、任弼时、陆定一、胡乔木等同志搬入新换的窑洞,又开始紧张的工作了。

# 1947年8月30日

上午,陕甘宁边区政府粮食局的负责同志来支队讨论支队的粮食、草料供应问题。

粮食局的同志对叶子龙、廖志高同志和我说："目前粮食、草料的供应日趋紧张,就近解决已很困难,只能到较远的神木去筹集,但路远,运力不足,怕赶不上供应。最近我们集中收购了一些黑豆、早熟的土豆准备先供应给你们应应急,你们看行不行?"

粮食问题的确很困难,粮食局的同志已经尽了最大努力。

我们表示说："非常感谢边区政府和边区人民对我们的关心。我们很了解现在粮食供应的困难情况,在全支队提倡节约每一粒粮食。我们已经要求全支队的所有同志每天只吃两顿黑豆子饭,并且是不去皮煮着吃(包括毛主席、周副主席等领导同志都要求自己这样做)。支队吃的菜都是同志们在荒山坡里挖来的野菜,大家吃得很香。请你们放心,我们全体同志能体谅地方政府的困难,有什么吃什么。我们与你们同甘苦,共患难,克服暂时的困难。关于运粮的困难,我们支队将抽出部分骡马和人力帮助你们去运。"

粮食局的同志听了我们一番话,对我们对于他们困难的理解表示感谢,对毛主席、周副主席、任弼时同志也同大家一样吃黑豆、咽野菜又深感不安。

我们一起研究了运粮的具体安排,他们放心地离去了。

## 1947年9月1日

粮食问题的确是个大问题。

下午我们向周副主席汇报了支队粮食的供应问题。

周副主席听完我们的汇报后，考虑了一会儿说："粮食问题是个非常重要的问题，首先是吃饭问题，还有一个营养问题。吃不饱，营养不足，是要影响战斗力的。你们考虑一下是否花点钱买些羊肉或活羊改善一下生活。因为缺少油水，粮食就吃得很多。现在是整个黑豆子煮着吃，嚼不动，不好消化，营养也太单调。你们看是不是搞些羊肉与黑豆一起煮，这样饭菜都有了，营养好一点，还可能把粮食节省一点。"

我们听了周副主席的建议，都觉得是个好办法。从周副主席那里一回来，马上布置各单位设法买羊。

## 1947年9月2日

各直属单位的食堂不约而同都摆起架势，宰活羊。大家按周副主席出的主意，把羊肉和黑豆一起煮，支队驻地一阵肉香飘过，馋死人了！

开饭了！眼看着大家拿着碗筷去领饭，好家伙，好久不见肉腥，今日一吃，分外香甜。饭吃完了一算账，平日每顿吃的黑豆子的分量再加一只20多斤重的肥羊一起煮出来的饭给吃得精光，不但没有省下粮食，还赔了一只羊。司务长的眼睛都大了。明天还给羊吃吗？

## 1947年9月3日

羊还有，支队决定再试一天。

上午一顿黑豆量还保持不变，再加一只羊一起煮来吃，结果吃得香喷喷的又是精光。

晚上一顿照旧，这下吃不动了，剩下三分之一。

吃肉能省粮，周副主席的建议证实是有效的。我们几人与行政处的同志们商量，在粮食供应不足的情况下，可根据支队财力适当增加肉食，一来节约粮食，二来增加营养。

## 1947年9月8日

今天继续讨论学习。

学习毛主席指示的本身对我们就是一次重要的政治教育。毛主席博学多才，像我们这样在党中央、毛主席身边，能随时听到、学到毛主席的指示，是我们一生的荣幸。

今天讨论的重点落在结合我们担负的保卫毛主席、保卫党中央、保卫中央前委安全的警卫工作上，在讨论发言中，同志们看着毛主席亲笔写的指示，都表示要更加努力工作，以实际行动完成好所担负的工作，不辜负党中央、毛主席和全国人民对我们的期望和嘱托。

## 1947年9月10日

今天下午，召开支队直属大队总支委员会，我主持会议并在会上传达了廖志高同志在支队政治工作会议上的讲话内容。

总支委员讨论如何具体贯彻执行，决定由毛崇横、周西林、任玉洪等同志在朱官寨进行群众工作的调查并挨户征求群众对我们的意见，检查结束后由他们向总支汇报。

晚上他们将检查情况向我们汇报。

毛崇横同志说："住在朱官寨的时间比较长了，老乡们把不少窑洞腾出来给部队住，自己家里的人住得很挤。我们代表大队向他们表示非常感谢。老乡们普遍反映，自从我们来后，村子里、窑洞里干净多了，村里的路也给垫平整了，要不是打仗，难有机会住这么多解放军，老乡们很欢迎我们住在朱官寨。"

我说:"要告诉同志们,占住了老乡这么多孔窑洞,已经给老乡带来许多麻烦。大家要尽可能利用时间为老乡多做好事。"

周西林同志接着说:"我们的宣传委员征求意见时,群众的情绪很热情,说咱们部队来了后,把少先队组织起来识字,学唱歌;部队上的医生主动给老乡们看病;战士们帮老乡们干活……"

我问:"老乡们对我们有什么要求和意见吗?"

他们说:"有几户老乡对我们说了这样的话:你们喂牲口集中在几家,等你们走了,这几家肥料不少。其他方面没有什么意见。"

我们考虑一下,大家都感到,老乡们说这话的口气,是也想分些肥料。这件事由毛崇横同志负责和村长商量一下妥善处理。

## 1947年9月23日

今天由张家崖到达神泉堡。

葭县县委书记张俊贤来神泉堡看望支队同志们,叶子龙和我会见了他。

张书记说:"你们住在朱官寨时就打算去看望你们,一直未去成,今天来这里,看你们有什么事情需要我们办的。"

叶子龙同志说:"我们刚到这儿,就感受到你们对我们的关心和帮助,我们应该去谢谢你们才是。"

我说:"我们刚到神泉堡住下,对这里的情况不熟悉,现在还不知道在这里住多久。我们给地方同志添麻烦了,如果有什么事需要你们帮助,我们会请你们来商量。"

张书记说:"神泉堡离葭县县城只有15华里路,有什么事需要我们办,通知我们一声就来。"

我们送走了张书记,人民群众对我们部队的关心和爱护给我们留下了深刻的印象。

## 1947 年 9 月 25 日

清晨,我和任弼时同志一起散步。

神泉堡坐落在佳泸河以南,依山傍水,东南是一条大川,村南有一条很长的深沟。村中住有30多户人家,人口有150人左右。我们发现村子宁静而秀丽。

上午,中央警卫团刘团长来电话说,11时,中央警卫团举行欢迎新战士大会,请中央前委首长们参加。

毛主席与周副主席、任弼时、陆定一等同志商量后决定亲自去参加欢迎大会。

周副主席、任弼时、胡乔木、陆定一同志先走一步,叶子龙、廖志高和我陪同毛主席后行。

毛泽东、任弼时在神泉堡

我们骑马至中途，毛主席下马散步，我们和毛主席合影留念。上午 10 时 50 分来到阎家峁。

欢迎大会在阎家峁的团部驻地的打谷场上举行。场上有一个土台子做主席台。主席台上摆放了长桌、长椅。毛主席一行来到会场，全场军民热烈鼓掌欢迎。

毛主席等中央前委首长一到，欢迎大会即开始。刘辉山团长主持会议，他宣布大会开始，即跑向毛主席，向主席行军礼后请毛主席讲话。

毛主席走到主席台前，对大家说："同志们，今天我们是专程来欢迎新战士、看望老战士的！我代表中央前委向全团指战员问好！"

全场响起热烈掌声。

毛主席频频向指战员挥手致意，会场渐渐安静下来。

毛主席继续说："蒋介石指挥胡宗南向陕甘宁边区发动重点进攻，企图消灭西北野战军和中央前委机关，或者妄想把我们赶到黄河以东。我们主动放弃延安，敌人自以为得了大胜，神气了半年。后来我西北野战军先后打了几次大仗，都打胜了。3 月 25 日的青化砭战斗，4 月 14 日的羊马河战斗，5 月 4 日的蟠龙镇战斗，8 月 20 日的沙家店战斗，还有 8 月上中旬包围榆林的战斗……这些战斗都取得了巨大的胜利。胡宗南在仅仅半年的时间里连吃败仗，我西北野战军节节胜利，特别是沙家店这一仗，西北野战军开始胜利地转入大反攻了。现在我们的日子好过了，胡宗南的日子越来越难过了。"

全场又响起了热烈掌声。

毛主席接着说："中央警卫团是一支担负保卫中央前委负责同志和全支队安全任务的部队，你们除了保卫工作外，还应该学习军事、政治、文化知识，特别要强调学习文化知识。有了文化才能更好地学政治、学军事，有了文化，你们就会变得更聪明起来。"

毛主席简短的讲话，赢得了全场热烈掌声。刘团长宣布："请任弼时同志讲话。"

任弼时同志说："陕甘宁边区形势和全国形势一样很好。西北野战军不断打击敌人,我们不断取得了很大胜利。中央警卫团补充了一大批新战士,增强了战斗力,对你们的到来,我们热烈欢迎!我们现在还处在战争的环境下,不能放松警惕。你们要加强训练,掌握军事,时刻准备消灭敌人。你们肩负保卫中央前委、毛主席的安全的任务,是党和人民对你们的信任。希望你们不要辜负党和人民的期望,严格要求自己,尽快使自己从一个老百姓转变成一名合格的解放军战士!"

刘团长代表团领导在欢迎会上致欢迎词,对新战士提出了一些要求,最后是一名新战士代表讲话。

欢迎新战士的大会,由于中央前委,特别是毛主席、周副主席的亲自参加,对中央警卫团指战员的鼓舞很大,这不仅是中央警卫团的光荣,也是人民解放军的光荣。

大会结束后,毛主席、周副主席、任弼时、陆定一等同志在警卫团团部与警卫团的同志们一起吃了饭,饭后,几个团里的参谋、干事、战士给大家表演了京剧清唱、二胡独奏、陕北民歌、山东快书等小节目,毛主席、周副主席、任弼时等同志看着笑得合不拢嘴,气氛很是轻松愉快。

# 1947 年 10 月 17 日

从今天开始毛主席由神泉堡出发去葭县调查、参观。

一路无事,来到葭县县城。葭县县委的同志在城门口迎接,然后陪毛主席步行进城参观市场。

毛主席兴致勃勃,看到街边到处摆着卖煮羊肉、羊杂碎的摊子,吃的人很多,吃得很香,毛主席悄悄对我说:"咱们也吃些?"我向县委书记表示了这个意思,县委书记对主席说:"主席想吃羊肉、羊杂碎,这好办,我们买回去吃,怎么样?"

主席说:"买回去吃就不香了。"

县委书记说:"这里的羊杂碎吃不得,你们仔细看看,这锅里还漂着羊粪呢！"

毛主席一听这话笑了，说："羊吃草长大，羊粪不过是羊消化过的草，煮熟了吃点没有关系。"

说罢，笑着离开羊肉摊子，向前走去。

来到县委，吃中午饭的时候，县委会的同志准备了丰盛的午餐，其中就有清炖羊肉、羊杂碎。毛主席吃得很香，一面吃，一面说好吃。毛主席告诉我："我们回去的时候买几斤鲜羊肉带上，切成大块，炖得烂烂的，美味！"

晚上，葭县县委向毛主席汇报了敌人占领葭县的情况，由于事先有所防范，损失不大。

## 1947年10月23日

毛主席在住房门口的空地上散步，情绪很轻松，话也多了。

主席对我说："还记得我们主动撤出延安时的情况吗？"

我说："就像昨天的事，怎会不记得。"

主席说："从撤出延安的那天算起，到今天已有七个月零四天了。我们采用蘑菇战术把敌人磨得筋疲力尽，准备最后歼灭他们。人是不能太疲劳的，有张就要有弛。不会休息的人就不会工作，如同打仗，激战之后，必须有所调整，否则胜利就没有把握。我们现在就是在调整，目的是以利再战。"

主席把辩证唯物主义用活了。疲劳敌人，是为了最后消灭敌人；养精蓄锐，保存实力，也是为了消灭敌人；消灭敌人才能更好地保存自己。

## 1947年10月26日

上午我与廖志高、范长江、崔林、胡备文、王敬先、刘辉山、谢邦宪等同志商量，讨论执行毛主席关于去杨家沟筹备中央前委机关过冬工作的指示。

根据毛主席、周副主席的指示，结合同志们讨论的情况，我提出如下建议：

1. 中央警卫团派一个连的兵力随我去杨家沟执行任务。一是负责安全保卫，二是作为帮助地方群众修理地炕和炉子的劳动力。

2. 二大队、三大队分别派报务员、译电员各一人，携电台一部随我去杨家沟执行与中央前委保持联络的通讯任务。

3. 由彭玉田同志做好通讯器材的准备。带好安装电话的物品，准备安装电话。

4. 由支队司令部、政治部各派两名干部负责群众工作；供给处派3名干部负责筹集粮食和草料。

5. 各大队、警卫团以及支队直属大队选派的人员，于10月27日上午8时前到神泉堡集合出发。

到会人员同意上述意见，各自回去执行。

## 1947年10月30日

召开杨家沟村以上干部会。

参加会议的有杨家沟村、杨家沟周围三至五华里以内的几个村子的村干部。

我向村干部介绍了我们这支人马的来历，告诉大家九支队准备在杨家沟过冬。我们来这里的任务就是做好过冬前的准备工作，包括住房问题、吃饭问题、交通问题、安全问题，今天召集大家来就是商量如何解决这些问题。

首先，请大家先凑凑情况：

1. 各村先估计一下老百姓能让出多少房子。这些房子的条件、位置。

2. 房子的取暖条件怎样？需要修地炕的有多少？如果修地炕，需要多少石料、石灰、铁条？

3. 哪些房子需要修窗户、门？需要多少木料、纸张？

4. 房子中需用的桌、椅等用具，能借用的借用，借用老百姓的东西，逐一登记，如有损坏照价赔偿。

5. 路面整修问题。

6. 粮、草、煤的供应问题。

村干部们听说我们要在杨家沟过冬，表示非常欢迎，回去动员老乡让出最好的房子给部队住，但能让出多少房，什么样的房，要回去挨门逐户地查看后才能定。

我听了村干部们的意见，表示一定请村干部们做好群众工作，首先要保证群众有房住，保证他们的日常生活照常，在这个前提下把多余的房子让出来，我们坚决执行三大纪律八项注意，绝不能因为我们来住，给群众生活造成困难。

村干部们议论纷纷回去查看房子。

## 1947年10月31日

上午各村村干部陆续来到我们住地汇报房子的问题。

看来房子情况比较乐观。这里的群众房子比较宽敞，条件也大体较好，基本上都具备过冬的取暖设施，但也有相当一部分房子没有地炕，需要重修。

我一面让参谋根据房子的分布情况画地形图，一面和村干部们商量修地炕的问题。

修地炕首先要从窑洞内起土，工作强度大，挖好地炕后砌砖，安好铁条，再垒起土炕，这里面有很强的技术问题，必须解决能烧暖，不漏烟，烟道通畅。

商量的结果：把需要修地炕的房子排好顺序，由村干部负责请懂技术的师傅带领我们的战士一起修，战士在师傅的指导下负责挖土、填土等粗活，师傅们负责砌砖、安装铁条、通烟道。10天内完成任务。修地炕所需的材料、人工由各村干部负责筹集，最后统一报到我这里来。

## 1947年11月1日

今天开始动工修地炕。

警卫连的战士们分头修理已让出房子的门窗，并打扫卫生。

我和一部分村干部查看各村路面交通情况。查看中发现凡需要垫平、修理的地方都交代给警卫连的干部，由他们安排战士在规定时间内修好。

## 1947年11月2日

杨家沟附近的几个村子走下来，把要修垫的路面基本查清。

一方土地上的人住多了，卫生也是个大问题。与连队干部边走边商量，决定每村根据机关、部队所住人数多少，选适宜位置挖厕所，尽量不用老乡的厕所，另外警卫连的战士分片保持住地的卫生清洁。

电悉：毛主席视察葭县、谭家坪、南河底、吕家坪，于今日安全回到神泉堡。

## 1947年11月3日

今天与连排干部一起看地形，安排杨家沟驻地的警卫工作。

为了切实搞好杨家沟的警卫工作，我们几个人商量，前委机关驻在杨家沟村，一连也在杨家沟随前委司令部驻。警卫团团部驻在沟南离司令部4华里的村子里。在杨家沟山顶的制高点上挖好工事，从现在起开始设岗哨，但白天要注意哨位的伪装，防止敌侦察机来侦察时发现目标。

## 1947年11月4日

几件大的工作安排就绪，与前委联络报告了工作进展情况，前委同意我们的安排，并告之已收到我派人送回的地形图。

粮食、草料经地方干部的努力，已筹集到一些，准备运来。

各项工作紧张有序地进行着。

## 1947年11月14日

各村住房全部修好，装好，并试烧了一下地炕，检查有无漏烟现象。

安装电话，拉线工作开始进行。

与前委联络知主席、周副主席、弼时、定一同志等今天由神泉堡出发，准备在阎家峁宿营。

## 1947年11月21日

毛主席一行今天抵达申家涧，预计明天来杨家沟。

为了迎接九支队的到来，晚上召集各村干部、连队干部开会，最后检查落实了一遍各项工作。

睡前，我又去查看了一下毛主席、周副主席等首长住房的地炕是否烧热，又去山上查了哨。

这次任务重，时间紧，在当地政府的紧密配合下总算完成了，完成得怎么样就等明天首长们的评价了。

## 1947年11月22日

毛主席、周副主席、任弼时、陆定一等同志和中央前委机关今天全部抵达米脂县杨家沟。

毛主席、周副主席一到，我们迎上前去。毛主席、周副主席下了马后，由我们分别引导他们去看他们的住房。

我引主席走上坡，一看到一排排整齐的窑洞，主席说："杨家沟有房，果然名不虚传。这窑洞整齐、漂亮，还是新的，比你们画的还要好。"

我带主席来到他住的窑洞里看过，他的警卫人员马上进行布置打扫，我又随主席来到院子里。主席在院子里走了几步，回过头来问我："恩来住在哪里？"

我带主席来到此院西头的两孔窑洞前，告诉主席这是周副主席住的地方。主席看过这两孔窑洞，又问："弼时同志住在哪里？"

毛泽东、徐特立在米脂县杨家沟

我指着上面的院子对主席说："弼时、定一、乔木同志住在上面的院子里。这两个院子离得最近，窑洞都是石砌的，比较宽大、结实。参谋值班室、子龙和我都住在下面院子里。"

主席顺我手指的方向，一一看过这几个院子和窑洞，说："这个地方叫杨家沟，听说不少住户姓马不姓杨，这家的房主姓什么？"

我说："这家房主叫马新民，原是北大学生，因患肺病休学未毕业，现在家治疗。"

主席说："哦？还是知识分子家庭，他现在住在哪里？"

我接着说："现在搬到下面的院子去住了。他对我们很热情，主动提出搬回原来住的旧窑洞，把新修的窑洞让给我们住。"

主席听完我的话，很有感触地点点头。

我劝主席回窑洞休息。然后去看周副主席、弼时、定一、乔木等同志的安顿情况。

我分别来到他们住的窑洞，看到他们正在收拾行李，见我进来，对我说："一年多没住过这么宽敞的房子了，还有带炉子的地炕，窑洞里热得不得了，这下子冬天好过了。"

我进来一会儿，浑身热得出汗，是太热了。我找到一个战士，让他去告诉连长高富有，把地炕的炉火压一压，晚上再捅开。

支队直属各单位进驻杨家沟，晚上，热热闹闹的杨家沟安静下来，我也轻松了不少。

## 1947年11月23日

上午我和刘团长、古远兴、慕丰韵、阎长林、高富有在杨家沟四面山上、山下、沟南、沟北查看地形，安排警戒任务。

杨家沟四面环山，中间一条大沟贯通南北，先来此地的一连，对地形较为熟悉，做核心警卫力量，主要任务是控制制高点，坚守哨位。二连住在离杨家沟不远的村子里，如遇特殊情况按规定的紧急信号即来增援。另外杨家沟附近的游动哨，白天由杨家沟的基干民兵担任，晚上由二连接任。此事由慕丰韵同志与县公安局联系。

任务布置停当，我问大家还有什么问题。高富有、阎长林提出夜间查哨用的手电电池已用完，需要补充。此事应当立即设法解决。

刘辉山团长最后提醒大家："根据刚才确定的警卫任务，请各连迅速布置执行，不得有误。警卫工作天天做，一天也不能马虎。有什么问题要马上报告东兴同志和我。不论是谁，遇到可疑的人，一定要提高警惕。"

## 1948 年 1 月 1 日

北方过年不吃饺子不算过年。

行政处谢邦宪同志想尽办法要让支队直属大队的同志们吃上一顿饺子。他搞来了足够的羊肉,有限的面粉,按人头分到各单位自己包自己吃。

元旦包饺子,大家都高兴得不得了。虽然每人只有 4 两面粉,但一年才吃上一次,难得的享受。

谢邦宪同志想得周到,还给不吃羊肉的同志准备了鸡蛋和面条。

饺子包好了。周副主席、彭总、乔木、子龙和我坐在一个桌子上吃饺子。彭总笑着对我说:"今天又吃好的,你不怕说了?"

周副主席接过话来说:"今天过年,全体人员都吃饺子,主席也高兴。"

我吃着饺子,没有说话。

## 1948 年 1 月 5 日

今天上午 9 时许,我们随任弼时同志由杨家沟出发前往米脂县视察。

经过 4 个小时的行军,于下午 1 时到达米脂县城。

米脂县的县委书记、县长在县委招待所的门前迎接我们。任弼时同志下马与走向前来的县委领导一一握手、问候。县委书记等先带我们来到招待所内安排好我们住的地方,然后和我们一起吃午饭。

下午在县委书记的引导下,任弼时同志参观米脂县城。

县城内的街上行人很少,大多的店铺没有开门,四周冷冷清清。

任弼时同志看到这种情况问县委书记:"城里为什么这般冷清,人都到哪里去了?"

县委书记回答:"这是蒋介石进攻陕甘宁边区造成的后果。为了保卫米脂县人民的生命财产的安全,在敌人到来之前,我们在全县进行了坚壁清野,特别是县城的居民,尽可能动员他们疏散到农村去了。后来随着形势的好转,陆续回来了一些人，但还有相当多的人没有回来。"

任弼时同志点点头，对县委书记的话表示赞同："现在形势好了，基本稳定了，可以考虑让他们回来，县城里还要靠他们繁荣起来。"

## 1948 年 1 月 8 日

全支队组织学习讨论毛主席《目前形势和我们的任务》。

## 1948 年 3 月 9 日

东渡黄河。

下午，毛主席、周副主席、任弼时同志派人把我和叶子龙找去讨论东渡黄河问题。

毛主席对我们说："中央前委商议，准备东渡黄河。自从蒋介石指挥胡宗南进攻陕甘宁边区，我们中央前委在陕北转战一年了。去年 3 月 19 日胡宗南占领了延安，可谓蒋介石最得意、最神气之时。蒋介石得意忘形，吹牛要在三个月或半年之内消灭中共首脑机关和西北野战军，至少要把我们赶到黄河以东。

"现在经过一年的较量，全国各战区、敌占区的斗争形势对我们越来越有利，我们在大范围内由被动转为主动了。你蒋介石赶我们过黄河，我们偏偏不过，在陕北拉着你的队伍转圈子。一年后的今天，我看过黄河的时机到了，把你们两位找来，就是商量一下，咱们什么时候过黄河？准备怎么过法？具体由谁去组织指挥？"

周副主席说："主席刚才讲的，也就是杨家沟会议的精神，就是《目前形势和我们的任务》这个讲话的具体执行方法。

"中央前委要在适当的时机与中央后委、中央工委汇合，这样有利于指挥全国的解放战争，打倒蒋介石，解放全中国。

"现在正是黄河上游化冰的季节，我的意见看是不是 3 月下旬东渡黄河较为适宜。"

任弼时同志说："东渡黄河要准备船，要找有经验的船工，和他们商量看什么时间过黄河合适，一定要保证安全渡河。"

叶子龙说："争取用10天时间完成准备工作，我提议由东兴同志具体组织东渡黄河的准备工作。"

我说："东渡黄河的工作需要仔细策划。渡船、技术船工、木材，还有粮食、草料、当地治安工作，等等，都离不开当地政府的帮助和支援。"

毛主席说："我同意子龙的意见，由汪东兴组织东渡黄河的准备工作。你们看这样好不好？派给他一个连的兵力，除担任渡河时的警卫外，还可以在准备工作中担任劳动力。给他带一部电台，一名报务员，一名译电员，随时将准备工作情况向中央前委报告，与我们保持联系。

"东渡黄河的准备工作要注意保密，时刻提高警惕，防止敌人侦察看到我们的动向。

"我们马上会发电报给陕甘宁边区的林伯渠同志，请他派得力的地方干部协助你完成任务。同时我们也将给贺龙同志发电报，请他通知晋绥边区政府派人在黄河东岸接应。

"东渡黄河的时间暂定为3月下旬，从明天开始，10天内准备就绪。"

周副主席对我说："主席的指示很明确，考虑也很周到。东兴同志，你明天召集有关同志开会布置任务，争取3月11日出发。

"中央前委东渡黄河是一次大的战略行动，任务很艰巨，就拜托给你了。"

我说："担子很重，会遇到很多困难，但是有中央前委的直接领导，有当地政府、人民的支援，还有警卫团战士们吃苦耐劳的精神，我想这个重要的任务，我们一定能很好地完成，请各位首长放心吧。"

# 1948年3月10日

上午召集筹备会议，到会的有：刘辉山、古远兴、慕丰韵、崔林等同志。

叶子龙、廖志高和我负责主持会议。

叶子龙先向大家传达了昨天会议的精神，要大家根据自己担负的任务发表意见。

刘辉山："警卫团派二连全体官兵，再由骑兵连派一个班由汪副参谋长指挥。"

崔林："我们除调一部电台，报务员、译电员各一人外，建议再带一个有线电台组负责联络工作。"

廖志高："这次渡黄河的任务很重，要紧紧依靠地方政府和群众，建议政治部派宣传、群众工作干部各两人协助东兴同志工作。"

我："支队直属大队警卫科派两名干部跟我去执行任务。刚才大家说到的各单位派出的人员，请分别通知他们，明天上午8时，在杨家沟村东北大树下集合。"

## 1948年3月11日

上午8时，各单位人员集合在杨家沟村东北的大树下。我清点人数，登记了负责人员的姓名和单位，整理完队伍，准时出发了。

下午5时我们到达吉徵店宿营。

## 1948年3月12日

清晨由吉徵店出发，下午6时到达螅蜊峪。

晚上，我派人找来吴堡县县委书记、县公安局长，陕甘宁边区保卫处、社会处处长开会调查了解下列问题：

1. 螅蜊峪渡口和吴堡县境内能找到多少渡船？
2. 能有多少熟练船工？
3. 修船技术工人有多少？
4. 我们准备购买大量的桐油、麻绳、撑杆、木料、水桶等物品，当地能否解决?

5. 筹集 150 人 10 天用的粮食，还有几十匹牲口的草料。

以上的问题不要你们马上回答，回去了解情况后，明天到渡口我的住地给我答复。

各位领导记下需要了解的问题，没有多话，自去调查。

## 1948 年 3 月 13 日

我来到螅蜊峪渡口，查看了地形，选择了一个较高的位置搭帐篷，挖灶架锅，安置电台，架起有线电话，并在"指挥部"的周围构筑了一些掩体。

下午地方政府的同志赶来汇报昨天布置的问题，情况不太好。

现在渡口只有 3 艘渡船，只有一艘正在摆渡，另外两艘漏水或船帮损坏。船工只有 3 人，会修船的有 8 人，桐油、麻绳、木料正在收集，150 人的粮草不成问题。

我听完汇报，马上作出决定：

1. 两天内一定要找到 5 艘渡船、5 名船工。现有的一艘渡船照常摆渡，另外两只坏船马上进行修理。

2. 船工和修船工人最好集中住宿，我们负责生活开支，请回去动员他们。

3. 找有经验的老船工了解一下黄河历年来化冻的情况，避免冒险。

县委书记说："汪副参谋长刚才的指示我们马上去办，县里同志还有个想法，想请你们回镇上去住。这里风大，晚上住帐篷还是很冷的，怕把同志们冻坏了。"

我说："有许多事情需要我们马上在现场解决，时间紧，任务重，住在渡口随时可以解决问题，谢谢同志们的关心。"

县委书记又说："要不，白天到渡口工作，晚上回镇上去住怎么样？"

我说："完成任务是当务之急，晚上的时间和白天一样宝贵，住在这里我心里踏实。"

县委书记接着说："要不，我让县委招待所送些被褥来御寒？"

我急忙说:"不行不行,我们来这里就已经给你们添麻烦了。不能影响县委招待所的工作。我们在陕北转战一年多,这种游击生活过惯了。我和战士们都吃得起苦,真是太谢谢你们了。"

县委书记见我执意不肯去镇上住,便说:"那好,就照你的意思办吧,我马上回去,把船只和船工尽快落实。"

## 1948年3月14日

我们正在渡口忙着,县委书记带了几个人匆匆走来。

县委书记对我说:"汪副参谋长,船我们又找到7艘,都是好的。原来的3艘经过修理,有两艘可以用,船工又找到十几人,有熟练的,也有不太熟练的,你看怎么办?"

我听罢对县委书记说:"太谢谢你了。这样一来船的问题基本解决了,船工的问题,我看这样:所有的船工集中在渡口,由熟练船工对他们进行训练,尽可能使每个船工都成为技术熟练的船工。"

县委书记点点头说:"同意你的意见,马上将船工们集中起来训练。据观察,现在黄河上游正在化冰,常有大冰块从上游冲下,对船只造成威胁,你看怎么办?"

这个问题是个大问题,我们和县委书记以及县委书记带来的几个船工一起商量几条对付冰块的措施。

1. 用长一米五、宽半米的木头,用绳子捆在一起,每捆木头的两头用绳子做成套环当扶手,每条船上准备几捆,以防万一船被冰块撞翻,做救生用。

2. 每条船上多带两条撑竿,每条船上分别设两人严密观察水中冰情,如遇冰块流下,用撑竿将冰块推开,保证船只的安全。

3. 为了首先保证人员渡河的安全,渡河时一定要严格掌握人员和骡马分开渡河的原则。

4. 每条船上至少保证有3名会水的人员,确保全船人员的渡河安全。

5. 每批渡河的船队中分别派出一只船做后卫船，力图挡住上游的冰块，保证其他船只的安全。

以上 5 条安全措施从 3 月 16 日起开始进行准备和演练，每天上午和下午各进行一个来回的演练。每只船上除两位船工外，另外派二连的干部带两名战士参加演练。

## 1948 年 3 月 16 日

按计划今天演练开始。

木制救生捆每船备有 4 个，撑杆多于两条，经过训练的船工、战士、干部秩序井然进行着渡河的工作。

演练正常，今天无事。

## 1948 年 3 月 17 日

继续过河演练。

上午参加演练的一只船遇上一块 5 米长、3 米宽的大冰块向船冲过来，因冰块太大，撑杆撑不动，船让冰块冲出十几米远。全船的人奋力划船，终于避开冰块的排挤，胜利返航。

## 1948 年 3 月 18 至 21 日

几天来每天演练基本顺利，船工的撑船技术更加熟练。干部战士对黄河的水性有了进一步的了解，演练是很必要的。

为了防止敌机的轰炸和防止敌人可能破坏渡船，我们把 9 只渡船分成 3 组进行隐蔽，日夜派哨兵警卫。

## 1948 年 3 月 22 日

今天的天气虽然有风，但晴得很好。

毛主席、周副主席、弼时、定一、乔木等同志，还有叶子龙、廖志高、黄树则、范长江、崔林、胡备文等同志和支队各单位先后抵达螅蜊峪宿营。

我们以螅蜊峪主人的身份迎接他们，大家见了面，亲热得不行。

支队各单位住宿安排好了以后，我向周副主席、叶子龙同志汇报了东渡黄河的各项准备工作。

周副主席对我说："你发给前委的两份电报均已收悉。今晚又听了你的汇报，我感觉你们对整个东渡黄河的准备工作做得很细，对可能出现的问题考虑得很周到，防范措施也很得力，与当地政府的关系很密切，配合得很好，对你们的工作前委是满意的。你和同志们辛苦了，我代表前委向你们表示感谢。"

我们和周副主席一起研究了毛主席过黄河的细节安排。

## 1948年3月23日

上午11时，毛主席、周副主席、任弼时同志来到渡口。

我见毛主席走来，忙迎上前去，与主席的双手紧紧握在一起。毛主席一面拉着我的手向渡口走去，一面观察到我的左眼有些浮肿，关切地问：

毛泽东在渡船上

"这眼睛怎么肿了？人也黑了，瘦了。"

我说："可能是睡觉少了。"

主席说："把你累成这个样子，真够辛苦了！我听恩来说，你们把东渡黄河的工作做得很好，前委很满意。看来，我可以放心大胆地过黄河了。"

毛主席大步走到河边，看到黄河的水很黄，他说："看来黄河上游水土流失很厉害，若干年以后，要整体规划和治理。"主席临上船时，对前来送行的人们说："我马上就要过黄河了，来不及向陕北老乡们告别，请你们转达我对他们的问候，谢谢他们一年多来对我们的大力支持。告诉陕北人民，我们不会忘记他们对共产党、对人民解放军的一片深情和友谊。"

说完这番话，毛主席与县委的同志们和来到渡口送行的老乡们一一握手告别，踏上了早已准备好的渡船。

（本文选自《汪东兴日记》，中国社会科学出版社1993年版。标题为编者所加，内容有删节）

第二部分 铜墙铁壁的玄机

# 延安游击队

康世昌

> 康世昌，生于 1921 年，陕西延安人。1937 年加入中国共产党。文中身份为延安游击队队长。新中国成立后，任青海省劳改局副局长，西宁市保卫部副主任、西宁市委副书记兼公安局局长，青海省高级人民法院院长，青海省顾问委员会常委。1997 年逝世。

## 暂别了，延安！

经过七天七夜的英勇抗击，我军主动撤出了延安。

撤离之前，延安市委以延安市的干部和公安人员为骨干，吸收一部分区乡干部、基干自卫军和教员、学生等青年知识分子，组织了一支游击队，由延安市副市长姚安吉同志任政委，我任队长，准备在敌人侵占延安后，在周围开展游击战争，配合主力作战，坚决保卫党中央，保卫毛主席，保卫边区人民。虽然我们装备很差，全队只有几十支勉强能打响的步枪，而且缺乏战斗经验，但全队 300 多人中，绝大部分都是土生土长的延安人，熟悉当地的情况，又经过党十几年的培养和教导，有着高度的阶级觉悟。因此，对于未来的斗争，大家都充满着信心。

3 月 19 日黎明前，我们完成了空舍清野和其他一些最后的撤离工作，离开了延安。

沿着山沟小道，队伍在朦胧的星光下默默地行走着。回头看看那傲然挺立在夜空中的塔影，我不禁思潮汹涌，心里默默地说：暂别了，延安！

延安，我的故乡，我们祖祖辈辈生活的地方，本来只是一个并不引人注意

延安古城

的边远小城。但是，自从1935年10月党中央和毛主席带领红军长征到达陕北后，延安便开始放出了灿烂的光彩，成了我国革命的心脏。党中央和毛主席，在这里培育了千千万万革命的人民，领导了全国人民坚持八年抗战，打败了日本强盗。在这里，我和同志们一起拿起镢头开过荒，听过中央首长的许多重要报告。我爱那清澈的延河水，我爱那雄伟的宝塔山，我爱那清凉山顶的万佛洞。我热爱延安的一切。如今，为了更好地打击美帝国主义支持下的国民党军，为了胜利，我们不得不暂时离开这里。想到我们的革命圣地，这块曾经像母亲一样哺育过自己的土地，即将遭到敌人的蹂躏，我的心忍不住一阵绞痛。同志们大概也怀着和我一样的心情，走得慢腾腾的。一边走，一边不断回头张望。那高耸的塔影渐渐远去了，清凉山的轮廓渐渐模糊了。……好，让胡宗南背上这个"包袱"吧，我们很快就会回来的。

黎明，我们在离延安40里的刘家河驻扎下来。姚政委随即步行到安塞徐家沟，向陕甘宁边区政府主席林伯渠同志请示工作。林老非常关心我们的游击队，对如何组织、训练队伍，以及以后如何活动，都一一作了指示。他指出，我们这支游击队要像一颗锋利的钉子，扎在敌人的脑后，使敌人坐立不安，让敌人知道：毛主席亲自教导下的边区人民，绝不是好惹的。

23日，我们遵照林主席的指示，插过高桥川，到了距延安50里的魏家塌。这一带山高林密，地势险要，直接威胁着敌人的重要补给线咸（阳）榆（林）公路。从此，我们开始了新的战斗的生活。

## 首战索家崖

敌人侵入延安后，气焰十分嚣张，到处杀人放火，抢劫财物，奸淫妇女。延安附近的群众纷纷跑来，向我们控诉敌人的暴行，要求游击队去为他们报仇。

我们为了打击敌人的嚣张气焰，决定插入敌人心脏开展斗争。3月27日，我带着一个班，翻山过林，到了距延安30里的贺家沟口隐蔽起来，并派队员岳玉峰去延安附近侦察。半夜过后，岳玉峰回来说，他悄悄地到了离延安只有几里路的索家崖，先和当地群众郝登云取得联系。郝登云说胡儿子（陕北群众对胡宗南军队的卑称）这几天常三五个一伙，到村子里来抢夺粮草，糟践群众。

岳玉峰讲完，我暗暗寻思：打不打呢？索家崖离延安只有几里路，离马家湾敌人据点更近，万一打不好，不好脱身。这是我们游击队的第一次战斗，一定要慎重。但是打好了，关系也很大，可以有力地挫挫敌人的气焰，给群众以鼓舞。我们的条件很有利：地熟、人熟，群众心向我们，而且敌人想不到我们会在这里出现，一定很麻痹，我们给他来个出其不意，胜利是有把握的。于是我决定在这里干一家伙。

第二天鸡叫，我们到了索家崖，郝登云早已在村外等候，见了我们像是见了久别的亲人，亲热非常。我了解了一下情况，立刻把一班人分成四组，埋伏在村子的周围。等呀，等呀，从天亮等到中午，又一直等到日偏西，还是不见动静。队员们都急了，我也有些焦躁起来，便跑到村口去张望。嗬，刚到村口，只见两辆胶皮轱辘马车，吱嘎吱嘎地正向村口驶来，上面东倒西歪坐着一伙敌人。我连忙跑回来给大家打了个手势，叫大家准备好。

敌人的马车越来越近。"轰隆"一声，张登邦扔出了头一颗手榴弹，后面的游击队员，一齐向敌人扑过去。敌人吓蒙了，不敢抵抗，一个个像挨了打的偷食狗，低着头，举起手，高喊："饶命！饶命！"

前后不到5分钟，这场战斗就胜利结束。俘虏了胡宗南第一军炮兵团中尉副官等6人，缴获了骡马两匹和美式步枪数支。等到马家湾敌人开出一个营的兵力，气势汹汹地来包围索家崖的时候，我们早已顺着山沟转移了。

这次战斗消灭敌人虽少，意义却大，是我们这支游击队初显神威的一仗，它告诉延安人民：革命队伍并没有离开延安。同时也给了敌人很大震动。那个被俘的敌中尉副官说："我们只知道青化砭有共军，你们在索家崖出现，做梦也没有想到啊！"

以后，我们的一、二、三、四大队，又连续打了几次胜仗，歼灭不少敌人，缴获不少新式武器和马匹。在进行军事打击的同时，我们还展开政治攻势，争取了驻阎店子敌军一个班投降。另外，还进行了掩护群众转移、坚壁清野、惩治反革命分子、宣传我主力部队在各个战场的胜利消息等一系列工作，取得了成绩，得到了延属地委的通令嘉奖。

## 粉碎大"清剿"

6月，情况起了变化：敌人在西川的阎店子、高桥、砖窑湾，杜甫川的关英桥，南川的沟门和三十里铺等据点，都增加了兵力，甘泉和劳山、洛河川的敌人，也从西南边压过来，开始对我们游击队进行大"清剿"。整营整团的敌人，到处搜山清梢，拷问群众，叫嚣"要把游击队消灭干净""打不死也要困死在山上"。

我们已经完全处于敌人的四面包围之中，几百人挤在方圆只有几十里的狭窄地区，处境非常困难。在实行军事"清剿"的同时，敌人的县长袁德新、屈振国，又不断使用卑鄙手段：给游击队写信，给队员的家属写信，瓦解游击队。在这困难的时候，我们和上级的联系也被割断了。两次派人去送俘虏和向延属分区请示工作，都没有越过封锁线，反而被敌人抢走了俘虏。

6月6日，游击队集结在只有几户人家的水井沟。侦察员报告，敌人又从洛河川出发了，形势更加紧张，队伍必须改变活动方式。支队部当即开会决定：绝大多数同志由姚安吉政委带领突围转移，我和赵子康、高尚贤等9个人留下来坚持原地斗争。

大队走后，我们隐蔽在深山老林里。我们的周围都驻满了敌人。一到晚上，四面的山头上、山沟里，到处燃烧着敌人露营的火光，响着敌人狼嚎似的喊声："游击队出来吧！国军优待，你们跑不了啦！"

当时，正值秋雨连绵，我们9个人，为了避雨，有时钻进烧木炭的土窑，有时蹲在山头上，一夜不知要转移多少次，总睡不上个安稳觉。高原山林的夜晚是很冷的，不能点火取暖，只好背靠背坐着直到天明。但最困难的还是吃的。粮食吃光了，水也喝完了，敌人封锁了所有的通路，又不能出去找粮食。我们的处境越来越艰难了。

一天，大家正在为吃饭的问题发愁，担任警戒的同志跑来报告："乡亲们给我们送粮食来了。"我一看，是魏家塌、郝塌一带的群众。他们冒着生命危险，躲过敌人的封锁和监视，爬山越岭，给自己的亲人送来了粮食。

"同志们啊！"乡亲们抓住我们的手，热泪涟涟地说，"千舍得万舍得，舍不得咱们的游击队，金窝窝银窝窝比不得咱们的山窝窝啊！"

在这艰难困苦的时期，我们仍瞅空子开展活动。一方面向群众宣传，敌人的嚣张只是暂时的，我们的队伍一定会回来，给群众撑腰壮胆；一方面揭穿敌人的鬼把戏，撕破敌人的画皮，发动群众抗丁、抗粮、抗畜、抗草，从各方面打击敌人。

有一次，我们摧毁了敌人一个保公所，把伪保长抓到郝塌。敌人发觉后，以一个营的兵力，分三路来包围我们。有一路敌军走到离我们只有3里路的魏家塌时，魏家塌的群众知道我们还在郝塌，十分着急。送信已经来不及了。两个年轻后生，急中生智，便各挑一担水向敌人迎去，假装殷勤地说："老总们，天气太热，你们走累了，喝点水吧！"敌兵一见清水，伸着舌头，一齐向水桶拥去，又是嚷，又是抢，任凭当官的怎么吆喝，都集合不起来。磨蹭了好大一阵，敌军官又急又气，走过去一脚将水桶踢倒，骂道："他妈的！再喝，游击队跑啦。"集合好队伍，敌军官问："哪个给我们带路，抓住游击队，国军有赏！"农民王四子自动出来说："我去！我领你们从小路走。"

王四子把敌人领上了"小路"，从山沟爬上山坳。天气燥热，连一点风都没有。敌兵累得上气不接下气，个个低声咒骂："他妈的，光知道捉游击队，也不管老子的死活，连水都不让好好喝一口……"王四子心里一动，便拐了个弯，把敌兵领进了一片桃林。满树熟透了的桃子，一个个绿里透红。敌兵见了，马上一窝蜂似的冲过去，爬上桃树，大吃起来。等到吃饱整好队伍赶到郝塌时，我们游击队早已得到消息，走得不见踪影了。

因为有这样真心实意的群众支持着、援助着，我们生存下来，坚持了下来。敌军整天爬山过坳，折腾得疲惫不堪，却没动着游击队一根毫毛。最后只得把封锁、搜山的队伍撤回据点。敌人的大"清剿"就这样被粉碎了。

## 我们的天下

敌人在延西地区建立起伪保甲政权后，一些地主富农、地痞流氓又爬了出来，当上了保、甲长。这些牛鬼蛇神，为虎作伥，向群众敲诈勒索，要粮要款，群众被害得苦不堪言。我们一方面组织群众，拖抗粮草丁畜，一方面狠狠打击那些作恶多端的伪保甲头目。

高桥附近有个伪保长曹汉臣，是个富农，在人民政权的时候，就仇视共产党。当了伪保长后，作恶多端，群众称他"曹阎王"，不时传过信来，要我们去除掉这一害人虫。

我们几次想下手，但是，这家伙一来做贼心虚，轻易不离开高桥——敌人的据点，二来我们9个人没有一个认识他的，总瞅不着个机会。一天夜里，一个老乡跑来告诉我们："曹阎王"在腊平川赌钱。我们便化装成国民党军，摸黑冒雨出发。深夜，到了腊平川。村子里静悄悄的，家家门户紧闭，老乡指着一家窗户漏光的人家，说："就在那屋里。"

群众向我军侦察员报告敌情

我们放轻脚步，朝灯光摸去。来到跟前，听见屋里人声吵嚷，从窗口往里一望，只见炕上围着一大堆人，正在出"明宝"。队员赵子元一脚踢开房门，大模大样地走了进去，厉声问道："哪一位是曹保长？"

炕上的人，愣愣地望着背着美国枪、穿着美军军装的赵子元，没哪个敢吭声。

赵子元提高声音说："我问你们哪个是曹

保长,他妈的,耳朵聋啦?"

这时,一个穿得很阔气、肥头大耳的家伙,从炕上跳下来,走近赵子元,问:"你是谁?"

"我是驻裴庄的国军通信排排长。"赵子元拍了拍挂在胸前的通信学校毕业证章,硬声硬气地说:"天明,我们队伍就到,赶快准备粮草,耽误一分钟就要你的脑袋。"

那家伙将头伸到赵子元胸前,仔细看了看那枚证章,皮笑肉不笑地说:"嘿……嘿……不敢,长官,小人就是曹汉臣。这年头儿,真真假假实在难分,自己人,对不起。粮草我立即照办,嘿……"

赵子元没等曹汉臣把话说完,便照准他的肥脸,噼里啪啦给了两个耳光,骂道:"你还啰嗦!国军三令五申,严禁聚众赌博,你身为保长,竟知法犯法,扰乱地方秩序,该当何罪!"又转身向门外喊:"来人,把这家伙绑送镇公所!"

这时,早就等候在门外的李耀华等几个队员,一齐拥进门去,绑了曹汉臣,拖着就走。

炕上其他几个赌徒可吓毛了,浑身打着哆嗦。赵子元对他们说:"曹汉臣被我们带走了。你们不要怕,明天就会知道消息。"

我们把曹汉臣押回郝塌,第二天就地枪决了。高桥川的群众无不拍手称快。此后,那些敌伪保甲人员,行迹收敛了许多,有的暗地来与我们联系,请求让他们立功赎罪。我们趁势发动群众,展开了争夺政权的工作:利用"合法"手段扳倒了一批伪保甲长,换上了我们的同志,明里应付敌人,暗里给我们做事。原来隐蔽在梢林里的我村、乡干部,也返回了自己的工作地区,进行群众工作。这一来,延安附近的广大地区又成了我们的天下,我们游击队的活动也更方便、更活跃了。

## 活跃在延安近郊

我军主力部队在沙家店歼灭敌三十六师以后,整个西北战场转入了反攻。

这时，由姚安吉同志带领的游击队主力，与敌周旋了两个多月又回到延西地区。从此，我们就开始向延安城郊挺进。

这时延安的敌人已经完全失去了几个月前的"威风"，龟缩在城里，不敢再动弹。他们为了防备游击队的袭击，便在四周残酷地制造"无人区"，把房屋全烧毁，强迫群众并村，而且使用捆绑、毒打、欺骗、利诱等种种恶毒卑鄙手段，拷问群众，追问游击队的踪迹，企图割断我们与群众的联系，使我们不能靠近城区。但是，敌人越是这样，群众越是靠拢我们，和我们血肉相连。我们也千方百计派干部潜入敌人"并村"内，组织群众返家。一次，高桥区一个干部偷进裴庄"并村"，住了两天，做好了一切动员组织工作。第三天，在我们游击队的掩护下，这个"并村"的1000多男女老幼和100多头牲口，顺利地冲过封锁线，回到了原来的住区。

粉碎了敌人制造"无人区"的阴谋以后，大规模的对敌袭击开始了。我们经常从数十里、百余里外出发到延安近郊给敌人以突然奔袭，破路、割电线，搞掉敌人的小据点和军警机关。

一天夜里，大约四更时分，我带着20多个队员，穿过几十里的"无人区"，插到咸榆公路线上，装作押俘虏的敌军，大摇大摆地向延安城边走去。

当我们走到七里铺敌警察所门口的时候，站在阴暗处的敌哨兵问："干什么的？"

队员岳玉峰回答："押送俘虏的。"

"你们是哪一部分？"

"四十八旅。"岳玉峰说着还要往前走。敌哨兵举枪来阻挡，岳玉峰趁势一把将枪夺过。这时其他队员一齐拥进警察所，向房子里扔手榴弹。不等敌人还手，这个警察所就被摧毁了。

我们带着胜利品离开了警察所，沿七里铺街道撒下了《土地法大纲》《中国人民解放军宣言》等宣传品。走出好远，才见延安上空敌人打起了照明弹，机枪、步枪也激烈地响起来。第二天，延安街上就到处流传着"解放军打到七里铺了！""解放军来解放延安啦！"吓得敌人惶惶不安。

不久，游击队又袭击了一次城西的枣园。

枣园，曾经是党中央和毛主席住过的地方，如今成了敌长官部的一个特务机关，防守很严，石窑洞上还架着机枪放哨。

一个漆黑的夜晚，我们抽了12个精壮的队员，由杜甫川艾家园子出发，越过凤凰山，蹚过延河水，到了枣园。我们屏着气，踮着步，一脚高一脚低地摸到了一个院子的墙根。就是在黑暗里，我们也认得出来，这是朱总司令曾经住过的地方；再往左走几步便是毛主席住过的院子了。我们一想到领袖们当年在这里工作和生活的情景，便觉得增添了无限的勇气和力量。我们摸进去，一阵手榴弹，把敌人打得哭爹叫娘。后来，窑顶上的敌人用猛烈的火力向我们射击，我们便退到院外和敌人对射，一直坚持战斗了一个多小时，才主动撤了出来。

受到这次突然袭击，敌人的这个重要的特务机关很快就从枣园逃回了延安城。

## 延安，我们回来了！

一次又一次的战斗，一次又一次的胜利，延安游击队越来越强大了。到了1948年2月，我们这支游击队奉命和安塞的一支游击队合并，统称为延塞支队，由田启元同志任支队长，我任政治委员，队员自300人发展到了500多人，武器装备大部分换成了"美国造"。上级指示我们：主力在外线作战，取得了很大的胜利，我们要加紧活动，准备配合野战军，最后收复延安。

这期间，游击队除了更大规模的军事行动外，又成立了许多工作组和武工队，深入延安近郊，发动和掩护群众进行春耕生产。先后在杜甫川南北窑子、龙儿寺、沟门等村召开群众大会，宣传主力部队的胜利消息和全国形势。工作组并动员群众，积极筹备粮食，准备迎接解放大军。在胜利的形势下，争取和瓦解敌军的工作也取得了巨大的成绩。阎店子伪保警队100多人和川口、裴庄、杜甫川等敌保警队都相继投诚。我们游击队军威大振，加之主力部队步步向延

1948年4月22日,西北野战军光复延安城

安进逼,延安城成了困在人民战争海洋里的一个孤零零的小岛。

1948年4月22日早上,延安北关的一个老乡突然气喘吁吁来报告:"敌人跑啦!"

我忙问:"哪里的敌人跑啦?"

"延安,胡宗南的十七师,全跑啦!"他兴奋得脸都涨红了。

我们等待这个消息已经很久了,现在猛一听到,却又觉得有些突然。一时,我觉得自己嗓子眼里像塞进了什么,热乎乎的,眼眶子都湿了。我来不及多考虑,立即命令各个大队:分头追击!

敌十七师部队坐着汽车已经跑远了,沿途只碰到一些敌保警队。这些失去主子的奴才,纷纷缴械投降。我们还截住了一些被敌人抓去的群众和被抢的物品。

当天中午,我们便向延安进发。嘉岭山上的宝塔依然巍峨耸立,延河泛着潾潾的波光向东流去。我们押着长长的一队俘虏,背着胜利品和截获的物资,迎着这熟悉的景色,大步走进了延安城。

一踏进延安市区,只见到处是残垣断壁,许多商店的门窗都被敌人拆毁;延河两旁的大片田地蒿草丛生;壕沟纵横,碉堡林立,可爱的革命圣地,被敌人糟践得千疮百孔,面目全非了。我们一个个默默地看着,走着。不知是谁说了一句:"捉住胡宗南非把他千刀万剐不可!"

路口、崖畔、窑顶、街头,到处挤满了欢迎的人们。有的热烈地鼓掌,鸣放鞭炮;有的老大爷、老大娘拉住我们痛哭失声,急不可待地向亲人们诉说着自己的悲惨遭遇,控诉敌人的滔天罪行。乡亲们异口同声地说:"盼星星,盼月亮,到底把你们盼回来了!"

是的,我们回来了。延安啊!当我们在那个寒冷的夜晚默默离开你的时候,我们就说过:我们要回来的!为了这句话,我们在你的身旁整整战斗了一年一个月零三天。而今,我们果然回来了。我们没有辜负党中央、毛主席的培养和教导。延安,我的母亲!在你的怀抱里,我们将加倍努力工作,医治战争给你的创伤,将你建设得更加繁荣富强。

(本文选自《星火燎原》第26集,解放军出版社1997年版)

## 汤洛战地日记选录

汤 洛

> 汤洛,原名田树基,笔名田冷、东方红。生于1925年。陕西延安人。文中身份为新华社战地记者。新中国成立后,任《延河》第一任副主编,西安作协专业作家。2006年逝世。

### 1947年3月10日

去延安市政府采访。走进大门,一片沉静。在二科小小办公平房里我遇到刘振业。他正在整理扎捆文件账簿。他告诉我,所有人员在动员大会后,于昨天清晨全部下到各区各乡动员群众疏散和组织战前动员工作去了。一会儿,第一完小教员范永新来了。他们学校已停课。学生们随家长疏散走了,他住在学校看守东西。

我走出时,在大门口遇到公安局长康世昌、警察大队长赵明智和自卫队大队参谋郝振亮。他们是清晨出去视察警察和自卫军防空岗哨归来。彼此寒暄几句,匆匆分手,各忙其事。

到新市场沟口边区政府开办的供销总商店去找陈笑慈。他们正忙碌着收拾商品,下午运输队来搬运。在他们店铺隔壁,妇女合作社传出扎捆钉箱的声响。

上午虽然是防空戒严时间,除了街道行人断绝,一片沉静外,人们照常在商店店铺内,作坊棚里紧张地进行着各种战备活动。市场沟南山脚下铁木作坊区的二条街上,铁匠们铸锻刀矛和钢镐铁锨的声音,震荡着山谷。

延安军民坚壁清野

## 1947 年 3 月 11 日

晚，回家去看父亲的病。父亲患病将近一月，时好时坏，这些天有好转，能吃点流质食物。

我从微显白光的山坡小径爬上凉水顶山腰的我家硷畔，窑里亮着灯光，传出谈话声音。我走进前窑，穿过过洞，进了后窑，看见四叔坐在麻油灯前，吸着旱烟。父亲围着一块棉被仰靠炕头窑壁。油灯的红光，并没能在他瘦削蜡黄的脸上涂染点滴红润，还是那般的苍白；他那稀疏花白的须髯，在昏暗灯光下却闪烁着白光。母亲盘腿坐在父亲身旁炕沿上，听着四叔的谈话。灯前炕边放的三服中草药包，表明四叔是又给父亲送药来的。

四叔坐在灯前，边吸烟边谈着对局势的看法。他说："仗是要打起的。延安是不会放弃的，这里面有个影响问题。"他不同意将父亲疏散出城市。

当我向他讲了我军战略方针，不在一城一地的得失，并举出我军撤退张家口的事实时，他说："延安与张家口地位不一样。延安是世界有名的地方，如让蒋介石占了，那咱们共产党的名声是什么样？"

四叔的观点，代表了一部分延安人民群众的看法，有他的道理。

父亲说："延安放弃不放弃，毛主席心里有数。中央有安排。这回能不能打得起来，还没准。"

四叔说："看情况，这回是非打不可了。蒋介石谋划了多少年啦。"

正说之间，住在前硷的我的舅祖父来了。这些天，我每次回去，他都要来家向我打听消息。在他眼里，我是最知底细的消息灵通人士。他对未来形势持另一种看法，他常说："老蒋有美国人撑腰，一打起来，延安是守不住的，非退不可。"

四叔不同意舅爷的看法。两个人各执己见地争执着。

战争，牵系着每个人的存亡，每个家庭的安危，人们怎么能不关心，怎么能不谈论呢？

# 1947年3月15日

刘星全和我昨日下午送走编辑部最后撤退的同志后，到延安市委去报到。

市委和市政府显得特别繁忙，人们进进出出，有前来领取枪支弹药地雷的自卫军，有交涉办理担架和粮秣的部队后勤人员，还有赶着牛驴骡马牲畜前来受领转运物资任务的郊区农民和合作运输队。多年来领导3万人民群众进行经济建设和创造丰衣足食生活的两进四合大院，此刻已成战争活动中心。

延安市副市长姚安吉和市公安局局长康世昌正在市委后院会议室大窑前谈着什么，当他们看过我俩的介绍信后，姚安吉说："欢迎，咱们在一起持枪战斗。"康世昌说："这场战争很需要你们大书特书的了。"

"持枪战斗""大书特书"这两句意义深重的话，不仅是他们两位对我们两个的欢迎词，而且是全市人民给两个党的新闻工作者的战斗命令、光荣职责、神圣使命！

## 1947年3月17日

发枪。我、星全和小学教员王夏梨、范永新、何玉林等几个人是最后一批受枪者。其他的市、区干部前几天都已发了枪。下午4时,在市政府会议室窑前,姚安吉从立在会议室窑墩上一排杂牌枪支中为我选了一支较短的马拐枪,说:"这支适合你。"我接过枪,它比"三八""七九"短小轻便。他又给了我5发子弹说:"这就是咱们的本钱。"

晚上,我们几个人在原市委宣传部的石窑里,燃起火堆,借着火光,拆卸开枪机擦洗着。心情是难抑的兴奋与激动!不约而同地哼唱着:"枪在我们肩上,血在我们胸膛,为了保卫祖国,我们齐上战场……"

手中一握枪,便觉得自己是一个真正的战士了。

## 1947年3月18日

机枪和步枪声阵阵传来,清晰可闻;大炮轰鸣,山岳摇摇欲倾;飞机轮番不停在延安四周寻找目标轰炸扫射。战线已在市区边缘展开。

全市一空,这是战争史上的奇迹。在短短的10天内,两万多居民和工人、学生、干部全部转移撤退得干干净净。

我和星全、范永新、王夏梨去南郊乡一带巡逻。所有居民农户的家庭闭窗锁门,幽谷般的寂静。春节时的鲜红对联和五色剪纸窗花依然贴在门框和窗格上,显示出窑洞主人在战争爆发前的温饱舒适、安乐丰足的生活景象。

归来,天色尚早,日刚西斜,我与星全去南桥招待站采访。这个站是战争开始后与东郊桥儿沟、东关街、北郊北关街、文化沟和新市场沟口、南关街的招待站同时设起的,以茶水、香烟、糖果等招待开赴前线的部队、民工,慰劳从前线转运下来的伤员。由于战线临近市区,从前线撤下来的支前民工络绎不绝,他们经过这里向北转去。有的匆匆而过,有的在此歇足饮水片刻。他们那涂满了微尘与汗痕的面颜上,流露出胜利者的自豪神情,看不到恐惧与沮丧。

当我们询问起松树林抗击情况时，他们说："打得痛快！"

## 1947年3月19日

昨日傍晚，我们巡逻归来，姚安吉走进住窑，将一页油印物交给王夏梨，说："你们几个将这些标语马上写在街上。"

王接过标语底稿。我们凑近一瞧，顿时心里一悸，不约而同地将诧异而疑惑的目光聚向姚双眉紧锁、阴云浮游的脸上。原来这是一张撤退城市对敌宣传的标语底稿。

"马上就……"沉痛像一个坚硬物，将我们的问话梗塞在喉咙。

"天明前撤退完。"姚沉毅而果断地宣布罢这道令人心碎神裂的命令后，便匆匆走回会议室窑洞，继续举行最后一次各区负责人会议去了。

我们几个缄口不语。感情与理智的矛盾，在我胸中激荡起苦痛的波澜。无数的惊叹号和疑问号像缭乱金花在脑际飘忽游移。虽然战争伊始每个人精神上都做了可能战略撤退的准备。但是，当不希望实现的可能将要变成现实的时候，内心是涩苦的、酸辛的。

王夏梨、范永新和星全也浸在沉默里。

约10分钟后，我们才泅过恋情回旋的涡流，站上理智明睿的峰巅，从对延安惜别的情网里解脱出来，鸟瞰战争全局，冷静了下来，便拎着墨汁桶，拿着笤帚刷子，奔上大街。从南桥到南关，在所有的店铺门板和道旁两壁写上：

"蒋军士兵们，莫替蒋介石和胡宗南打卖国仗！"

"蒋介石是全国人民的公敌"。

"胡宗南是西北人民的公敌"。

在边区政府对面巨大的砖砌影壁上，我们写显赫醒目的——

"毛主席万岁"；

"延安万岁"。

苍茫暮色渐渐笼罩城郭。一队正规部队成二路纵队疾穿暮霭，通过街市，

解放军战士在延安街头书写标语

直奔南去。看来,他们是前往市区七里铺和三十里铺一带接换抗击防线的。队列肃整,步伐有力,唰唰足音像挺进鼓点,震荡大地。

写完标语转向市府,匆匆吃过在延安的最后一顿晚餐,在油灯下用油印机赶印完向蒋、胡军士兵们发布的宣传品后,我们又分别去延安大学、交际处和新市场沟里,将这千万张标语和传单,贴撒在窑洞宿舍,伙房礼堂,店铺工棚和大街小巷里,使胡宗南匪军一踏进延安便会感到身陷囹圄。

夜2时,命令正式下达:各区游击队与市、区、乡干部于4时前在北关文化沟口集中。警察大队留下随同最后一批主力部队完成敷设地雷和引敌人入城后撤退。

初春夜与冬夜一般漫长，可是我多么希望今夜无限漫长呵！人，总是怀着喜悦迎接"首次"，以惆怅告别"最后"。这是在延安的最后一夜呀！

最后一次的市委会议闭会许久，干部们都已分赴各自岗位。紧张忙碌了多日的电话哑然无息，机线已被拆除。整个庭院深沉而空寂。

我与星全走出市府拱形大门，街道上的情景，令人感奋。夜幕笼罩下的长街并未沉睡，仍是一派紧张肃正的战斗气氛。从南线撤退下来的主力部队与傍晚我们看到的朝南开拔部队一样，队列整齐，步伐有力。撤退与进攻，在我们字典里是同义语。

我俩走进南关参议会礼堂处。那里闪烁着星点灯火，在浓重的黑暗里特别明显。礼堂内和礼堂门口的场地上传来激奋昂扬的讲话声。显然，这支部队又受领了新的战斗任务，在举行各种会议。

黑沉沉，四山漆乌的景象，10年来，在延安尚属首现。

# 1947年3月21日

敌军侵占城市后即刻向四周郊区伸展。今晨占领枣园川所有大小村庄。昨天，我们派出侦察员一人被敌俘去。

正吃早饭，从前沟传来消息：敌军向沟里窜进。前边几个村子的群众扶老携幼，肩挑身背，拥进沟向北转移。我们当即停止吃饭，全部上山，掩护群众后撤。

风沙漫漫，四野浑噩。首次进入战斗状态，有的队员心里不免有点紧张。有几个前沟转移过来的青壮年农民将家眷打发走后，也上了山岭和我们一起观察着敌军动静。

直到中午，无大动静，整个山沟里四个村庄的群众全部转移。

我们从山上撤了下来，顺沟道而北进，翻过一个崾崄，又走了25里的支沟小路，到了招安川的杨家圪坨。

此处距延安80华里，距安塞旧城和延河湾30余华里，属安塞县所辖。

村子不大，10多户人家。村、乡干部忙于为正规部队筹集和运送粮草。我们到后，村民们听说是从延安撤出的，情至亲热，让窑让房，筹集食粮。

太阳西斜时分，曾在延安以南与敌军鏖战七天七夜，两天前撤至安塞旧城西招安川休整待命的某部，沿着杏子河而下，向东开拔。前望不到头后看不见尾，衣装整洁，歌声不断。步兵行列和驮载迫击炮的膘肥体壮、毛色油亮的骡队，在斜阳金辉与河水银光交相辉映的平坦的河岸大道上，浩荡迈进，构成一幅气势磅礴的凯旋进军图。我们站在村前高坡观赏着这雄壮图景，揣测着这支队伍的去向和任务，以及战局的乐观未来。但一种言语难表的空虚感同时隐约浮现于怀。强大的主力部队在这几天里是我们精神支柱。

## 1947年3月23日

姚安吉市长在我们前天（21日）到达杨家圪坨的晚上，立即前往西北局和边区政府驻地找林伯渠和习仲勋请示工作去了。今天中午，急急转来。匆匆饭后，召开各区干部和各队队长会议，传达了林老的指示。

林老指示：区不离区，乡不离乡，坚持原地斗争。命令我们转向延安西部地区开展游击战争。并说，教育每个干部和队员，思想上要做长期战争的准备。

同时，姚说，习仲勋对他讲："安吉同志，你带的是在毛主席身边娇生惯养长大的一批青年，要使他们在这次战争中得到锻炼、成长。你的责任是重大的！"

习讲此话，意味深长！

会毕，即刻动身顺着前天来的路，返向延安西部山地。

今天是一年一度的清明节。进犯者的气焰销毁不了生者对死者的缅怀和悼念的千年乡习。在我们路经的墓地里，有的茔顶添了新土，有的茔周围用土块压着纸钱，祭奠的香纸灰烬尚留在墓前三块石头垒起的小供桌底。这些散立在山坡和山脚的陵墓里，长眠着世世代代的延安儿女，埋葬着人们的仇恨、愤怒与悲哀，埋葬着有些家庭的荣誉与骄傲。几只雄鹰在墓地上空振翼翱翔，给陵园墓地增添了悲壮。一座招魂纸幡犹存的新茔勾起我对逝世不及 10 日的父亲的思念。父亲那青草未生的黄土新茔，在这万家同悼亲人的日子里，孤独地冷落在白家坪沟渠的东山坡上。啊！父亲，你带着自己 60 年的苦难辛勤，与我们后代极大的悲伤和仇恨而长眠在阴湿的土穴中。紧迫的战事使我们没有能为你举行最简单的、起码的葬仪。我的臂上未戴黑纱，头上未戴白色衣帽而将你匆匆入殓，急急埋葬；弟妹们甚至未能最后看一眼你的遗容，向你的遗体告别！

为了生者安生，死者安息，这就是我将要投身的战争！

走过 30 里长沟，天色已黑。翻过两座山，爬上一条大梁，时近午夜。此处距延城不及 30 华里。城市四周山头，火光冲天。从城北至安塞延河湾 50 里长的山头，熠熠篝火贯连不断，摆成一条火阵。我们从这条火阵侧旁穿插而过。那些围火取暖的敌军士兵绰绰形影，清晰可见。敌军阵地上架设的探照灯，不时地扫向川道和附近的山坡沟壑。红绿联络信号弹，在城市四周山头上空此起彼落，接连不断，互报信息。足见敌军惧我之心何等深重啊！

此情此景勾起我一段回忆：1935 年陕北革命形势蓬勃发展，延河两岸"红"遍。延安山城被红军围困得四路绝断，四门紧关，像只孤舟破船，在红色风暴里簸颠。国民党驻军惧于红军攻城，不仅砍伐了大东门外柳湖和小东门外桑园两座风景林，并强令居民在城墙上悬挂明灯以防红军攻城。每当入夜，延安城头各式灯笼高悬，犹如元宵灯节，热闹非常。

时隔 12 年，这种愚蠢的防守术更加愚蠢。今天以熊熊篝火和劈空探照电光代替了昔日盏盏红灯。

## 1947 年 3 月 24 日

一夜疾行急走，放羊时分我们进入了延安西部地区。

清晨，我们经过高桥镇。该镇距延安 80 华里，是定（边）延（安）公路上一个十分繁热的市镇。今天，镇内居民大部分疏散四乡。所有商号、客栈、饭馆、诊疗所、理发店、木匠铺、铁匠铺等等都已关闭停业。乍一看，给人一种冷清萧条之感。但环顾四周，战斗气氛宛如劲风，吹动着这座古镇的生活：四周山头布设着瞭望哨岗，执枪民兵巡逻来往，区民兵营长孙立生带领新组成的游击队已在下川延安方向的川口开始游击巡逻活动。战争开始至今区区10日，一个农村经济活动中心而能变成一座战斗堡垒，一呼百应，闻风而动。党的号令，在人民心目中的威力是无穷的。高桥是个英雄镇，在延安人民革命武装斗争史册上曾留有光辉一页。1935年秋禾茂密季节的一天，高桥的赤卫军与陕北红军一部，施巧计，将敌肤施县民团百余人从县城诱至高桥，引上镇对面寨子山，全部歼灭。民团团总罗宝珍被当场击毙。

在这次保卫延安的战争中，高桥人民将会谱写出更壮丽的诗篇。

## 1947年3月28日

也是个旗开得胜，初显神威，鼓舞人心！亲手获得的胜利，用"欢欣若狂"四个字也难以准确地形容内心欢乐、骄傲和自豪。

康世昌带领的一大队那个班，昨天插过杜甫川，今天就在离延安市区5华里的索家崖打了个胜仗。消息是在我们刚刚入睡，通信员小屈先头回来报告的：俘敌四名，其中还有一名炮兵中尉；缴获骡马两匹，步枪三支。

喜讯驱退睡眠，我们坐在没有灯光的热炕上，吸着烟，品尝着这个胜利带来的甜蜜，评论着。

## 1947年3月31日

亢尚增和杜舒安下午经此去延安北25里的河庄坪一带活动。他们是延属分区保安分处组成的武工队，满共3人。28日夜，他们在高善祥带领的四大队配合下，在距延城25里的敌据点公路上沟门村，将伪副保长罗明亮和甲长田千板镇压在公路上，并张贴了布告。这是敌侵占延安，编组保甲不到10天，第一次摧毁保甲的壮举。亢尚增向我谈了经过和当时的心情。

他们从杜甫川后沟到了麻庄，群众告发，原二十里铺村党支部书记吴生元投敌叛变，现任敌联保主任，领着敌人到处挖我坚壁埋藏的粮食，群众要求将这些反革命分子除掉。他们从麻庄翻山到沟门村后沟的龙儿寺，派人前去侦察沟门敌人情况和吴生元是否在家。武工队员和游击队员们隐蔽在打谷场一个草窑里。杜舒安写好了镇压反革命的布告。

夜8时，侦察人员还未归来，他们便顺河渠摸到公路，进入沟门村。该村地处公路边，几家杂货店、饭馆、旅店形成一条小街。保公所住在上街，敌便衣队住在临近保公所一幢房内。他们找到群众一了解，吴生元去延城敌处开会未归，只有副保长罗明亮和甲长田干板在家。于是他们便分头捉拿罗和田。将田干板从他的店铺拉出，当场枪毙在街上。此时，住在保公所附近的敌便衣队闻得枪声，开始向街上射击，他们将罗明亮拉到村外桃树窑子镇压了。

亢尚增说："从前我们连个鸡都不敢杀，可是一见反革命就心狠手硬了。"

是的，在你死我活的生死大搏斗中，只有对敌人的强烈憎恨才能意志如钢。心慈手软是不能将敌人打倒的！

# 1947年4月1日

陕北高原的春天，穿过漫漫风沙，姗姗来迟。直到农历三月，田野才从浑黄的面纱里，显露出翠青的美容。

出牛了，在苏醒后清新的沟塌坡地上，犁过的土地，像条条波纹在春光里闪耀着湿润的耀目的光泽。阳坡地上的越冬返青麦苗一片翠绿。

这里属安塞县高桥区所辖，区政府在高桥镇，区、乡干部们日夜奔走在各乡各村，动员与组织"劳武结合"。

我遇见这个乡的乡长。他带着两个年仅十六七岁的民兵，到村里安排春季生产，检查民兵组织和组织乡游击小组。他40开外，背了支老套筒枪，斜挎在胯部的灰粗布挎包里，装着乡政府的全部：印章、花名册、工作计划、安排以及县区政府的指示、命令等等。虽然敌迹尚未践踏到这块美丽的土地上，他却开始"游击乡政府"的生活了。他有一双不灵便的柳拐病腿，行走起来一颠一拐，左右摇晃。可是，他那坚实躯体，给人一种铁铸钢炼的印象。尤其是在我和他谈话时，那种开朗、豁达、刚毅、乐观，仿佛一盆炭火，任何困难冰块落了上去，将即刻融化无遗。他是于1945年冬以全乡953名选民的952颗红豆连选连任的乡长。他说：

"咱们什么样的火焰山没翻过！？什么样的通天河没渡过！？莫说胡宗南才来了20多万人马，他再来20万，也不怕！"

这不是一句无凭大话，而是一个饱经战争生活者的铿锵壮语。土地革命时，他是赤卫队里的一个出色的侦察员。1935年肤施县民团在高桥被歼灭的那次战斗是他化装进城将民团诱到高桥来的。

关于今年的春耕生产，他认为不会比往年差，耕地面积不会减少。他说：

"这里的地形好，靠近梢林，敌人来了，进梢躲避；敌人走了，出梢劳动。只要心里有革命，什么办法都能想出来的。"

# 1947年4月3日

刘秉温同志向我介绍了延属地区游击队的组建情况：

自3月13日战争爆发至今不到20天中，鄜县、甘泉、垦区、固临、延长、延川、子长、安塞、志丹和延安已先后组成游击队近20个支队，50多个大队。目前，在延安四周活动的有：安塞一区田启元游击队、安塞二区孙立生游击队，活动在延安的西北地区；丰富川封元喜游击队、姚店游击队、蟠龙游击队活动在延安东部地区；垦区王德胜游击队、河南游击队在延河以南和临镇川以北活动，控制着延安、宜川公路等等。这些游击战争犹如燎原之火迅猛地在延安土地上燃烧起来，形成一个气势磅礴、雄威壮观的火阵，使敌军陷进焚身灭顶之中。

刘秉温盘腿坐在炕上，边吸着烟边回答我的提问。他长着一副青年农民的躯体：高大而壮实。方大的脸庞经累年累月的风吹日晒涂上了一层黑红色彩。讲起话来，那乡人山野呼应般的嗓音，从宽厚的嘴巴内发出，在窑洞里嗡嗡作响。

1935年土地革命时，他是延安县苏维埃主席，背着一个破旧的挎包跑遍了延安四周，领导着四乡农民打土豪分田地。抗日战争时期的大生产运动中，他又是延安县县长，跑遍延安四周的高山深沟，发动与组织全县人民达到了耕一余二的丰衣足食。在1943年的西北局高干会上，他得到了党和人民的褒奖，荣获"模范县长"的称号。他那木刻像与10多位受奖的党政军高级干部的木刻像，同时刊登在党中央机关报《解放日报》的首版。现在，他又作为延安军分区的政委，奔波在延属各县组织人民游击战争。

共产党员的岗位以革命需要而更易。

## 1947年4月4日

经过调整后，各队分赴所划地区进行活动。由原警察队改编的第一大队，在杜甫川到马家湾一带活动，靠近延安市南郊乡。由原西北区基干自卫军改编的第二大队，以枣园川两边的裴庄乡、枣园乡和北郊乡为活动目标。由东郊桥儿沟和东关组成的这个大队，转去延安东部，归延安县领导，在清凉山东北和桥儿沟以北地区活动。由延安县柳林区组编的柳林游击队，划为四大队，归延西支队领导，以杜甫川至湫沿山一带活动。由原新市场、南市、南关和南郊乡的市民、商人和手工业工人组成的第三大队，由于成员复杂，战斗力不强，跟随支队部行动，机动使用。这样，游击队像只铁桶似的紧箍着敌军占领下的延安城。

## 1947年4月6日

为打击敌军出来抢粮抢草和保护群众春耕生产，游击队每天在临近敌区边沿压山巡逻。今天我与三大队同去楼儿坪前川压山。

这个队的大队长武克勤，政委高启祥，副政委高树梓，他们三个都是同我一样生长在延安城内，既没有打过仗，更没有带过兵。武克勤一直做公安工作，担任南区派出所所长。他是1935年参加中国共产党，在国民党肤施县政府稽查处做地下情报工作。他曾巧妙地将一个打入城内进行侦察的红军侦察员送出封锁严密的延安城。政委高启祥，不到30岁，是屠宰户出身，杀猪宰羊是个能手。他和武克勤一同入党，战前是延安市四科科长，管理市政建设，修筑道路、构筑河坝等等。副政委高树梓较他俩年轻，学生出身，喜欢打球，从边区师范学院毕业后曾当过乡村教员，后担任过组织部干事、区委书记。他们三个带领的这个队的成员是五花八门，像新市场的百货店，什么人都有，大家开玩笑说他们队是"杂牌队"：有原商会会长，有商店店员，有理发工人，有铸造金银首饰的银匠，有药店老板，有修钉马掌的，还有几个无业浪荡的"二流子"。打起仗来，到底是狼是虎，大家为他们担心。所以，自撤退延安以来，一直跟支队部作为警卫。

今天是他们首次赴边沿地区压山巡逻。出发前虽然宣布纪律再三，但是有个名叫冯三的队员拿两件衣服换了两只鸡，嬉皮笑脸地对武克勤说："武队长，咱俩今晚打并伙，我的鸡，你的酒。"把个心直口快的武克勤气得直瞪眼说不出话，走过去，一把将鸡夺过来，交给通信员，命令道："马上给人家退回去。"

高树梓忧虑地对我说："这号'宝贝'嘛，啥时能带成个兵？"

我虽与他有同感，却说："战争能改变一切。它是一个大熔炉，能将破铜烂铁炼成钢。"

## 1947年4月7日

边区保安处南关工作队的唐平带着10多个同志来到延西地区。他们代号叫"延河"部。我们在郝塌正吃午饭，他们来了。吃饭当中，我和他简单地聊了一会儿。据他讲，边区保安处的干部组编了10多个武工队分布在延安周围和鄜县、甘泉公路两侧。他们的任务是深入敌后，侦察敌情，开展敌区工作。

唐平，矮矮身材，胖墩墩的体态，一把驳壳枪和一个挎包就是他的全套装备。他们都不带行李不背背包，轻装行动。饭后，他们向南去了，准备先去延安、甘泉公路的三十里铺一带活动。

## 1947年4月26日 阴

敌人向龙儿寺这一保摊派了一万多斤柴火，可能派人前来催送，我们一方面准备给前来催柴的敌人一个打击，一方面掩护区、乡干部在龙儿寺一带进行宣传时事和动员群众加紧春耕，便埋伏在龙儿寺梢山上。太阳临落时下山到了龙儿寺村里。这里敌已编组起保甲。敌占延后我们首次到此。

群众从土坑里挖出子弹交给我们。这个村的娃娃、妇女都藏了许多子弹等游击队来后交出，作为自己对革命的贡献。

这些子弹，有的是从敌军住过的地方捡来的，有的是乘敌军不备时从敌军军火箱里"偷"来的。有一个老汉曾偷下一整箱子弹藏在牛圈里。他们说："我们知道咱们游击队就是缺子弹。"

## 1947年4月27日

昨晚住距延（安）甘（泉）公路15华里的贺庄。

这个山沟小村，是我熟悉的。1942年我在边区师范时曾在这里开过荒、锄过草、收过秋。那时间，我们一批年仅十五六岁的中学生用镢、锄头、镰刀，与蒋介石的经济封锁作战。今天，又是我们这一批当年挥镢舞锄的青年们，端着枪向蒋介石的军事进攻冲杀着。我们这一代在延安土地上写下的壮丽诗篇，将会永远放射光彩。

雨后月色特别明朗。宁静的山野，给人带来舒爽。队员们一个个沉沉入睡。我与哨兵站在村头高处，望着沟外川道远处的朦胧山影，思绪万千。

今天日出时到马庄。这一带虽然敌已编组保甲，但保甲长是我们的人，当敌伪延安县政府派员来编组保甲，要他们当保甲长时，他们首先向游击队请示批准。在他们与敌周旋时，他们用各种方法保护群众。他们没有忘掉革命，他们没有忘掉他们是曾经生活在党中央、毛主席身边的延安人民。用他们的话说："身在曹营心在汉。"昨天下午有几个敌兵在下桥老百姓家乱翻东西做饭，保长便说："你们要东西有组织些，乱找如出了问题我可不管。"敌军说："我们都到过日本地，走来走去这里怕啥？"保长威吓说："好，那你们往后面庄去。"这一指，便唬住了那些家伙。

清晨，我们一到马庄，甲长便跑来，笑容满面地问："该做多少人的饭？"

我问："有粮食吗？"

他说："村里埋的粮食，敌人一颗也没找到，别说你们吃，就是大部队来打延安，要多少有多少。"

## 1947年4月30日　早阴雨　午晴

村里的男女老少，赶早吃罢饭，冒着细雨，背着随身的衣被和小锅米袋上了山，人们已经习惯了这种早钻山夜归家的游击生活方式。

我们住在村里一边等待命令行动，一边休息。晌午云退天晴，在温暖的阳光下，我在小河洗了个澡，顿觉舒爽。这是今年第一次沐浴。

太阳落山时分，村里群众归来。我们的房东也回家了，房东女人是个怪人，她还年轻，一双眼睛却失明了，高嗓门，无论对她的丈夫或娃娃讲话都像生大气。可是她唱起民歌却嗓音圆润，悦耳动听。今晚她给我们唱了一段她自己编的《信天游》：

> 端戮毛瑟拉不开铨，
> 收不回延安我心不甘。

## 1947年5月5日

拂晓时吃过早饭，随即上肖渠子山。新任队长刘宝应讲今天战斗任务："昨天侦察，卧虎湾来了4名敌人，抢走群众3驮谷草。今天可能又来陈家畔抢草，现在我们先等卧虎湾的敌人，如果敌人不来，便到贺家沟关英桥截敌人的抢草驮子。咱们是老鹰抓鸡,哪里有鸡哪里抓,能吃多少吃多少。"

在卧虎湾,等了一上午,无影。正准备退回时,前边瞭望哨喊道:"有4个敌人,进了陈家畔!"刘宝应喊了声:"冲!"我们都奔往陈家畔。刚冲到村子,敌人跑了。刘宝应命令:"追!"我们又向村外追去。追到前沟,几个敌人正朝前走。我们打了几枪,敌说:"不要打,自己人,背面的。"我们喊:"不准动。"敌发现是游击队,转身要跑,被队员杨炎一枪打倒一个。另外3个进行顽抗,打来一排子弹。我们又打倒一个,剩下的那两个敌军拼死命逃去。我一班乘胜追下沟去。正在这时,政委在山头发现韩家沟一股敌军听到枪声赶来,已经窜上山梁,马上指挥撤退。

下午,在梢林里检讨了这次战斗。政委讲道:"打死敌人两名,基本上是个胜仗,但是个冒险仗。"

月光皎洁,万物入睡,我们到了佛道坪休息。

# 1947年5月19日

昨夜,隆保用民间土方治疗办法,在我额头、手和太阳穴拔了三个火罐,又煎了一碗生姜葱须汤让我服用,使我出了一身大汗,今日顿感全身轻快,头脑清醒。

延川游击队在一次伏击战中歼敌一股,缴获一批敌军文件,派人送来地委。其中有几页敌军一个士官未记完的零散日记。隆保将日记给我送来说:"这是你难得的新闻素材。"

我躺在窑洞前炕窗口,从头至尾匆匆翻阅一遍,确实很有新闻价值。这是一个蒋军青年政治工作人员的生活记录和心理揭示,兹录以备考:

3月20日星期四　晴

下午全营搭上去北同官的火车,夜晚和重返的咸阳再见了。

走了一夜,车开得很慢。对新兵看得很严格,这是中国兵制上最腐败的一点。

3月22日星期六　晴

在我们的生活里，还要看忧爱喜乐的不同面孔。由于这次邠州行归途中，证明了人类的自私和骄傲。因为他们握着小小的无上权威而忽视了他周围的一切。

……踏上艰难的征途，由早晨的黎明到太阳快偏西之时，到达宜君县苦泉这个七八户人家的庄子。今晚将在这个窄得不可容身的地方安歇。

3月23日星期日　晴

天快黎明之时，做饭的风箱拉得呼呼地响，我因对被窝的留恋，却不肯起床，直到连部的饭快烧好，为了吃饭才起床。

跟随部队出发，梅雨秀也找不着。我想为了一个妓女，他几月来所受的刺激已够受了，而我们却也在遭受着一个共同的命运……

本日歇宜君县，只走了25里。

3月31日星期一　晴

行军在山沟中发生情况，地位极其危险。土匪不明我方之火力，只放了几枪，投了几枚手榴弹，被我方步枪、机枪、迫炮严密射击。事后，敌人无损伤。430R1B[①]死一士兵，枪支用具均被土匪所收。

路上死新兵4名，内一名为枪毙者。

当晚住延长县。

4月2日星期三　晴

我生了病，头烧得一团火，遍身发热，两眼无神，周身困乏。这

---

① "430R1B"指"四三〇团一营"。"R"是"regiment（团）"的缩写；"B"是"battalion（营）"的缩写。——编者注

70里的行途，我简直不是走路，而是拖到目的地的。

本日歇交口。城垣荒凉。辱骂领袖的标语，遍地皆是。晚上略有情况，闻枪声一二。

4月7日星期一　晴
我苦闷了一天，无聊极了。……
又睡到吃午饭。看了《解放日报》，尽是荒谬言论。报纸很平凡，光谈些最下层人民的生活。

4月13日星期日　晴
住在狭窄的延川，有如困在牢笼一样。
我们每天所需要的给养成了大问题。来到了这里，周围附近的燃料都烧空，没有菜、油可吃，身上的反应也特别大，因为缺少油类的调养，所吃的食物更多，胃部逐渐涨坏。
因为营养的关系，晚上查哨，晚睡早起，精神大受损失，躺在床上我感到军政远不如共党军政坚强！

4月22日星期二　晴
离开北门往20里地去找粮草，沿途没有发生情况。山里甚是冷静。到了前面的庄子，将牲口拴好，便搜索村庄，然后分途上粮上草。老太婆叫骂，小孩啼哭，年轻人……

日记就在此处中断了。我在时断时续的头痛中，花了一整天时间抄完它。这几页日记，真实地记录了进攻延安蒋军内部的黑暗、残暴和军风不振，士气低沉。
这几页日记反映出蒋军里充满惶恐、惧感、空虚、迷惘、惆怅、感伤、哀鸣、悲叫……他们时时刻刻都在被袭击，被围困在饥饿与死亡里。

这几页日记的主人，从记事范围和文笔上看，是一个具有中等文化水平的蒋军下级政治工作士官。无情现实的晦暗使他那天真幼稚的政治幻想，在逐渐破灭。

日记的主人今在何方？是死？是亡？是俘？是伤？还是逃回他的"集团"？不得而知。假如他仍活在人世，会在三年以后看到真正的光明普照中华大地。

## 1947年5月22日

天微明，告别曹家，登程前行。宝柱背着我的枪和背包，下到山脚沟底，临近大路，我停步伸手从他身上解背包，感谢地说：

"你回去吧。"

"让我再送你一段。"宝柱拒绝着。他没有停步，迈上大路，疾步先我前边走去。

我紧跟上去。他放缓步伐，我俩并肩而行。

晨光映进狭窄川道，山岗四野，阡陌万木清晰地显出形态；山坡沟渠里散发的新木气息，飘流在清凉的清晨山谷，沁人心脾。

我和宝柱边走边谈。我向他讲述延西游击队索家崖战斗情景，使他的情感由兴奋而转进向往的境界，激动地说：

"你能领我去延安游击队吗？"

"你刚成亲，舍得撂下你的媳妇？"我转头瞥了他一眼，一片新婚青年的羞涩红晕从他圆乎乎的脸颊上掠过，接着咧开厚嘴唇笑笑，说：

"嗨，那有什么，她在家侍候老人，我去打仗闹革命。我当战斗英雄，她也能戴上红花。将来把胡宗南赶出去，解放了全中国，楼上楼下，电灯电话，共产主义……"

不连贯的语言，闪烁着朴素的理想光华。这个刚刚走上人生最光辉最灿烂的黄金时期的黄土高原上十七八岁青年的想望、荣誉感、自豪心，与他那被苦难折磨后获得新生活的父亲的守业思安截然不同。两代人的差异，贯穿在整个人类发展的各个时期。战争中更显明。

经过我三四次的谢绝，宝柱才停住脚步与我分手。他从背上卸下我的背包，帮我背上身，说："咱们什么时候再能见上面？！"

当我从他手里接过我的枪时，我看见，泪花在他那双明亮的大眼里转悠。

一夜之间，便结起深厚情谊，这就是战争里的人与人。

早饭时分，我到了化子坪川掌山下一个村庄，这里驻了一队向后方医院转运的蟠龙战斗中的伤员。他们是昨天转运到这个村子来的，准备往黄河东的晋绥边区去治疗。今天由这个村派人向后方转运。早饭后，我与他们同行。

伤员满共13名，除两个重伤员需担架外，其他均乘骑毛驴。护送人员和担架队全是妇女。有十八九岁的姑娘，有二十二三岁的小媳妇，也有几个三四十岁的中年妇女。担架队长年约三十七八岁，人们都唤她"赵嫂子"。这个名字，我是熟悉的。1943年大生产运动高潮中，她的名字曾以劳动英雄的头衔，在报纸上出现过。她所领导的妇女变工队和纺织组的事迹曾广为传颂。可是今天我与她面识却是初次。她有着陕北山区女性的共同特征：圆脸盘、浓眉毛、双眼皮、高鼻梁、厚嘴唇；一绺刘海斜梳在右耳边，身材适中，体质清瘦；穿一身自织自染的青蓝色衣裤，说话声柔音轻，动作利索敏捷。

一出村走不到5里路程便爬山，赵嫂子和几个青年姑娘抬着重伤员。别的人换过几次，她却一直抬上山梁。她那红扑扑面颊上滚流的汗珠，在阳光下莹莹闪光。我几次去换她，均被她的"不累"而拒绝了。

上得山来，我们顺着山梁行走。天空湛蓝，四野宁静。年轻姑娘和年轻媳妇，一离窑避开父母公婆，一出村子，一到山野，便摆脱了封建礼教残余的羁绊和乡俗家风的樊笼，天真活泼的本性顿发，笑谈说唱，嬉戏打闹，把个沉静如睡的山野搅得欢浪翻滚。

"她们为什么这么欢乐？难道，两个月的大炮巨响，在她们心灵里没有激起愤怒或恐惧的微波？难道，这沉重的担架压在肩头，她们不觉劳苦？"看着眼前这场景，我自己向自己提问着："她们降生在小小黄土窑里的肮脏的土炕

边区群众抬送伤员

上，她们成长在狭窄的闭塞的山谷里，她们还未曾经历过战争的震撼！战争的结构是血与火，厮杀与搏斗，生存与死亡。难道她们不懂？"

我带着不是不解而是疑惑，问赵嫂子：

"她们为什么这样欢乐？"

"能给你们做一点点事情，能给前线出一点点力，就高兴嘛！"

赵嫂子像回答一个不足挂齿的提问，回答得很平静。

我，却被一种无知的羞愧鞭答着。

走过一条10多里山梁，天气炎热起来了。时近中午，来到一棵杜梨树下休息下来。女护送员们将伤员一个个扶下驴背，取出干粮和水，为伤员们安排午餐。菜饭是丰盛的：有馒头，有烙饼，有炒酸菜，有炒洋芋丝，有凉拌豆芽。她们为伤员安排好吃喝后，自己却躲在另一树下，取出自己的干粮来吃着。她们的干粮是糜子面窝头和苞谷面饼，没有菜干啃着。当伤员们发觉他们的干粮与她们不一样时，感动得面现难色，不能自容。有三个伤员拐着腿、搭着臂走过来，硬要她们与他们合在一起吃。姑娘和媳妇们一声不吭地埋头吃着，有的格格笑着，有的扭头躲避。赵嫂子和几个年长的队员与伤员们争论着。各有道理，但谁也说服不了对方。我被她们引为与伤员同等待遇。可是，我将面饼放在重伤员的枕头旁，一边谈一边吃着她们的苞谷面饼。

吃过干粮，伤员们有的靠着树干假寐，有的吸烟解疲。女担架队员都未闲手，她们拿出鞋帮针线活做了起来，边做边说。那几个年轻姑娘和媳妇们还哼哼吟吟地低声唱着最近流行的歌曲《换枪歌》和《游击队歌》。

赵嫂子告诉我，这是在做军鞋。自战争爆发两个月里她家已交了12双。全村13户人家已交了80双军鞋。5月份她们村计划上缴50双。她说："打仗行军，全靠两只脚，最费鞋袜，不能让你们光着脚。"

这时，我的脑海里突然冒出一个念头：当我们穿上皮鞋的时候，能忘记布鞋和做布鞋的她们吗？……

午歇约两个小时，这支妇女担架队继续前行。沿着起伏山梁又走了六七里便下沟底，越走沟道越宽。谷风吹拂，颇觉凉爽。那抬担架姑娘们的齐耳发丝，在微微谷风中轻轻飘拂。为了遮阳和防空用嫩枝浓叶扎做的草帽形伪装帽，嵌在浓发乌黑的头顶，绿叶在阳光下油光闪亮，宛如寓言中圣女的桂冠灵光，光华四溢。那些青年姑娘们像不知疲劳的天使，有时从路边摘来野花，嘴里唱着"猪呀羊呀送到哪里去，送给咱英勇的八路军……"将野花捧向骑驴伤员。她们那活泼劲，使那些在严格集体中生活过的青年伤员反倒像个闺秀似的，腼腼腆腆。

战争生活多么丰富多彩呵！有壮烈的血火横飞，有宏伟的硝烟翻腾，有撼天震地的巨响。同时，也有欢快歌声和轻盈的笑声……

走出峡谷，来到一条宽阔川道，顿觉眼前豁然开朗。在一岔路口，我与这支可爱的妇女担架队分手。我站在分路处凝视着她们远去的身影，良久，内心深处喷发出深情的呼喊：

"姑娘万岁！小媳妇万岁！万岁，妇女同志！"

## 1947年5月28日

日近西山时分，西北局和边区政府直属机关干部约二三百人齐集在白庙岔村北山麓下山坡上，举行干部参军动员大会。会上西北局副书记马明方作了干部参军动员报告。

真武洞祝捷大会以后，参军热潮在陕北高原上兴起，农村青年、工厂工人，还有一些年过40的劳动英雄，在吴满有的带动下，相继报名参军。今天党又号召党员干部和革命的非党干部参加到野战军里。

动员大会场，我遇见中学同学陈笑慈和张克让。他们准备报名参加野战军。战前笑慈在边区政府开办的大生产过载栈任会计，张克让在贸易公司工作。现在他俩仍在边区政府做财经工作。

走向战争，我们的光荣！

## 1947年6月11日

这一带是绥德分区子洲县马蹄沟区三皇峁乡。

我去乡政府采访。乡长、指导员、文书全到各行政村忙战勤动员工作，只有驻这个乡帮助工作的县府一科科员刘竟在料理乡政府日常工作。他向我介绍了最近乡政府工作情况：主要是动员人力、畜力、物力，招待和转送过往的转移人员。据粗略统计，自6月1日以来，10天内从这里经过的延安撤出的干部、工人、家属和关中、陇东两个分区的家属约5000多人，现基本上过往完毕。在接待转移人员过程中，子洲县的群众是积极热情的，发扬了"革命一家人"的共产主义风格。每家每户都腾出自己的住窑作为招待窑，柴炭由村里统一筹备。每村选有招待员和招待组，使转移人员食宿方便，休息舒坦。

听了刘竟的介绍,我在想:

战争唤发起人们同舟共济的感情。在生死面前,人们相依为命。同生死共患难的相交亲如手足。这就是战斗友谊。

## 1947年6月15日

"一人参军,全村光荣"已蔚为当今社会风尚。

这个村的两个青年被批准参加正规军,村里举办喜庆活动。连日来,家家设宴为出征子弟饯行。这两个青年像新郎似的穿着崭新的衣裳。这家宴席未毕,那家请客已在恭候。

今天,他俩要前往县府集中。早饭后,我带着毛巾、肥皂、铅笔和学习本代表报社机关去到他家送行。走进他家窑院大门,在院子、窑门口和窑里早已挤满了送行的男女老幼。

区长和乡长也带着礼品来了。参军青年的父母们像娶媳妇嫁闺女般的满面春风地招待着送行的人。院子里放着两张八仙大桌,上面摆设着瓜子、花生、香烟和油炸麦面花叶。窑里大炕上放着朱漆炕桌,上边也摆了茶点。村里的老者、区乡干部与出征青年的父母盘腿而坐。此时最忙碌的是农会主任李保金,他像办理自家的喜庆,忙前忙后,欣喜难抑。

区长告诉我,全区5个乡报名参军青年200多人,这批只批准了30名。他说:

"就凭这一点,蒋介石和胡宗南也非倒不可。"

上午8时多,参军青年由区长和乡长陪同离村,前往县府报到。村里人一直送到村外公路上。

## 1947年6月17日

助民锄草。编辑、记者、行政人员全体出动。

## 1947年6月20日

白发苍苍,年已67岁的林老比在延安时消瘦多了。但他仍是那样精神矍铄。今天下午他在子洲县区书区长会议上给基层党政干部作了长达4个多小时的报告。报告场地是在县委石窑院露天下。他那白发在西斜的阳光下闪烁着耀目的银光。延安撤退后,他坚持在边区领导120万人民群众进行斗争。

在人民心目中,他不仅是陕甘宁边区政府的主席,而且是一位虚怀若谷、恭谦勤奋、慈祥和蔼而令人肃然起敬的老人。战前,无论在什么地方,什么场所看到他,都在我们心里激发起崇敬之情,亲切之感。可是,在当今,战火燃烧的时日,看到他,心里激起的却是无比怜爱:"战争不应属于他们呀!"

今天,他的讲话内容十分广泛。第一部分是我军为什么要撤退延安和当前的战争形势与任务。第二部分是目前各项工作:土改、参军、支前以及领导生产问题。第三部分是如何转变各级干部工作作风以便适应长期战争需要等等。

## 1947年6月27日

夜宿刘家小渠。

中午行至樊家村,吃罢午饭,正在午休时,一支游击队来到这个村歇息。从他们黑、蓝两色制服的服装,我辨认出是延安财贸单位工作人员组成的游击队。他们中间有些人是我在新市场和南关机关生产商店门市部柜台前经常看到的售货员。

新闻记者的职业感,使我对他们发生浓厚兴趣。乘午歇时候,我向他们队长作了简短采访。

他们这支队伍满共46人,主要任务是保护坚壁在蟠龙川、牡丹川和丰富川一带的商品物资。有些物资坚壁地区被敌人侵占后,他们便带领当地群众潜入敌区将坚壁的商品物资抢运出来,转往后方。

他们这个队自成立以来，3个月里参加大小战斗20多次。除自己独立作战外，经常配合当地游击队和游击小组作战。队长姓谭，40多岁，操晋北口音，战前是边区财政厅所属一个公司的副经理。曾参加过抗日战争，有些军事常识和作战经验。

从前站在柜台前拨弄算盘珠的手指，如今也扳起枪机来了。战争就是这样改变着所有的人。

## 1947年8月3日

姚安吉市长亲率延西支队四个大队，于今晚前往蟠龙抢运延安被服厂坚壁在那一带的物资，我与支队部的几个同志留守。

老吴从后方归来，带有笑慈和克让给我的信。信中对我的工作与身体极为关怀，同时，告诉我后方又在准备转移。老吴还带来报社给我的肥皂一块、牙粉一包。这是最难得的物品。

## 1947年8月5日

姚安吉市长亲率赴蟠龙敌军据点附近抢运被服厂埋藏物资的人们，今晨归来，姚脚上打起水血泡，走起路来一拐一拐，两昼夜未曾合眼，队员们一倒地便睡着了。此行共抢出棉被200多套。

姚安吉在向我讲述抢运物资时，告诉了这样一桩事：

蟠龙镇战前有名的女二流子白牡丹，与敌人打得火热，来往甚密，敌长官前往过夜时，白牡丹家门口放着岗哨。蟠龙游击队数次想乘机擒拿，均未得手。

……当然，这不能进入我的新闻报导文章，但是，可做我未来文学创作的素材。战争，不仅能炼就钢铁之士，同时，也将沉积在社会底层的渣滓翻卷上来。

## 1947 年 8 月 7 日

昨晚，月亮未出以前，延安县、子长县的几个游击支队和延西游击支队，分区地方部队三支队以及分区机关干部等齐集在玉家湾小学校操场。分区司令员白寿康作了简短的行军动员。他说：

"敌人向我们开始大'清剿'，我们要转移到别的地区去。前几次的反'清剿'中，我们延西支队在梢林钻了一个月，延安县东地区几个游击队在子长县边境与敌作着斗争。这次我们反'清剿'斗争方法是避其精锐，击其空虚，我们要大转移，绕个大圈子，避过敌人的锋芒，插回原来地区。今晚我们要走快，三天内转到别的地区，摆脱敌人追击，叫人家撵在屁股上是麻烦。"

也许是出于保守军事秘密，白寿康没有明讲我们要去的目的地。

行军序列：延安县高善祥支队和三支队为先导，分区机关干部队居中，我们延西支队为后卫。高支队和三支队快速疾进，像股风。

我们行不到 10 里，一团乌云，从身后北方山头涌出，黑凶凶的，像群野熊，慢吞吞地蠕移向初升的月亮。不一会儿，它的行步加速，像野熊发现猎物，伸张开肥壮肢体，扑了过去。孱弱娇嫩的月亮，像豺狼前的羔羊，被恐怖与惊惧吓得完全丧失了抗御能力，静候着死亡降临。

月亮被吞噬了，夜空被抹得漆乌一团，大地笼罩在黑暗里。我们像在万丈深渊里探索行进。忽然，一道光剑劈裂黑暗宇宙，轰然巨响震碎死静，强劲疾风推着我们身难自撑。

电光不停地闪，雷声不断地鸣，不一会，瓢泼大雨劈头盖脸地倾泻而下，在这黑暗世界里又增加了一种龙吼虎啸般的恐怖声响。

我们在猛烈暴雨浇注下，不到一分钟，浑身上下，里里外外全部透湿。帽边上的雨珠像屋檐水灌进领口，淌过胸背、肚脐，分成两支顺两条大腿，穿过裤管，倾泻而出，汇入路上深及膝盖的水流。

道路变成小河，雨声、水声、河声在谷间混作一团。两旁山坳壑渠流声吼啸。

我们在雨水淹没的卵石路上艰难地走着，行军队列被激流隔断了。姚安吉从队后跑到队前，在右侧山麓选择了一座高地，高声大吼：

"快往高处走，山洪要下来了！"

我们奔上一座高土台，头顶雷轰电闪，猛雨直泼，脚下河水汹涌，如万马奔腾。

姚安吉将大家安排好后，又带着通信员赵灰灰奔下高土台，急匆匆地去了。一会儿，赵灰灰转来，传达姚安吉的命令：

"前头有一个村庄，姚市长叫队伍赶快进村避雨。"

我们奔进村子，群众早已敞开窑门，点起灯火，准备接迎。

我和彦德等十几个人，拥进一家土窑，主人正在灶前为我们烧炕煮水，听得我们进来，连忙转身站起，热情地说：

"快上炕暖暖身子。"

卸枪拧衣，揩脸擦身，大家忙了一阵，便跳上热炕，周身顿觉温暖舒适。我急忙打开挂包取出日记本来，查看是否遭受雨水浸泡。

姚安吉从门外进来，他仍是一身水淋淋，走进炕前瞧着我正在查看的日记本，关切地问我：

"怎么样，没有淋坏吧？"

"还好，封皮被淋湿了。"我答后，转问他："你还没换衣服？"

"不要紧。"姚说罢又问大家："怎么样？还能休息吧？这个村子满共六七家人，窑少，凑合凑合，雨一停就走。"

姚安吉说罢，又急匆匆地走了。窑外，雨仍在下着，听不到雷声，看不到闪电，雷雨变成普雨，直到黎明前方停。

拂晓，我们继续向东行进。天阴沉沉的，看不到一丝蓝天。一直走了4个多小时，饥饿在摧残着人们，脚步沉重，饥肠咕咕，中午方抵子洲县境内的窑豁嘴宿营。

## 1947年8月30日

比过年度节热闹，比迎亲娶嫁欢乐！自我们昨日深夜唤醒正在熟睡中的村长那一刻直到今天夜晚，小小的马台山村笑语欢声，喜气盈盈。战争年月里的久别重逢比和平时代的别后相会更热烈、更兴奋、更动情！

家家为我们腾让窑洞，妇女忙为我们烧水做饭。她们在忙碌中欢乐，欢乐中忙碌。"盼你们，终究把你们盼回来了！"思念之情溢于言表，高兴之意现于眉宇。

西瓜、桃子、红枣、沙果和香烟，摆满窑里大炕。每个住处都在举行着流水式的欢宴，你来他往，络绎不断。距马台五里的魏家塌村长和几个青年担着新麦馒头大清早就来了。郝塌、谢家沟、黄桐等周围村的人也相继来了！

巧逢今天是农历七月十五日。相传牛郎与织女合欢七天，今天要分归银河两岸，而我们却于今天回到延安西部地区，与同生共死、同舟共济、同甘共苦、同战共斗的人们相聚。天上在悲离，人间在欢聚。

中午，留在原地坚持斗争的康世昌、赵子康、高尚贤、赵子元、李拴忠、屈增福、刘玉亭、贺吉祥等九位同志，从后梢沟来了。他们是今天早上听到我们到了马台急急赶来的。

这是一个笔墨难绘、语言难表，感人涕零的场面。

我们手紧握在一起，亲热地左右摇着，长时间地松不开，满噙喜泪的眼，彼此凝视着对方消瘦的面颊，关切地问候着。

当姚安吉与康世昌单独相会时，他们流泪了。泪珠从姚安吉那松弛的眼睑涌出，滚过赤黑瘦长的面颊，落在胸襟，浸湿肌肤。康世昌那明媚而清亮的眼眶里，晶莹的泪珠在滚动，在闪烁；只有或喜或悲的感情沸腾到极峰，才能启开那严正、肃励的党、政工作者的情感闸门。

姚安吉市长借宿的大石窑洞里挤满了人,在一阵喜浪翻滚之后,深沉的默悼笼罩整个窑洞,重逢的欢乐淹没进死别的悲戚:

十个坚持梢林斗争的同志中缺少了李耀华同志……

(本文选自《延安文史资料》第3、4、5、6辑。标题为编者所加,内容有删节)

# 《边区群众报》关于转战陕北的报道文章精选（13篇）①

## 1947年4月17日临时版第5期

### 安塞破获特务暴动阴谋
### 特务头子武国民公决枪毙

【安塞消息】四月九号，招安集上，开了群众大会，公审特务头子武国民。在群众的揭发下，他只得供认配合敌人进攻，秘密组织暴动，暗杀党政干部，推翻民主政权。当时群众咬牙切齿，愤恨万分，高喊："打死特务头子！""打死胡宗南的死走狗！"政府接受群众要求，当场将主犯武国民枪决，群众才消除心头仇恨，兴奋归去。

武国民原是安定人，革命前在南沟岔民团上干事，革命后逃到安塞居住，政府希望他改〈过〉自新，没有追究，怎奈他暗怀鬼胎，几年来纠合地痞流氓，暗中破坏地方政府威信，打击区乡工作干部，三次拐逃良家妇女，破坏社会治安。治安机关对他的行为早已注意。这次敌人进攻安塞，武国民乘机纠合地痞流氓反动地主马有弟、吕金辉、周志福等，利用捻香结拜，秘密组织反共游击队，武国民自任队长，集得土枪四支，又在三月卅号晚上，偷盗公家的手榴弹两箱。武国民并威吓白渠、康家庙群众参加反共游击队，他说："大家参加游击队，公家再来动员担架运输队，咱们就打狗日的。大家不要再怕八路军，中央军马上就打过来咧！"三月卅一号我军收复安塞以后，群众放心回家时，武国民又伏在康家庙拐沟，暗放土枪一发，暗投手榴弹一颗，造谣中央军打回来

---

① 本部分选录的文章，对其中文字错漏等的订正，一律用符号标出，漏字填补用〈〉，衍文或颠倒的字直接作了更正，辨认不清的字以□代，缺字以△代。

了，惊吓往回搬的善良百姓，企图摇动人心。至此，武国民阴谋暴动的行动，全被治安机关侦察明白。在他暴动未正式发动以前，立即将主犯武国民，从犯马有弟、吕金辉、周志福捕捉到案。这正如五区营长高庆祥说的："敌人进攻一次，暗藏的特务暴露一次，革命的力量更巩固一次。"

## 1947年4月23日日刊第3号第1版

### 志丹全县牛犋紧张春耕
### 宣传边区战况安定群众情绪
### 组织调剂劳力具体解决困难

【本报志丹讯】苏奋报导：志丹以宣传时事与解决具体困难的方式，发动起全县所有牛犋全部紧张抢种。仅五区以五百犋牛已抢种夏田一万五千亩，四、五、六三个区亦将谷子麻子大部种完。前次敌人进犯安塞时，志丹情况虽形紧张，而县领导上都能抓紧春耕领导，立即派大批干部下乡发动群众生产，普遍召开庄子会，宣传时事，解说边区战争情况，安定了群众情绪，并明白提出"种一垧算一垧""随揭随种""换牛不换人"等口号，群众亦积极响应，立即出牛揭地，并有信心地说："世乱法不乱，有米的先吃饭。"又说："战争打的再紧，也要种地吃饭呀！"干部则特别注意解决具体困难，该县买不到铧的困难，因此得到了相当解决，已找到一个接铧匠人，赶紧接修旧铧头，又从东华池买到八十支新铧，并发动现有长余铧的人调剂。为做好帮助前线工作同时又不误后方生产，便具体的组织与调剂了劳动力，发动男女老小一齐上山，变工互助。五区三乡乡长胡廷秀，弟弟去抬担架，六十岁的父亲即套牛揭〈地〉；七区五乡胡家峁胡老四，儿子去抬担架，家中立即将牛犋找亲戚来变工揭地。各区并普遍成立清查队与哨站，每日巡视边境，保卫生产，三区二乡清查队曾捉获逃兵五人。有了哨站情报传递迅速，群众都说："从前听了谣言乱跑，误了生产，现在有瞭望哨，为我们探情报，敌人来了再跑不迟，可以安心生产了。"

1947年4月26日日刊第6号第1版

## 子长各级干部坚持原地斗争
## 日夜支援前线到处打击敌人

### 县级干部分散各区　直接领导原地斗争

【本报讯】本报记者杜鹏程报导：成为目前主要战场的子长县各级干部，区不离区，乡不离乡，进行支援前线，打击敌人，保卫家乡的斗争。

三月卅一，敌人踏入子长县境后，该县县级干部立即分散至区乡直接领导与协助各地，坚持当地对敌斗争，并对个别恐慌弃战干部则迅速予以教育，使其能在本岗位坚持工作。

四月二日午，敌人已到东一区区公署所在地杨家园子山头上，区长范志杰始率干部在群众转移后政府才转移至附近山沟中。当晚范区长鼓励干部说："我们人熟地熟，我们在明处，敌人在暗处，晚上敌人保险不敢出动，我们去抢运杨家园子仓库一百石粮，我带五支枪压在前面，你们领导群众抢运，如接了火，你们先退。"因有范区长在前，干部群众无不奋勇当先。待天明敌人扑下山来时，百余石粮已全部运完了。

在敌人侵入该县西一区时，在县府一科白科长与区长雷德荣领导下仍就地坚持，使得群众情绪有序，区署附近之群众并未发生恐慌。某夜一个乡长来找白科长急问："我乡已被敌人占了七八个庄，怎么办？"白科长坚决答复："有一个庄子就坚持一个庄子，决不能离开工作！"该乡长连声说："对！"马上转回本乡坚持斗争。

### 不分昼夜支援前线　乡长抱病布置工作

该县在本地坚持工作的干部为支援前线，不分昼夜地辛勤工作，西一区三乡指导员白玉英同志，工作至深夜回来，刚倒在炕上，就接到前线急需担架、草料的命令，于是又马上起来捶醒其他同志，连积劳成疾的乡长亦抱病起来，仔细布置这一工作。该乡干部立即出发各村，当夜全乡的磨子在转动，天明时各项任务全部完成。

边区群众支援前线送军粮

该县干部坚持斗争中,东一区范区长创造了新的斗争形式。于敌人钻进瓦市后,他即率干部与民兵深入敌后,转至杨家园子一带进行工作,建立了"武工组""政工组",一面打击敌人一面宣传组织群众进行恢复工作,杨家园子等地游击队立趋活跃,于多次战斗中缴获敌人武器甚多,现在每人至少有一支美式步枪并有美式手提机枪等等。

雷区长布成疑阵　游击队打退敌人

□□西一区游击队善战为全县之冠,从七县到十县打击敌人便衣队抢粮队,五次出援,游击队于十县至瓦市西口、南家湾一带活动,发现二百余敌人。雷区长、营长杨成英、队长高生江石得胜等,立即领导队员布成疑阵,东山一支枪西山一支枪,袭扰敌人,主力却由大川猛来，迎头击毙敌三名，其余踏水过河仓慌逃命，此役夺回敌人抢去的粮食立即分还群众，在该县游击队打击下，敌人再不敢越出城周十五里以外。

1947年4月28日日刊第8号第1版

## 边府发布指示号召边区军民
## 严密保管粮秣保证战时供给

【本报讯】敌人侵入边区以来，各地公私食粮由于疏散坚壁未善，损失颇大，且在转移中，不少机关部队不按手续，乱支粮草，浪费现象亦很严重；为此，边府顷发指示，指出今后严密保管公私粮秣保证战时粮秣供给的具体办法，兹摘要如下：

（一）教育边区所有干部和人民爱护公私食粮，把食粮认为自卫战争胜利的重要因素之一，做到妥善坚壁，严格保管，防止霉烂损失，决不能使一粒食粮落到敌人之手，使敌人到处无粮可吃，便于我军歼灭，而对少数二流子和个别坏人冒名领粮私自出售的破坏行为则予镇压。提倡节吃俭用，反对大吃大喝。（二）公粮全部分散保管，各地仓库存粮，均须立即疏散偏僻乡村与可靠群众家中，将保管责任交给群众，并须按户登记存粮数目，留下收据，妥为保存。疏散公粮曾有手续不清者，应即派专人追查清楚。（三）加强管理粮秣组织，村长、〈行〉政村主任、乡长、区长、县长，须对各该地区之公粮管理担负重要责任，原来的仓库干部及二科科长副之。此外还要发动群众性的保管运动，订立村民公约，绝对保守公私粮食疏散坚壁秘密，保证没有一个人向敌告密。对粮食保管有卓著成绩者予以奖励。（四）严格实行粮票制度，所有机关部队均须持有粮食局印制之粮票，始得支粮。但作战部队情况特殊者，得商同政府筹借。（五）支援前线保证军队供给。对边区部队粮秣供给，各级政府必须全力予以保证，公粮不足或因他故一时粮秣不继时，应用就地向群众借用等办法，务期保证供给，某些地方畏惧困难不负保证部队供给责任的可耻现象，必须严加纠正；同时亦应防止引起群众不满和恐惧的乱借粮草的强迫命令方式。

## 1947年5月17日第27号第4版

### 担架队员夸蟠龙

**本报记者　杜鹏程**

蟠龙大捷的英雄奇迹，像狂风一样传遍了山沟僻壤大小村庄，参战归来的运输队员向成千成万的农民、妇女、娃娃，手舞足蹈地夸耀着他们亲眼看见的蟠龙的大胜利。

离蟠龙五十里的一个村庄，青年、老汉、婆姨、娃娃，把冯七有包围得水泄不通。他是才从蟠龙抬担架回来的，他忍不住地夸说开了：我们刚到蟠龙就听说顽军对老百姓吹牛说，他们这个旅大器好工事做得好，不会像三十一旅被消灭。哼！话说了刚三天就叫咱们把狗日的打得像灰孙子一样，大炮机关枪打得尘土飞上天，步枪声连响成一片就听不出来，只觉得山摇地动，只看见敌人一个赶一个地滚下山沟沟。仗火打紧了，当然咱们也难免伤几个人，可是军队太爱老百姓了，总不让我们到前边去抢救伤员。你想怎能挡得住，我们一下就都到子弹林里背伤兵，背上谁比谁都跑得快，送到后面又抢上去背，背下来就往远处送。有一夜来回有四五里路，我们没歇气抬了十三回，真是眼里冒火脚底生风，谁还记得熬？谁还想起肚子饿？说着他顺手拍拍口袋里沉甸甸的东西说："这是我捡的十七板子弹。"

当记者挤进人丛时，另一个运输队员指手划脚地说："在一个山头上，我们把敌人打散了以后，战士何从勤追赶一个带轮子手枪的军官。刚把那家伙一枪把子打倒，敌人的刺刀又从后边刺来，他一脚踏住那当官的，扭过头将背后的刺刀隔挡到左边，一枪把子打过去，拿刺刀的脑花直流，低头再看地上踏的那当官的，早怕软瘫了。何从勤把他拖住领子拉到我们阵地，审问之后知道是一个排长。老何泄气地说：'我当捉住大头啦！用了吃奶的劲，原来抓住这样一个尿包！'"

"这倒算个厉害！你听我说。"一个一同回来的后生打断了他的话抢着说："咱们打得凶，敌人也顽固哩！最后几个碉堡，就攻了好几次，终究还给咱们打垮了。一个河南武陟人叫刘北清，才十九岁，他对我说：'你们的步兵攻了几次攻不下碉堡，可是你们的大炮第一下就把碉堡顶子揭了。'炮弹像雨一样，一下把他从碉堡上倒翻下来埋在土里，没有死，他从土里钻出来就看见他们自己五六个人也是土烘烘的向战壕边爬，他连忙喊等着我。那几个人一见土里钻出人，就当八路军从地底下冒出来啦！不管三七二十一，昏头昏脑挤住眼乱放枪，结果他左肩上带了伤。他们自己把自己打了一阵。"说到这里惹得大家哄然大笑了。

在笑声中，没有争先说话的队员们，你一句我一句，各人夸各人所看见的事情。有的说我们缴的洋面袋堆起像雪山，有的说那俘虏多的像羊群，有的说到前线抬担架运粮秣的老乡遍山遍野都是，说的人越说越兴奋听的人越听越高兴了。

## 1947年6月29日日刊第64号第1版

### 首批知识青年参军
### 米中学生赶赴前线

【本报记者叶天报导】首创边区知识青年参加主力之米脂中学学生马成安等二十一人，已于日前在某地集体参加西北人民解放军。"我们现在唯一的希望，就是很快地到前线去，为人民杀敌立功。"这就是参军同学一致的誓言。谈到参军感想时，大家都异口同声地说："参军以前，我们都在后方医院看护伤员，当我们每次看见战士们身上被敌人子弹打的伤口，我们就心如刀绞，下定决心要参军杀敌，我们都是毛主席抚育成长的后生，革命教育我们以知识，我们就把知识服务于革命，为牺牲了的战士人民报仇。"现在，这些参军的学生,正赶赴前方中。

## 1947年7月9日日刊第74号第1版

### 坚决保家自卫
### 志丹民兵游击队展开反"清剿"

【本报讯】上月七日胡匪军"清剿"志丹时,我一、二区游击队即奋起抗击,并经常活动在距敌人二三里以内地区,侦察敌情,袭扰小股敌军侦察,坚持了原地斗争。九日匪军向县城进犯,我某支队即在城郊展开阻击战斗,掩护城内群众及县级机关干部以及重要物资的转移,安然完成任务。敌军盘踞县城后,除二、三区外,其余如一、四、六、七区,均能与县上通讯联络,反映情况,及时组织反"清剿"斗争。如敌军一部一千多人,有大炮两门,机枪七八十挺,窜抵孟家"清剿",当被我某支队阻击,坚持半日之久,打死敌人一名伤一名。敌军继续西进时,沿途派出小股兵力抢劫,我民兵游击队即组织反抢劫战斗。某区三乡乡长胡××,率领一部民兵,在要子川追击十九个敌军侦察队员,救出被敌拉去的十一个群众。某支队在川口墩儿梁打击敌军,夺回群众羊子二百余只。

## 1947年7月13日日刊第78号第2版

### 义合区如何动员干部参军

齐 心

义合区的区乡干部已有三分之二报名参军,兹介绍该区干部联席会的动员经验如下:

(一)讨论时事,学习西北局发展党员指示,地委参军指示,中共权威人士对目前时局的评论三文件,使干部对时局开展获得一致认识,打开他们对革命认识局限性。

（二）检讨以往发展党员，动员参军工作，展开自我反省与相互批评，使对今后工作作风的进一步转变，得出共同看法，打下干部参军与动员群众参军的思想基础。

（三）领导干部为首自动报名。县府四科长提出"男儿志气在四方不在家乡"的口号，即有七个干部踊跃报名，三乡乡长郝振刚是一子开两门，也报名了。五乡支书闫金武、六乡乡长王子明当向大会宣誓："决心从胡蛮手中夺一支枪一匹马武装自己。"情绪非常兴奋。

（四）解开思想上的疙瘩。由于长期和平生活造成的"怕牺牲""怕吃苦""怕离家""怕离乡"的四怕顾虑，在部分干部中浓厚地存在着，对此提出解疙瘩口号。宣传科长马树章首先摆脱矛盾，他说："我家几辈就我一个子孙，过去我想着，离开了家，就是对家庭不孝，现在我想开了，为革命，为党为人民为我的父亲参军复仇才是最大的孝道。"接着三乡支书刘志远打破了身体顾虑，马文英等打破了家庭顾虑，连年近五十的市府文书胡如章也报名了。

1947年9月29日日刊第123号第1版

## 绥区群众机智勇敢捉敌兵

【本报绥德讯】绥区群众在上月胡匪军北犯及本月初南撤中，机智英勇捕敌散兵，缴获枪支弹药甚多。子洲马区三眼泉村有一姓钟的老百姓，在上月十六日匪军北犯时，穿了一身烂衣服，拿了一根粗棒，装成一个拐子，站在路旁，不断地问："官长！你见我儿没有？他在你们里头干事多年了。"匪军只顾走路，没人理他，大队过去了，后面掉下两个背军锅的，他就举起粗棒高吼，那两个敌兵就成了俘虏。沙家店战斗后，米脂某乡群众由乡长姜纯元带领，在大小路口、各村山头上埋伏捉拿散兵。两个敌兵手提步枪到了姜新庄村头，群众大喊一声："站住不动！"敌兵转身就跑，游击队员飞快追去，打了一颗手榴弹，猛扑前去，捉住一个敌兵，缴获一支中正式步枪。以后，他们就在本村方圆五里以内用这支枪去捕捉敌人，共搜获敌兵步枪十四支、司登式手提机枪三挺、子弹炮弹二十三箱、六轮子一把及其他物资甚多。绥德延家堰村群众延锦银等五人，当本月九日葭县敌军向南撤退时，爬在距敌很近的山头上守候，当发现两个敌兵过来时，延成功即向前飞跑，高高地举起自己的一双鞋做出抛掷手榴弹的姿势，迫使敌人缴了枪。后面还有三个敌人亦被捉住，共活捉五名敌兵，缴获长枪五支、冲锋枪一支、机枪一挺、子弹两箱又七袋。（大众·星全）

## 1947年10月1日日刊第125号第1版

### 保证供给渡过春荒支援反攻
### 边府、联司指示武装保卫秋收

【本报讯】秋收将届，边府、联司特联合发布武装保卫秋收的指示，号召边区军民争取粮食战线上的胜利。指示指出：由于敌人的抢掠滋扰，边区食粮积蓄损失很大，耕地面积相当缩小，加上两万青壮年的参军杀敌和更多群众的服务战勤，使农村劳力亦大为减少，因此为了保证军民供给，渡过明年春荒，克服困难，支援反攻，首先就要做好秋收工作：

第一，一切地方兵团、民兵游击队，坚决打击抢粮敌人，掩护和保卫群众快收、快打、快藏。

第二，动员男女老幼参加抢收，加强劳动互助，调剂劳力，并切实帮助军属及服役战勤人员家庭的收割。

第三，各级政府、部队、机关、学校在秋收期间，要切实节省民力，尽量减少动员，并利用战争空隙和工作余暇，认真帮助群众抢收。

第四，投敌反动地主和反革命分子的庄稼，应组织群众收割，所得粮食，依当地情况及群众意见，或救济受害群众，或分给贫苦农民，或入义仓。

第五，切实执行西北局多种冬麦、边府加强生产节约备荒指示，使种麦、备荒与秋收结合进行，认真保存谷衣秕糠以及举办小型粮食合作社，积粮备荒。

## 1947年10月10日第2版

### 提高技术减少死亡率
### 第一后方医院有成绩

【本报记者叶天报导】第一后方医院自本年三月自卫战争开始以来，六个月总计接收治疗的伤员共××××名，中经治疗出院与治疗后转院休养者，占伤员全数百分之七十五点四，重伤之死亡率从百分之二点五，减至不及百分之一。战争中经常转移，入院伤员与医生比例，从二十倍增至一百倍，但该院治疗工作一直继续进行。榆米战役中，该院一所三连，临时以一个连长、两个女医生、四个护士及炊事员卫生员三十余人，仅一昼夜筹备，即接收伤员××名，完成食宿供给工作，及时施行手术治疗。

#### 有组织有计划转移　保证伤员安全无恙

能获得这些良好效果的原因，由于该院有计划地转移，保障伤员安全。半年来的频繁转移中，该院未遗失一名伤员，或因行军而增加伤员痛苦。如五月某次转移，该院带领数百名重伤员，三百付担架和千余民夫与数百工作人员，作六天行程之连续转移时，该院院长李炳之、政委袁开伦等负责同志，分任前站与后卫工作，伤员与医务人员居中。总务人员在沿途设站，供给伤员足够的饮水与良好食宿。医生护士分任行军护疗，每五十付担架配备医生一至二人，护士十余名。伤情严重者，则专派护士特别护理。如肠、骨贯通（枪伤）腐败性传染病生命危殆之战士周兆山，因行军中能细心护疗而安然无恙。在情况紧急时，该院三所全体人员曾背运伤员安全到达目的地继续治疗。

#### 药品器材跟随转移　途中照常进行医疗

六个月的历次转移中，该院药品器械亦未受损失。战争初期，该院即有计划地将不适用于战场外科的药材,首先运至远后方,转移中则将不急用的重要药品,尽先运至安全地区,次要者依次输运。为便于行军中的护疗工作,常用药品则制表装箱,依照表格方位装置,随用随取。该院药房主任金伟同志能在急需的情况下,打开药箱制剂配药。医务干部往往亲自押运药品,既便保护,又便使用。该院主治医生张羽于三月间押运药品,在敌情紧急中,三次通过接敌处,胜利完成任务,使药品不因转移而损失。该院行政总务部门,每次转移时,尽先把全部运输力转运药品器械,做到伤员到,医生护士到,药品器械到,保证一到驻地即可施行治疗。

### 克服医药器材困难　医疗技术不断提高

另一重要原因,是该院医务工作人员为战争服务与克服困难的精神。该院医务主任周泽昭坚持执行了及时手术、适当固定、无菌包扎、石膏封闭等少用药品的正确治疗方针。榆米战役中,凡属软部贯通(未伤筋骨者)枪伤伤员,至多经三周治疗,换一次绷带,即已痊愈。医生张羽、王瑛在潜心研究中,以注射硫酸镁、葡萄盐水等及两次截肢,治愈了医疗界最感棘手的腐性传染兼破伤风。周泽昭主任曾以高明的技术,克服了缺乏X光器材的困难,不用透视而取出深部子弹(即药学上所称盲管),又施行精细的神经暴露、吻合手术(就是把神经在开刀后找出来,切割神经疤痕后缝起来)。治疗神经炸伤,使被敌弹打伤不能行动的我军伤员不致残废。该院其他医务干部,亦具有自我牺牲的高度工作热情。如主治医生李冰、王文修,虽患初期伤寒发着高烧仍坚持工作,王文修同志竟因过度劳累而罹病牺牲。

### 适应农村分散环境　集中治疗分散护理

该院适应陕北分散的农村环境,随时创造克服困难的办法,亦为该院能坚持治疗工作的宝贵经验。该院一所在村庄小,伤员多,医护人员少的情况下,采取了集中治疗与分散护理的办法:重伤集中所部附近村庄,组成流动手术队施行手术;轻伤则安置在较远地区,医务人员背上诊断包,赶上驮运牲口巡回诊治。为补救护理人员不足,又采取适当的群众护理。

### 半年培养五位主医　　大批护士成为医助

此外，该院培养了李冰、张羽、吴埃等五位能单独工作的主治医生，应为该院半年工作中重大收获之一。战前十六名护士已培养为医助或护士长，大批新护士也在有计划的教育中，掌握了护理常识而担任工作。该院行政、医务人员，在战争中团结合作，非医务人员与技术干部合作领导医院工作，成为该院特点之一。该院由院到所以至各连，皆非医务人员担任行政领导工作，使该院医务负责同志，不因行政事务耗费精力，而全神贯注于治疗工作。该院李院长，对总务供给人员应保证治疗工作，医务干部应体谅供给工作困难，互爱互助的领导方法掌握极佳。每次转移时，行政总务部门，尽先转运药品器械，保证一到驻地即可施行治疗。在棉花供给困难时，医务人员则为行政供给设想，拆出自己被子里的棉花为伤员垫夹板，不因无棉花而影响工作。

## 1947年11月3日日刊第157号第1版

### 米脂青阳川群众要求彻底翻身
### 封存地主财产准备平分

撤换地主村主任　　建立贫雇中农村政权

【本报讯】边府工作团米脂小组钟灵同志报导：米脂印斗五乡青阳川行政村农民于十月中旬，改造了旧农会，继续土地改革，在新农会领导下提出彻底平分土地要求，封存了五家地主的财产，准备以全乡为单位分配果实，并在斗争中改造了以地主为首的村政权。按青阳川行政村共一百二十二户人家，贫雇农和手工业工人占九十七户，其余为地主五户，富农三户。今春土地改革时，虽然也拿出地主富农一部分土地分给贫雇农，但目前有的地主每人尚占有土地六垧，而一般贫雇农却只有一垧到一垧半。清算出的东西很大部分是破旧的家具，最不合理的是分到东西的农民还要给地主打收条。地主的气焰并未打垮，如地主常衍斌依仗自己有儿孙参加了革命，对农民仍然摆臭架子，说土地改革是"造孽"。当分过果实的担架队员贫农常成元向村主任常景江（地主）提出要求解决吃粮问题时，常景江说："你分了人家的东西可倒吃完了？入鼻子饭你倒吃不成了？"农民们认为，"共产党帮穷人翻身，可是今春只翻了个'侧楞'子，没有完全翻过"。这次群众首先改造了自己的农会，罢免了不负责任的主任，选上了自己爱戴的人物，并进行了审查会员，提出不能叫地主富农入农会，会员要积极生产、支前，不嫖、不赌，不抽洋烟，不做地主走狗。在新农会领导下，于十月十五、十六开了两天诉苦斗争会。会上农民提出了平分土地财产的要求，选出土地委员会进行登记清理封存地主财产。地主常衍斌、常景江企图保留财产，只把面面上的说了，农民们高喊翻身口号，拉上他们的腿就磨，结果常景江家搞出粮食两石多，常衍斌也把转移在亲戚家的银器衣物讲了出来。在政权问题上，农民们过去总是选择具备"能误工、管饭、能写、会算"等条件的人，而贫雇农则很少有人合乎这些条件，因此使村政权操在地主手里，在负担上很不公平。如做军鞋，不是根据女劳动力之外同时照顾富力，而是有一个婆姨就要做一双鞋。地主常景江家只做一双，雇农常秉尚家却做了三双。发放政府贷给的麦籽也很不公平，有的人已把麦子种过，一定要借给；贫农常秉旺种一垧麦地需籽五升左右，要求了三四次才给了一升六合。几乎所有贫农都不满意以常景江为首的村政权。在斗争会上即提出"不要地主当我们的主任"，罢免了他。二十一日，进行了全部村政权的改选，群众按照自己酝酿出当干部的新条件"不抗上（上级指示的任务要完成），不压下（对百姓好），不做泥菩萨（泥菩萨是指不推不转的无能的老好人）"，选出常春厚（贫农）当村主任，其余八个代表五个是贫雇农，三个是中农。首次建立了以贫雇农为首的农民政权。

1947年12月14日第1版

## 义合区黄家川开始土改
## 放手发动贫雇农形成核心

### 姚家沟等村挨户访问群众表现消沉

【本报讯】绥德县延家川、义合两区土地改革工作组于本月四日下乡，经过七天的工作，黄家川等村已从放手发动贫雇农斗争中，逐渐形成贫雇农的领导骨干，并推动和领导群众自发斗争；但姚家沟等村则因陷于老套的挨户调查访问，便落后于群众的斗争要求。兹将两地工作情况综述如下：

延家川区过去经过土地革命，今年春天也调剂过土地。义合区今春进行过土改，有些乡土地已分得接近大体平均，但由于没有把贫雇农发动起来，并形成群众运动中的领导骨干，因此地主的浮财、底财未彻底清出，富农的多余财物尚未征收干净，贫雇农生产资本、生活资料的要求没有得到解决，农村党、政未改造。土地法大纲公布，平分土地的消息早已传到群众中了，加以晋绥群众运动的影响，这里已涌现自发斗争多起。如黄家川、清水沟、紫寒沟、延家川、宝鸡等处，工作组未下去前，群众即自动组织贫农团，斗争地主、查封地主财产、挖窑窨；个别村子已将斗争出的财物分配。但这些自发斗争，参加的群众虽绝大部分是贫雇农，而领导人物则一般是中农，个别是中农以上成分，其动机很不纯。分配也不合理，如紫寒沟一个雇工光身汉，分得一把酒壶，他很伤心，在会上提出不满，有些人反议论说："你要满意就要给你娶一个老婆。"

### 从斗争中启发　贫雇农阶级觉悟

黄家川工作组一下去就撇开一切现有组织和干部，直接找贫雇农，连乡上介绍的贫农干部也先撇开，直接找到个最穷的光身汉家里住下，这样群众便很少顾虑，敢说话，敢批评干部。大胆使用表现积极的贫雇农，经过他们去联络其他贫雇农，三天内，便由三个积极分子发展成二十个人的贫农小组。

四日，有一部分贫雇农自发斗争村长黄贤长，揭发他是上中农成分，作事

翻身农民喜得土地证

不向穷人,工作组便乘机宣传贫雇农自己团结及纯洁内部的必要,引导群众开旧贫农团会,订成分。会上,先由贫雇农互相诉苦,挖穷根,然后订各人成分,都撕破脸,争得很凶。原贫农团中三十七户够格。(中农十户,上中农只三户)自卫军连长黄朋明是贫农,但春上不让穷人在地主树上砍镢把,评到他时,群众叫他站在另窑,议决只让他作候补团员后,才叫进来通知他。经过这次查阶级、订成分、重新组织贫农小组,以后又由贫农小组领导订了全村的成分。黄家川工作组领导上的显著特点是一下乡就参加到群众斗争中去，在斗争中启发贫雇农阶级觉悟，推动和领导群众自发斗争。工作组下乡的第一天就参加了讨论借粮问题的村民会，发现一个上中农主张把斗争出的地主浮财顶公粮，这实际是夺取贫雇农的斗争果实，便启发贫雇农进行反对，中农说："这是专署的命令。"贫农说："毛主席叫我们穷人翻身。"又如六日晚上贫农组开会，会上黄文海说："要急上急，紧打快，明天就斗地主，我还等着换这身破棉袄哩！"群众都拥护，工作组就赞成了群众的意见。在斗争中，贫农组勇敢坚决，领导捉地主、没收浮财，在负担上又和中农作了必要的斗争，上中农和大部分中中农都已反转过来向贫农组靠拢。没收地主财物时，贫农组去叫中农参加，中农说："就怕不要我们，要时去！"

### 束手代替的办法 不能提高贫雇农觉悟

但是，姚家沟、刘家川的工作组因为还是从挨户访问，调查一般成分入手，费力很大，对情况了解不确实，不能迅速广泛地把贫雇农发动起来。清水沟的工作组只是按户调查，不去及时领导群众自发斗争。紫寒沟的工作组则代替贫雇农整编队伍，把群众集合在门外一个一个叫进来问："你愿选举谁？"这些地方的群众运动都表现迟缓消沉。

### 工作团对几个具体问题的意见

土改工作团于听取两区各工作组汇报后，对几个具体问题提出了如下意见：

（一）义合区六月间组织的贫农团，延家川区个别乡村干部包办起来的贫农团，一般有中农以上成分混入，且掌握领导，应坚决撇开这些不纯分子，在认真发动贫雇农的基础上，组织或彻底改选。（二）斗争果实，坚持以乡为单位统一分配的原则，但对目前即已少吃缺穿的贫雇农，应将已斗得出之果实通过贫农团先分给一部分。（三）凡地主集中的村庄，一开始即须注意组织联合斗争，不要等本村群众已斗得相当彻底，才去发动别村群众，助长了群众中间不团结的现象。（四）土改期中若征收公粮、清理借粮时，应经过发动贫雇农作主，适当地叫上中农多负担些，以使地主的粮食财物及富农长余的粮食财物，真正成为贫雇农的斗争果实。（五）有些乡的合作社，大量给贫苦人放高利贷，甚至成为地主富农转移其封建剥削的合法形式，应发动群众清算。

（陈熙、王谟）

第三部分 失败者的叹息

# 胡宗南部进犯延安纪略
裴昌会

> 裴昌会,生于1896年,山东潍县人。保定陆军军官学校毕业。国民党陆军中将。文中身份为西安绥靖公署副主任。1949年12月23日在四川德阳率部起义。新中国成立后,任西南军政委员会委员,川北行署副主任兼工业厅厅长,西南纺织工业局局长,重庆市人民政府副市长,全国人大常委会委员,四川省人大常委会副主任,重庆市政协副主席,民革中央副主席。1992年逝世。

## 一、进犯延安的军队部署

1946年7月,胡宗南的整编第一军(辖第一、第二十七、第九十等3个师)和整编第三十师联合阎锡山部队进犯晋南解放区后,即积极从事进犯延安的准备。其部署是在晋南方面以整编第三十师守备曲沃、临汾、霍县之线,并以一部兵力进驻吉县监视壶口、禹门口等黄河渡口,确保关中安全。其整编第一军在运城地区集结伺机蠢动。在西面即陕甘边区方面,则以所谓"吸引陕甘宁边区主力于陇东决战之机袭占延安"的战略方针,以整编第二十九军的主力向陇东之庆阳、合水进犯。胡宗南在完成这两着进攻延安的准备后,以为延安唾手可得,毫无问题。但进犯晋南的国民党军于浮山、临汾间的陈滽村之役,**整编第一师第一旅全部被歼,旅长黄正诚被活捉**;进犯陇东的整编第二十九军所属的整编第四十八旅也在合水西华池遭受歼灭性的打击,旅长何奇被击毙。东西两面,折兵损将,士气沮丧,尤其蒋、胡赖以起家号称"天下第一"的整编第一师第一旅的被歼灭,令其更加恼恨,无可奈何,只好掩盖真相。

1947年3月初，胡宗南的整编第一军（3个师辖7个旅）附重迫击炮营和火箭部队由晋南运城出发，在禹门口渡过黄河经韩城向宜川附近集中，整编第二十九军（辖第十七、第三十六、第七十六等3个师共8个旅）附战车重炮部队向鄜县（今富县）、洛川地区集中。1947年3月11日胡宗南下达作战命令，要旨如下：11日晨各就现地攻击前进，整编第一军之九十师（在右）、二十七师齐头前进，经临真镇、金盆湾向延安以北迂回攻击；第九十师并派有力一部向延长方面进出，掩护军之右侧背，第一师在第九十师后跟进。整编第二十九军之十七师在鄜县以北占领阵地掩护军主力沿咸榆公路攻击前进后，继续在后跟进，迅速攻占甘泉县北劳山制高点，随时策应右翼军作战，并钳制解放军主力于延安以南地区，使右翼军迂回攻击容易奏功，以期在延安附近聚歼解放军。另通报甘宁青马家部队，要求派出一部兵力向庆阳、合水附近进击，以支援胡军的北进（但这个通报马家并未理睬）。部队前进后，由于解放区早已完成了坚壁清野工作，胡军各部队派出的搜索部队，又经常遇到边区民兵的奇袭，因而不敢远离侦察，情况不明，地形也不熟悉，只得采取老一套的战术，叫作"蛇蜕皮"的方法，即前卫部队前进占领阵地后，掩护本队前进，本队再区分前卫部队占领阵地，迭次掩护前进，因此，部队行动缓慢。就当时作战经过情况，除整编第一师在临真镇、金盆湾地区，整编第二十九军在劳山地区遇到边区部队的猛烈阻击外，其他地区并无战斗，只是随时遭受民兵的奇袭，而有一些小接触。但这些小接触常使胡军误为主力作战。在这种情况下，胡军部队既不得不展开，又不敢顺着道路走，只好爬山越岭以求安全，使得胡宗南的部队疲惫不堪，士气更为沮丧。18日，第一军进占了金盆湾、南泥湾后，第九十师已到延安东的宝塔山附近，第二十九军也正由劳山北进中。这时胡宗南又命令第一军先头部队停止前进，而以第一师的第一旅迅速进入延安，并命令第二十九军攻占延安南二十里铺东西之线即停止前进（限制该军先进延安的意思）。由于整编第一军部队在行进间前后交替，人马辎重挤成一团，嘈杂混乱已极。先头的两个师又得在凛冽寒风中等半天，官兵都愤愤不平地说："我们

胡宗南部占领延安后，一批国民党士兵在陕甘宁边区政府前举行升旗典礼

在前头打，你们在后面看，可是有功劳你们就抢先。"胡宗南为什么要先叫第一师第一旅进入延安呢？据副参谋长薛敏泉说，这是胡一定要坚持的。因为第一旅在进犯晋南时全部被歼灭，胡宗南为掩盖事实真相，立即在运城由其他部队抽调精锐，重新成立起来。这次必须先由第一旅进入延安，用意在于表示它不但没有被歼灭，而且还是这支"天下第一"的王牌军把中共中央根据地占领的。

胡宗南部队进犯延安之前，中共中央和边区政府早已撤出延安，同时实行坚壁清野，使延安成为一座空城。但是，胡宗南在接到董钊第一旅进占延安城的电报后，就督促洛川指挥所的参谋们捏造战报，竟扯弥天大谎说："我军经七昼夜的激战，第一旅终于19日晨占领延安，是役俘虏敌5万余，缴获武器弹药无数，正在清查中。"当这一战报经西安留守的参谋长盛文转报蒋介石并公布后，陕西省主席祝绍周就命令西安市的商店、居民一律要在当天晚上悬挂国旗，燃放鞭炮，庆祝所谓"陕北大捷"。可是咸榆道上输送给养弹药的汽车300多辆，回头的空汽车连自己的伤兵也未运回一个，因此所谓"激战七昼夜"的说法，就连蒋介石集团内部也觉得太不像样，不敢完全相信。当时，国防部驻西安联络参谋范汉杰在西安大放鞭炮庆祝胜利的时候，三番五次地打电话问我，战报是不是这样，以便如实报告国防部。我最后答复他："战报发出后，已由盛文转报国防部了，这就是根据，不要再问了吧。"当然他也能会意，就无可奈何地说声"再会"，也就不再来电话啰唆了。

## 二、第三十一旅的覆没

3月20日，我和薛敏泉正在吃早饭的时候，胡宗南拿着一张抄电纸，显出特别得意的神气递给我们看，电文是："宗南老弟：将士用命，一举而攻克延安，功在党国，雪我十余年来积愤，殊堪嘉尚，希即传谕嘉奖，并将此役出力官兵报核，以凭奖叙。戡乱救国大业仍极艰巨，望弟勉游。中正。"胡接着说："你们看，攻占延安，先生（胡对蒋的通常称呼）是多么高兴呀！"又说："现董钊来电说，军队很疲劳，又不明敌人退却方向，去电告诉他们，由第一军之二十七师担任延安城防，并以一部进驻拐峁镇构筑工事，同时远出进行威力搜索后，相机推进青化砭固守，使主力尔后向北进出容易；第一军主力即在延安以北西北地区集结待命；第二十九军即在延安鄜县沿公路线构筑据点工事，确保补给线的安全。"这时，胡宗南已占领延安五天了，但截至23日黄昏，前方仍无确切的情报，只好主观臆测作这样的判断：拐峁镇以北无敌情，整一军系由东南向西北迂回，解放军可能被迫向安塞方向撤退。根据这一判断，胡宗南于24日下达作战命令，要旨如下：整一军之主力于24日晨向安塞方向搜索前进，如无敌情，25日仍回延安；其余仍照20日作战命令×号所示行动。

24日早，胡宗南同我一起乘汽车由洛川出发，午抵达延安。25日午，董钊的部队由延安到安塞县一带作了一次大游行，扑了一个空，毫无所获地回到了延安，董本人也到了延安指挥所。正闲谈间，第二十七师来电话报告说，刚才第三十一旅李纪云的电台在青化砭以南发出危急呼号，几分钟后就呼叫不出了。对这一消息大家沉默相觑，薛敏泉就向董钊诘问：谁叫第三十一旅向青化砭前进的？董钊漫应说：谁也没叫它前进，只是转达20日作战命令×号的指示，叫它在拐峁镇远出进行威力侦察后相机前进。胡宗南气愤地说："不要先追究这些，整一军主力今天行军不远，即刻向拐峁镇以北前进吧。"并立即命令刘戡转第三十六、第七十六师保持机动，准备策应整一军主力作战。董钊连午饭也来不及吃，即刻集合部队向北进发。下午4时许，董钊在拐峁镇来电报告说：讯据少数逃回官兵称，李旅长被俘，全军覆没，敌已向北远去；我军如何行动盼复。胡宗南一向的做法是：顺利的时候就随兴之所至，无所谓计划，轻举妄动，部队东调西调，乱指挥一气；遭遇到大的失败，就一筹莫展，把军队猬缩在一起不敢动了。在这种情况下，胡宗南急得直跳，只好复电董钊将部队集结在拐峁镇，昼夜赶筑强固工事，以免遭受损失，并四出威力搜索，企图得到一些情况再行蠢动。

## 三、宣传"战绩"，当场出丑

蒋介石以胡宗南的全部兵力占据了延安这座中共中央主动撤出的空城，南京的国防部就根据胡宗南所捏造的战报，大事宣传。一些为美蒋捧场的报刊记者也自然而然地跟着摇旗呐喊。特别是美国的宣传，以为打击了中共中央首脑机关，从此蒋介石就有更大胜利的可能，处于劣势的军事形势会有根本的改变。于是南京、上海一带的中外记者，都一致要求南京政府组织他们到西安来参观战绩，采访战地新闻。蒋介石的国防部对这些为之广发捷报、大肆喧嚷的举动，是求之不得的。当这一决定通知胡宗南后，胡宗南即召集绥署有关处长以上人员举行紧急会议，积极进行准备。首先研究叫这些记者到哪里参观的问题。与会的人一致认为，前方易于捏造情报，以在延安现地参观较为稳妥。胡宗南当即指定绥署第二处处长刘庆增、新闻处长王超凡两个人负责昼夜筹备，成立一个"战绩陈列室"。于是他们两个人和一些有关人员绞尽脑汁，想出了这样的办法：在延安周围约10公里内设战俘管理处10处，以主要在边区乡村抓来的青壮年所编成的青训队500多人为基干，另在城防部队第二十七师挑选伶俐的士兵1500人，混合编成几个俘虏队，一律穿杂色服装，作为俘虏，加以训练，强迫他们按照事前规定的一套"对答"应付参观的新闻记者。在参观的期间，每天每人津贴一元，以示恩惠。由于假俘虏队人数与战报所公布的数目相差悬殊，参观的时候，就临时由各战俘管理处互相抽调来充数。对于虏获武器一项，步枪则抽调第十七师（驻甘泉）的三八式和汉阳造两种来抵充，不足的和一些轻重机枪就由延安警备部队中分别抽调，采取白天将枪支送到"战绩陈列室"，黑夜送还部队的办法来顶充，所有武器都贴上标签，注明缴获时间、地点。此外，还训练一些参谋人员，担任"战绩陈列室"的介绍。与此同时，还抽调一部分人星夜在延安东北延水两岸建造了许多假坟，并用木牌分别标明国民党军的阵亡烈士或共军的坟墓，以自欺欺人。当这批新闻记者到了西安后，由于所谓"战绩陈列室"的一些伪装工作还未完成，胡宗南的参谋长盛文就借口延安方面气候不宜飞行，以阻滞新闻记者的行程。弄虚作假的事总是免不了露出马脚的，头脑比较清醒的外国记者参观的时候问：这些新式轻重机枪、中正式步枪共产党军队由哪里得来的？作解说的参谋瞠目不知所答，只好支支吾吾。在参观假俘虏时，有的记者又问俘虏说："我不是昨天在某一战俘管理处见过你吗？"被问的人，只好挺起胸脯，规规矩矩地立正，因为事前没有教导他们答复这样的问题，他们也就对答不出来。当场出丑，惹起胡宗南的内部互相指责，而主办这桩事的刘、王两处长陷于哭笑不得的窘境。

（本文选自《中华文史资料文库》第六卷，中国文史出版社1996年版）

# 胡宗南部窜犯延安后的种种
杨玉峰

> 杨玉峰,陕西榆林人。文中身份为国民党陕西省党部委员。

1947年3月13日,胡宗南以16个旅的兵力窜犯陕甘宁边区。于19日侵占延安,并继续向北推进。企图将解放军逼过黄河,凭黄河天险,扼守重要据点,使解放军不能再回陕西,从此可以"天下太平"——起码是"陕西太平"了。因此,一方面以整编第一军军长董钊所属各部为主力,从延安以北的瓦窑堡、清涧,向绥德、米脂推进;一方面派整编第三十六师(师长钟松)从三边经榆林向南推进,到达米脂以北的镇川堡及沙家店。于是年8月间,在沙家店战役中,解放军将整编第三十六师钟松部歼灭后,西北战场即转入攻势。到1948年3月间,解放军在宜川大捷,歼灭整编第二十九军,击毙军长刘戡,于4月中旬即光复延安。胡宗南残部及国民党所属各机关人员,狼狈南窜,逃回西安。

在胡宗南部窜犯延安时,西安的国民党各机关人员,尤其是党团头目,均喜形于色,奔走相告:"已经攻占赤都延安,这一下共产党还有什么说的。从此可以扭转国际舆论,影响国内人心,至少陕西无问题了,——这是胡先生的盖世之功。"在各机关中的陕北人,以三青团陕西省支团部干事长杨尔瑛(陕西榆林县人,是胡宗南的亲信)为首,发起组织陕北慰问团,参加人有榆林职业中学校长高崇山(又名高崇,榆林县人,时在西安活动兼任国民党陕西省党部政治研究委员会副主任委员)、陕西省参议员兼三青团陕西省支团部干事营尔斌(又名营少甫,陕北安定县人,曾任米脂中学校长,以后任立法委员)、陕西省参议会秘书长杨尔琮(杨尔瑛之兄),并以三青团陕西省支团部为活动中心，决定以陕北人的名义给胡宗南送万人伞。同时各党政机关亦酝酿组织延安参观团，到延安帮助胡宗南计划对延安的施政方针，并附带祭黄帝陵。

4月初，延安参观团组织就绪，由陕西省政府民政厅长蒋坚忍（浙江奉化县人）负责，参加人有陕西省政府教育厅长王友直，建设厅主任秘书栾文山（陕西绥德县人），国民党陕西省党部委员陈建中和我（我当时任省党部委员，由陈建中通知我参加的），陕北慰问团派高崇山、营尔斌等及各机关的职员共30余人。在我们动身的前一天，中统陕调室主任周仕珊（湖北人）找我谈话，他说："听说你也去延安，我们决定撤销陕调室洛川分区，将该分区的人员及电台，全部推进到延安，改设延安分区，拜托你到洛川后，将他们带到延安，并照顾安置。"我说："这事很容易，我顺手就办了，都是自己人，何必客气。"谈妥后，他邀我到饭馆吃饭，陕调室的科长等均参加作陪。饭后他交我200万元法币，作为中统延安分区的活动经费。省党部亦决定设立延安党务办事处，决定由我兼任办事处主任，并在报纸上发表这一消息。等我由延安回来后，再商讨具体组织及人事安排。陈建中则准备各种有关计划资料，以便到延安给胡宗南献策，卖一手。

约于4月6日，我们由西安动身，共两部大卡车，蒋坚忍、王友直和他们的随员卫士坐一辆敞篷车，车头左右架有轻机枪，车厢周围站有卫士，走在前面。后一辆是带篷卡车，其余的人都坐在这一辆车内。第一天到达铜川，第二天到黄陵县，第三天祭黄陵后，当晚即到洛川。由重庆中统局派来陕西的第一随军工作队队长刘维剑（陕西华县人，时任中统局专员，与周仕珊一同来西安，以后任陕调室秘书）亦到洛川，他见我说："你们走后，我亦动身，与你们同时赶到。周仕珊叫我把洛川分区的人员及电台带到延安。"我说："既是这样，关于洛川分区推进延安的事，我就不管了，你酌量去办。"他同意后，我即将200万元活动费交于刘。第二天早晨，我们即向延安前进。从洛川到延安的沿途情况与洛川以南的情况完全不同，一切显示紧张：公路两旁，几乎每隔几十步，即有两个自卫队员站岗，从洛川一直摆到延安；由各县调来一队一队的壮丁，肩挑背负，向北前进；不时发现路旁躺的死骡马破大车；所过县城及村庄，根本看不到人民，只是国民党派去的公务人员与少数武装部队和新提拔起来的担任保甲长的地主流氓分子，跑来跑去，到处乱窜，大多数的民房少门没窗子，破破烂烂，乱七八糟。……这些不正常的现象，使人感到满目凄凉，惊心动魄，好像遭到一场浩劫，不久还会大难来临，因而也感到紧张。本来在车上爱说笑话、谝闲传的人，也不吭声了。过了一段时间，才慢慢恢复了正常；但所谈的不是说笑话，谝闲传，而是窜犯延安的事。有的说："此次进占延安，固然是一个大胜利；但各县出壮丁车马，支付军粮草料，代价不小，尤其三原、蒲城等县给的最扎。"有的说："支差的骡马吃不好，许多都累死了，老百姓的耕种可成了问题；有些将跟车的人打跑，军队就把车拿走了。"有的说："沿途虽然有自卫队把守，共产党还会来袭击，我们应该小心点。"也有的说："公路两旁埋的尽是地雷，下车后不要随便乱走，听说延安到处都埋有地雷，到延安后，可要小心。"就这样一路上嚷嚷吵吵，到了延安。由于以上的谈话，到延安后谁也不敢随便出外一步，我碰到一个熟人，他叫我到他的住处谈一谈，陈建中马上制止说："不能去，小心共产党把你拉去，或者碰上地雷。"由此可见，国民党军虽然占了延安，但他们的精神武器完全被共产党缴械了。

到延安的当晚，我们即住在县政府内。县长白崇熙（又名白子明，陕北清涧县人），系西安绥署参二科所领导的突击队长。胡宗南窜犯陕北时，即由他打先锋。闻其在解放区内奸淫掳掠，无所不为；当时也表现得粗暴蛮横，不可一世。对共产党则百般诬蔑；对他的部下，稍不如意，非打即骂。在他招待我们的过程中，我们有些人，也看不惯他这种野蛮的行为；第二天即移住在胡宗南的招待处（原边区政府住址）。胡为招待各方面来捧场的人，将西安西京食堂西餐馆的全部人员用飞机运到延安，专在招待处侍候来宾，所以在这个招待处内，吃饭时有中餐，也有西餐，各窑洞内均安装有电灯。蒋坚忍与王友直住在一起。我与陈建中住在一起，我们就这样在该处住了20多天，才回到西安。

到延安休息了一天，即由西安绥署驻延安情报组长孙权东（东北人，中统

陕甘宁边区政府旧址。胡宗南部占领延安后改为招待处

局专员，时任绥署高参）乘一辆大卡车来招待处接我们到各处参观。他领我们到杨家岭、枣园等地，看到"中共中央大礼堂"，各首长办公住的窑洞与招待外宾住的地方。在参观过程中，孙权东不让我们随便走，只能跟着他走，也不让我们动没有开过的门窗及办公桌上的抽屉。据说这些地方都可能有地雷，还未扫清，不能不加小心。我们这些参观者因为怕死，对他只好唯命是听。在参观过程中，我们看到不少庞大的建筑物，山崖上数不清的窑洞，还有一些西式平房与小洋楼等。这些建筑物虽然比较粗糙，但很雄壮宏伟。所以王友直感叹地给我低声说："在延安这样穷苦的山沟中，共产党能做出这样的成绩，真不容

陕甘宁边区银行旧址。胡宗南在延安的住所

易啊!"我自己则说不出有什么感触,只觉得周身无力,六神无主。可惜这些建筑物,已被国民党的军队破坏得一塌糊涂。在我们回来的道路上,只看到一些散兵游勇,没有见到一个人民群众。这就说明胡宗南费了九牛二虎之力,他们所得到的只是延安一座空城;延安的老百姓,永远也不会依附国民党,都跟着共产党走了。回到招待处时,看到我的亲戚朱称意来看我。他从小和我在一起,因家贫在小饭铺当伙计,以后即在家中卖小茶饭。因多年未见,我觉得很稀罕。他说他女人(是我妻的堂妹)也在这里,叫我到他家中去。我跟他到了他的小窑洞内,见到他的女人,都很亲热。我问他们为什么不在家中要来延安呢。朱说:"咱镇川堡(属榆林县,是我的家乡)捐款重,公差多,卖小吃喝没人买,实在混不住了,才来到延安。"我问:"来到延安还好混么?"他说:"这里没差使,买卖也好做,每天赚的除过吃喝,还能长一点,到延安几年,也不想回去了。而今中央军占了,以后不知好混不好混?"他又说:"镇川堡下来不少卖小吃喝的,都在新市场摆摊子,没带家的大都走了，有家的走不动，只好待着。"我问他："延安的老百姓呢？"他说："都跟共产党走了，在一个月前就搬运东西，中央军来的时候，什么都没有了。"在这个小商人的谈话中，使我觉得延安就像一颗炸弹，绝非久居之地，赶快回西安吧！

参观后的当晚，即得到通知说，明天早饭后，给胡宗南献万人伞，要我也参加，届时由营尔斌主持献伞仪式。第二天早饭后，我和营尔斌、高崇山、栾文山等人，到原边区银行胡的住所去。我们到后，在胡住所的外间客厅内，已布置就绪，万人伞撑在一旁，中间摆了几张长桌子，上边摆有纸烟、点心等。参加的约有20多人，大都是陕北人，也有少数外省人，女的有早到延安的李如梅（绥德人，西安商专学生）和西安绥署政工处科员吴冰心（安徽人，其夫吴啸天，河北人）等人参加。胡宗南出场后，大家鼓掌欢迎，胡坐在长桌的一端，大家都坐在周围，即由营尔斌代表陕北慰问团献伞，胡的副官代胡接伞后，营即致词，大意说："我们陕北人在正月里闹秧歌时，就有一个打伞的——伞头，所有秧歌队的人，都跟他走，由他指挥。伞头就是秧歌队的带路人，也就是领班的。今天我们陕北人给胡先生献万人伞，就是要求胡先生做我们的带路人和领班的。事实上胡先生此次克复延安已经是我们的带路人了，不过我们希望永远做我们的带路人，我们决心永远跟着胡先生走。"接着由栾文山讲话，大意说："陕北地瘠民贫，老百姓在共产党的控制下，处于水深火热之中，今天陕北人得以重见天日，完全是胡先生的功劳，拯救出来的陕北无辜人民，真是万众欢腾，皆大欢喜。为了表示对胡先生的尊敬，故献以万人伞，希望胡先生永远做陕北人的救星等。"栾讲完后，应该有一个代表陕北妇女界的女子表示一番，但是真正的陕北女子李如梅没有站起来，地道的安徽女子吴冰心站起来说了一通。这些无聊的废话实在讲得不少了。胡宗南坐在一旁，以手加颚，默默不语，毫无表情，不知他是高兴还是不耐烦。我总觉得时间太长了，看胡有什么话回答后，赶快结束吧！不想爱拍马屁的高崇山又站起来讲话，因他挨着我坐，我将他拉了一把，意思是叫他不要讲了，或者少说两句吧，但他没有理我，照样按他想好的一套，引经据典地说下去。他说："延安自古为我国边防重镇，昔日韩琦、范仲淹在延安镇守，以防西夏，成为我国历史上的名将，至今传为美谈。所以说延安虽小，可是'出将入相'的地方。蒋委员长（本来提到蒋时，大家应该站起来立正，但因胡未起立，只将双手放下，挺胸而坐，大家也照样端坐一时）以千斤重担，托付与胡先生，可见委员长对胡先生的信任，胡先生一举而收复延安，出奇制胜，谓其功高，韩范当之无愧，胡先生的将来，未可限量，我无从表达心情，谨以'万寿无疆'四字预为祝贺。"高的这一番话，不知胡听了有何感想，我觉得实在肉麻。我想其他的人也有同感。在高讲话时，许多人都相视微笑，或用肩碰邻座的人。高讲完后，胡宗南好像实在坐不住了，他也不愿再等人讲什么话，他站起来说："好！"仰天大笑，走进他的内室，既未致答词，也不送客，实在无趣。大家只好在胡的副官招呼下告辞出来。在路上高崇山还问我说："我站起来讲话时，你为什么拉我一把？"我说："我觉得时间太长了，我拉你的意思是叫你不要讲了或者少讲一点。"他说："我的话想了几天，在这种场合，讲话是很重要的，怎能不讲。"所谓慰问团与献伞这场滑稽剧就这样闭幕了。

  胡为了笼络人心，号召人民还乡。于献伞后的第二天，由他的政工处主持，在延安南关召开所谓"群众大会"。到会的大都是老弱妇女及一部分外地到延安的小商人，约有二三百人，再加上维持会场的武装部队，办事人员，看热闹的人和一些卖小吃喝的，五花八门，生拉硬拽，攒簇在一起。在这个大会上，首先由绥署政工处的人作动员报告，宣传国民党的安民政策："请你们转告自己的亲戚朋友，赶快回来，中央本宽大为怀，一律不咎既往，并给以救济安置，重振家园；如仍执迷不悟，跟共产党走，被抓到后，即以通匪论罪，至于携械投诚的共军与共产党员，不仅不咎既往，还有奖赏。"在参加会的人群中，有一个妇女上台讲话，据说她（不知姓名）是延安本地人，并参加过边区参议会为参议员，没有跟共产党走。她说，她受了共产党的"欺骗"，以后"觉悟"，才未跟共产党走，愿在中央的领导下，尽一份力量。她并号召大家安心过日子，将自己的亲人叫回来团聚，不要再受共产党的"欺骗"等。最后宣布："中央体念人民的穷困，已经运来大批物资，救济大家，一两天内即开始放赈。在延安的人，不管是没有走的，或者是新回来的，只要去领，即可领到一丈白布，五万元法币等。"就要散会了，没有人招呼，营尔斌便走上讲台又讲了"胡先生是伞头，是陕北人民的带路人"那一套。当时有人给我说，他听营尔斌讲这一套已经是第三次了，即献伞时一次，献伞后自动在大街上给行路人讲一次，今天又是一次。这种人为了升官发财，可谓吹捧有方！

在延安南关的一间小房内，正中间挂一张蒋介石的全身武装相片，房中间放两张长桌子，桌子上摆了不少的白布与"法币"，另一旁摆了个小茶几，两边坐两个老头。据说，他们都是延安人，原是富户，共产党到了延安后，都穷了。其中一个还当过边区的植树英雄，胡宗南窜犯延安时，他们没有跟共产党走，投靠了国民党，现在帮办一些地方上的事。此次放赈，为了免除人民的隔膜与害怕，由他二人经手发放。当然另有绥署政工处的人和陕西省政府社会处派来的人负责监督。当时虽然事先作过宣传，拿出大批物资，妄图收买人心，但去领东西的人很少。在这个发放赈款赈布的房子门前，冷冷清清，倒像一个生意并不兴隆的小杂货铺，半天才有一个买主上门。当一个想领"救济"物资的人，走进这个小房内说明他叫什么名字，住在哪里，什么职业，由一个人登记后，即由那两个老汉发给他一丈白布，5万元法币，另一个人问领赈人说："这是谁给你的？"有的说："是那两个老汉给的。"问话人纠正说："不是的，是蒋委员长给的。"并指着蒋的挂像说："就是他。"二次又问："是谁给你的？"领款人照样说是"蒋委员长给的"。这才算说对了。问话人又说："蒋委员长关心你们，从老远给你们送钱送布，你应该感谢他老人家。"并让领东西的人向蒋的挂像鞠躬。这种仪式，经过几个人后，很快地就传开了，所以再后一些领东西的人，也能很顺利地说出"是蒋委员长给的"，并附加一鞠躬。政工人员认为这就是人民的转变，所以高兴地说，老百姓没有什么知识，很快地就教育过来了。但就是这种所谓教育过来的人民，也并不很多，他们好像宁可不要一丈布5万元,也不愿说一声"是蒋委员长给的",更不愿给他鞠一躬。

在这些日子里,各地来延安参观的人实在不少,主要的有京沪记者参观团,武汉记者参观团,也有国民党中央机关及特务部门中的人到延安来看一看的,一如中统局处长徐兆麟(南京人),随带该局总干事关中文,亦于此时来延安。飞机送往迎来,尽是这些人,三五成群,奇装异服。胡宗南为了招待这些来宾,在我们住的招待所,大摆筵宴,用西餐正式请客。我们从西安去的一帮人也被邀参加。胡亲自出席作陪。饭后胡即离去,由绥署延安情报组长孙权东招呼大家参加报告会,由叛徒韩继恩(陕北绥德县人,原任中共延安保安处科长)作报告。他讲的内容是:"红军由江西逃跑到延安后,已经疲惫不堪,物质条件亦非常困难,毫无作战能力,很可能马上被消灭;双十二事变救了它,抗战前夕,共产党中央提出民族矛盾上升,阶级矛盾下降,取消红军名义,停止土地改革,改变苏维埃组织联合政府,国民党接受了共产党的诺言,承认联合抗日,共产党才得到喘息的机会,日益发展壮大。但共产党的路线始终不能一致:首先反对张国焘路线,中共中央以所谓张国焘的逃跑路线,将张打垮。继又发生了反王明路线的斗争,王写了一本《为中共更加布尔什维克化而斗争》的小册子,与毛泽东的中央路线对抗。尤其在1941年到1942年间,延安实行整风,普遍引起干部与群众的不满,所以王明路线得到很多人的同情与拥护。王明曾亲到晋西北一带活动,也得到前线好多将领的支持。王明路线的主张是,放弃军权政权,彻底与国民党合作,在合作抗日的过程中,将共产党组织渗透到国民党各机关各阶层中,待条件成熟时,实行全国性的总暴动,夺取政权。在承认帝国主义发展不平衡的论断下,他也承认中国革命可能在一省或数省首先胜利——建立苏维埃政权,但是苏维埃的建立是以大城市为中心,由城市领导乡村,而不是由乡村去搞。——这些都与毛泽东的不放弃军权政权及由农村包围城市建立苏维埃的做法完全不同。因而两者斗争激烈,相持不下。此次中央军进军延安,是逃跑呢?还是坚守呢?内部的意见也不一致。——总之共产党内部矛盾重重,互相倾轧,绝难成功。"等(他当时报告的很多,约有两个小时,

韩继恩面对中外记者时，主动讲了一堆话

但主要内容如上述）。韩在报告中不断提到"苏维埃"，有一个年轻的记者提问："苏维埃是什么人，在共产党内担任何职？你还没有介绍。"这一句话使在座的人都相视而笑。韩继恩只好把苏维埃介绍了一番。会后，与会人纷纷议论，认为韩的报告很有价值，对共产党有了进一步的认识。我也对王友直说："王明路线，将共产党组织渗透到国民党各机关各阶层，待机实行总暴动，夺取政权，也是很厉害的办法。"王摇头而笑，表示不同意我的看法，但也未说出他的看法。

韩继恩在作报告时，我听他的口音是绥德县人，因此我很想和他谈一谈，了解他的身世及被捕叛党的经过。在开完会后的当天下午，我即去找绥署情报组长孙权东，说明我想找韩继恩谈一谈，是否可以。孙答："没问题，我给你开一个条子，你自己什么时候都可以去。"我又问："是否还押有其他的人？"孙说："还押有一个女的，是从瓦窑堡逮捕送来的，不过那是个疯子，成天胡说八道，什么也问不出来，除此再就是一些俘虏。"我说："我同时和这个女的谈一谈可以吧？"孙说："可以，我给你开在一个条子上。"第二天早饭后，我一个人到延安南关西边半山坡上一排窑洞的一个很整洁的小窑洞内，会见韩继恩。我将条子交给看守人员，说明来意后，他即喊："韩科长有人来看你。"韩从窑洞出来招呼我到他的住所，同时他向看守人说："我的烟抽完了，再给我拿些来。"看守说："昨天才给的，怎今天就抽完了？"韩说："昨天开会作报告，抽得多一点，现在还发瘾呢！"我才知道这家伙有吸毒嗜好，他要的是大烟。看守走后，我即问他："韩科长（因别人叫他韩科长，我也这样称呼），府上是哪里？"他说："绥德。"我尽量想起一些比较出名的绥德人，甚至于还提出几个姓韩的问他认识不认识，他只摇头表示不认识。我本想提出一些他能够认识的熟人，表示亲近，由此作进一步的谈话，但他完全拒绝了，我只好另找话题。我又问："韩科长是在什么地方被捕的？"他答："我在延安就没有走，我也没被捕，我是自己投诚的。"我又问："那你为什么不走呢？"他说："很简单，我不愿跟共产党干了。"我问："你在共产党内当了科长，为什么突然不愿干了？"他答："各人有各人的想法。"我问："人家都走，你不走行么？"他漫不经心地说："行！你看我不是没有走么！"我见这家伙态度冰冷，语言生硬，不是大烟瘾发了难受，就是有意拒绝和我谈话，再谈下去也不会有什么结果。所以我说："韩科长我们改日再谈吧！"他也直截了当地说："好！"即将我送出门外。看守人员正向我们走来，听见远处有一个人喊说："你给韩科长说，烟不多了，叫他省着点抽吧！"那看守一边走，一边说："知道了。"韩继恩知道给他拿来了大烟，笑嘻嘻地迎上去。我觉得真倒霉，偏偏在他发瘾的时候来谈话，讨了一场无趣。

我问看守："那个女的押在什么地方？"他说："不远。"将我领到另一个窑洞内。一个披头散发衣服褴褛的女子，正趴在桌子上写什么，我猛上去抓住她写的破纸，见那上边歪歪斜斜写着："那人骑白马，是个年轻人。"满纸写的就是这两句话。我问："那个骑白马的是什么人？"她半天才抬起头来傻笑地说："骑白马的是年轻人，他走了，哈哈！那人骑的是大白马。"她说话时，像是自言自语，像没有看见我在她跟前。我说："你别装疯，你叫什么名字？家在哪里？我们好送你回去，和你父母团聚。"她笑嘻嘻的像没有听见我的话仍然趴在桌子上自言自语地念着、写着："那人骑白马，是个年轻人。"我坐在一旁，端详她有20来岁，说话有点像汉中人，也带有四川口音，按她写的字，有初中程度。我又问她："你在哪里念过书？"她说："那人骑白马，是个年轻人。"我从各方面试探，总想问出她的姓名与籍贯，但是不管怎样问，她总是笑嘻嘻地说："那人骑白马，是个年轻人。"有时则加一句"他走了"。我断定她念念不忘的那个骑白马的年轻人，可能是她的爱人。他们可能在一起时，她被捕了，他骑白马走了，这个刺激使她傻了。所以我说："那个骑白马的来了，他在门外找你。"她理也不理，还是笑嘻嘻地说："骑白马，年轻人，走了。"我觉得实在没办法，只好走出来，自认倒霉，以后亦再未看她。在1948年间，我任青训总队教官时，在该总队的女生区队看到了她，我和该总队的训导组长孔宪文（山西人）谈到她，才知道她叫肖致平，四川人，当时也不疯了，一切还好，至于其最后下场则不了解。

这个押人的地方，也是胡宗南的俘虏集中营。在这些日子里，差不多每天下午，看到一部分荷枪实弹的胡军，押解二三十不等的俘虏，送到集中营，不过使人怀疑的就是这些俘虏看不见有穿军衣的，都穿的是便衣。当时我认为俘虏可能是共产党的游击队，或者是解放军为了作战方便都换成了便衣。反正不管怎样，总是把人抓来了。有一天下午，听说在延河东边的广场上集合俘虏点验，我正没事，也溜达过去看一看。在广场上集合有200多俘虏，夹杂有不少的老头与小孩，乱七八糟的站不成队形，喊口令叫"齐步走"，也走不成个样子，吵吵嚷嚷，一塌糊涂。绥署驻延安情报组长孙权东站在一旁监视，另有人指挥站队点验。我向孙权东招呼后，即和他站在一起看，当这不成队形的俘俘虏队在我们面前经过时，我突然看到我家乡（陕北镇川堡）的近邻居朱三虎也在队内。当时他有20来岁，在家中从小做生意，不知如何参加解放军并当了俘虏。我看他时，他也盯着看我，不敢说话。我向孙权东说："在俘虏队中有我的一个小同乡，我想把他找出来谈一谈，不知行不行？"孙说："可以，是哪一个？"我指着朱三虎说："就是他。"孙遂令带队的人将朱叫出来，我将他领到一边问："你在家从小做买卖，为什么当了解放军？在哪里被俘的？"朱说："我没有当解放军，我在咱那里混不住，才来到延安做小生意，我到市外找人，他们把我抓住，硬说我是解放军。"我问："和你在一块的那些人，是不是还有老百姓呢？"朱说："尽是些老百姓，你不看都是些死老汉病娃，解放军早跑的不见面了。"我想朱三虎一定不会说瞎话，我完全相信了他。我说："你暂时仍回队里去，我马上叫他们释放你。"他恋恋不舍地不想走，给我说："你快些办，一天吃不上，把人饿坏了。"我说："你放心，我马上就办。"他走后我向孙权东说："这人叫朱三虎，从小经商，没有参加解放军，请你设法将他释放了。"孙说："没问题，不过等我回去查一查他的来历再放。"我说："越快越好。"孙说："我回去就办。"朱三虎在第二天就释放出来，其余的老百姓还关在胡的俘虏营内，充作胡向上报功的资本。这就是胡军天天送俘虏的内幕。

在这一段时间内，我天天乱跑，有时和几个熟朋友在新市场小饭馆内喝酒，有时也到我亲戚朱称意家中做家乡饭吃，很少在招待处内。有时不出去，则翻着延安县志中有关李自成起义的那一部分史料。陈建中、蒋坚忍、王友直、栾文山（帮蒋、王编写）则忙于给胡宗南写计划，上条陈，想把共产党一口吃掉，把延安治理成国民党的坚强堡垒，成天趴在桌子上写。有一天，我正预备出外时，陈建中一边写，一边很不高兴地说："咱们到延安干什么来了？"我知道他的用意，所以也很不愉快地答："参观来了。"他又问："还干什么？"我说："不知道，谁也没给我说过。"这种对话，如果继续下去，显然会弄成僵局。陈又转缓地说："胡先生很重视咱们来延安帮他搞一些工作，你看蒋坚忍与王友直草拟的延安行政计划快要完成了，咱们也应该把党务计划与策反计划完成，交给胡先生，也算我们没白来一趟，在这种时机中，要争取活动。"我说："胡先生周围的谋臣智士，不知道有多少，人家也不是吃冤枉的，定计划还缺乏咱们这几块料。"陈说："在军事上，我们不敢说，但在党务与特务活动上我们比他们高明得多，何况已决定你担任延安党务办事处主任，党务计划，你更应该注意。"我说："办事处的经费不知道有多少，内部怎样组织，能用多少人，都不知道，怎样计划呢？"他说："咱们先不谈这，策反活动总可以计划吧！"陈接着又说："据胡先生说，我们可以拿出大批的金钱及官位来做这一工作，像高岗给他一个军长，习仲勋给他一个专员，总可以吧！你在共产党内就不认识一些人么？也可以提出些线索。"我实在觉得陈所说的"策反"活动幼稚可笑，表现出他们的无能与愚蠢。我笑着说："满可以了，军长、专员那样大的官，他们不来，才是傻子呢！至于我认识的共产党员确实不少，如刘澜涛、郭洪涛、马明方等，他们都是陕北人，是我过去的好朋友。"陈说："那么也可把他们列为'策反'对象吧？"我说："可以，咱们想叫他们来是一回事，他们来不来那是另一回事。"这一次谈话，总算我参加了陈的"策反计划"。过了两天陈建中说："我接到西安的电报，得知刘伯厚已经病死，我必须马上回去，你随后和王友直他们一块回来。"陈当时任中统局西安办事处主任，刘伯厚是他唯一得力的干部，一切重要文件都由刘负责保管；陈要急于回西安，是可以理解的。我说："你走吧！我的事你不要担心。"陈飞回西安后，我仍住在招待处。

陈建中直到回西安时，也没有给我看过他的计划，至于蒋坚忍与王友直的计划，则更未见到。但是在他们平时的谈话中，大体上知道他们的计划内容是这样的：行政方面，在延安设立陕北行署，指挥陕北各县行政，暂时免除捐税、田赋，不在地方筹款（事实上人民都跟共产党他往，向谁要款呢！），以收买人心！向中央要求大量的行政、建设、救济经费，彻底把延安建设成为模范区域；物色忠实坚强的反共干部，充任各县县长；严密保甲组织，在西安训练一批骨干分子，担任各县的保甲长；培养地方武力，配合军队作战，保卫自己；号召人民还乡，对还乡的人，给予优待；对自首投诚的共产党员及解放军予以奖励。党务方面，成立国民党陕西省党部延安办事处，指挥陕北行署所辖各县党务；派遣忠实能干的干部，担任各县党部书记长，迅速在各部门中设立区党分部组织，并加强其领导。加强宣传工作及文娱活动，就地物色成分较好的人（即地主老财），发展成为党员，在群众中，秘密成立地下党组织，起核心领导作用；尽快地组织各种群众团体，务使每一个人都参加国民党所领导的合于他身份的群众团体；中统陕调室设立延安分区，在延安党务办事处的掩护下活动，主要的任务是搜集情报，布置潜伏，发展"特情"，在各地秘密建立中统组织，用打入拉出的方式，做破坏活动。教育方面，筹设延安中学，在各县设立模范小学，实行党化教育，以三民主义为主要教育内容，并相应地举办"特种教育"及各种临时性的训练班；培养地方基层干部等。

胡占领延安后，为了加强对延安的控制和对共产党的破坏活动，各方面都派有人到延安活动，尤其是各特务机构，派的特务分子更多。西安绥署，除派有延安情报组，由孙权东负责外，该署二处处长金树云（江西人，军统），参二科科长刘庆曾（江苏人，胡系特务负责人），政工处处长王超凡（安徽人）及绥二处职员崔毓斌（商县人，军统，时已派任延安稽查处长），都先后到达延安活动。中统方面，除随军工作队长刘维剑已带电台一部（电台台长朱云涛，华县人）在延安活动外，并决定成立中统延安分区，由花杰（河南郑州人）任分区主任。军统西安站亦决定派王嘉勋（河北人，以后任陕北行署调查室主任）任延安组长，拟从军统陕北站调电台一部，配合活动。三青团陕西支团部派屈振国（延安人）到延安筹备成立延安分团部。西安绥署已开始筹设策反机构，指派韩子佩（陕北府谷县人）负责。

这些人到延安的目的，总的说来为了反共反人民，但也各有各的打算。有的想到延安表现一下，以便调升一官半职，但当时在看不到人民找不到共产党的情况下，无法表现，只好在垃圾堆里、空窑洞里搜寻一鳞半爪有关共产党的文件，作为上报立功的资料。绥署延安情报组，因为捷足先登，掌握的材料较多，成为各方面搜集材料的目标。该组在表面上放的只是一般性的书报，重要的资料，则珍藏密保，不肯轻易给人看。但因组长孙权东是中统局专员，将一部分比较重要的资料送于陈建中带回西安。另一部分人则是想借机发财的。当时延安有一个非常不正常的现象，就是由西安运去的军粮美国大米和洋面，随便在街市上即可买到，价钱比西安还便宜，但饭馆的熟食，则又特别贵，比较难买，价钱特别高的则是美国纸烟、水果糖与罐头等。所以有些人计划利用商人或派他们的部下，开设饭馆；有些人则打算开设纸烟、糖果店，利用军车，在西安运，既不花运费，又不出税款，真是利市十倍的好买卖，怎能放过。一些地位较高的头目，成天无事可做，则又不甘寂寞，于是组织舞会，轮流请客，互相呼唤应酬，真是五花八门，无奇不有。

是年4月底，我与王友直等同机飞回西安。因国民党陕西省党部延安办事处没有成立，我再未去延安，即在西安活动。不久陕北行署宣布成立，发表顾希平（江苏人，系顾祝同之弟）为行署主任，刘亦常（湖北人）为行署秘书长。在他们去延安前，杨尔瑛又发动陕北人，在陕西省参议会内召开座谈会，为他们送行。当时顾、刘二人，先后在会上表示："到延安帮助胡先生，一定要把陕北建设成为模范区，使陕北人民脱离灾难，能够过富强康乐的生活。"但曾几何时，陕北人民在共产党毛泽东的领导下，终于在1948年4月间光复了延安，革命圣地又回到人民的怀抱中。

（1962年12月25日）

（本文选自《文史资料存稿选编·军事派系》[下]，中国文史出版社2002年版）

# 整编第十七师从担任护路到守备延安的经过
何文鼎

> 何文鼎，字靖周，生于1903年，陕西周至人。黄埔军校第一期毕业。国民党陆军中将。文中身份为国民党整编第二十九军第十七师师长、延安警备司令。1949年12月，与兵团司令官裴昌会在四川德阳通电起义。1950年10月入北京战犯营监禁。1961年12月被特赦释放。1964年分配在西安市剪刀厂工作，1968年5月在西安逝世。1985年4月，最高人民法院确认系国民党起义人员，撤销1961年特赦令。

　　胡宗南进犯陕甘宁边区，由1947年3月11日洛川会议开始到1948年4月21日从延安逃跑为止，共一年零一个月又十天。

　　我是参加胡部进犯陕甘宁边区的整编第十七师师长（副师长梁文铁，参谋长宋质坚）。整编第十七师辖3个整编旅，即第十二旅（旅长陈子干）、第四十八旅（旅长先是何奇，后为康庄）、第八十四旅（旅长张淇）。在洛川会议时，胡宗南命我师担任鄜县（今富县）到延安的护路任务。我随军由洛川到了甘泉，一直住了8个月。到了1947年10月10日胡宗南被迫放弃延安以北地区，固守延安一隅，妄想利用时机，在延安以南金盆湾一带整补部队，企图死灰复燃。因此，才把我从甘泉调到延安，给以延安警备司令名义，令整编第十七师守备延安。

## 整编第十七师担任护路的经过

　　1947年3月13日，胡宗南的军队全部出动了，黄昏时，均到达由宜川至洛川的封锁线上,进入了攻击准备位置。董钊、刘戡两指挥官也按计划规定的分界线各就各的位置。我带着整编第十七师师部出了洛川北门,到交道镇的南边整编第十二旅后边的一个村庄里宿了营,晚间全线静静的没有听到枪声。到3月14日拂晓,全线向北突破封锁线攻击前进了。我带着师部4个直属营,在整编第十二旅的后边跟进,过了交道镇四十里铺翻沟过了嵝岘,在下午4点钟时,整编第十二旅先头部队接近了茶坊。解放军在茶坊北山上猛烈地射击,该旅也用大炮还击,不能前进,因此在天黑前就在原阵地宿营,与茶坊北山的解放军对峙着,师部宿营于第十二旅后方的小村里。这天晚间整夜有零星枪声,当时我判断茶坊不会发生主力战,因为我们东边的大军越过了金盆湾到了茶坊的后方,我们不打,解放军也会退走的。15日早上没有战斗就到了茶坊,占领了北山。我们积极修整茶坊北山的工事,派兵一连过洛河到鄜县西城墙警戒,并搜索洛河以西的敌情。为了加固北山的阵地,把茶坊商民的床铺门板都搬上了北山。

3月16日上午,接到胡宗南的电报,要我率师部4个直属营坚守茶坊,加强防守工事,维护交通;令第十二旅陈子干率全旅由茶坊即时出发,经牛武镇、清泉镇到南泥湾归整编第二十九军军长刘戡直接指挥。中午12时,整编第十二旅离开了茶坊。我立即把师部和4个营全部移住在茶坊北山顶上,集结在一个山顶上坚守一点。夜晚茶坊街上无一人行走。当晚又接到胡的电报,要我把茶坊的防务交给整编第四十八旅康庄接替,令我带师部4个营于17日早由茶坊出发沿咸榆公路北进,限当日到达甘泉县,并要在行进中补修公路。到甘泉后,积极修筑坚固工事,限三天把鄜县到甘泉的公路修通,以便军运,不得违误,并将修补公路的情形及时报绥署备查。当时我感到一个光杆师部在边区行动是很危险的,虽怀恨胡的这个指示,但仍忠实执行了这个命令。

3月17日早饭时,康庄带第四十八旅到了茶坊。我对康庄说:要守住茶坊,先要守住北山;要把主力放在北山上,派小部队过洛河到鄜县县城以西游击,以加强北山工事,并把茶坊到甘泉的公路赶快修通。当日下午我到了甘泉县城。同参谋长宋质坚谈论军事形势时,估计陕北地区解放军主力,总共不过4万人左右,第一纵队约1.7万人,按现在众寡悬殊的情况来看,攻下延安是无问题的,在延安以南可能遇到小接触,没有大的战斗。我们的估计,同刘戡所料一样。宋质坚还向我说:"胡拿咱们这样大的兵团,挤在狭小的地区里作战,行进必然会混乱,有事就摆不开,而国防部竟然同意这个计划,不知是什么道理?"

3月19日晚间,接到刘戡的电报说:19日中午我军已占领延安,旋又接到胡的同样战报。至此,胡宗南进犯延安的第一阶段就算结束了。

胡宗南进犯延安以后,企图侵占延安以北的广大地区和城市。为了弥补兵力不足的严重缺陷,就委派陕西省保安副司令张坤生为关中民兵总指挥,把关中20多县的保安队编为9个民兵纵队,纵队长由各县有军事才能的县长、保安团长担任。各县陕北民兵人数不一,有的县出一个保安大队(等于一个营),如盩厔(今周至)、武功、兴平等县;有的出两个大队,如长安、三原、泾阳等县。9个民兵纵队号称3万人,实际只有1万人左右。这是胡宗南虚张声势、扩大宣传、给军队打气的手法。

在编组民兵的活动中,胡宗南同陕西省政府主席祝绍周经过多次争执,由张坤生做桥梁,才说合成功。各县的保安团队明知去陕北就会送死,但是抗拒不了陕西省政府民政厅厅长蒋坚忍和各专员、县长的凶狠催逼,在无可奈何的情况下才到了陕北。张坤生把这些民兵带到延安以后,给延安以南留了两个纵队,担任延安到鄜县的护路任务,归我指挥,一个是长安纵队,一个是泾阳纵队。其余几个纵队都布置在延安以北地区,大部是担任护路任务,到蟠龙以北的民兵纵队,还配合军队守公路据点。在蟠龙战役中有两个民兵大队同时被解放。被解放了的民兵,有的经过解放区回到关中本县,有的弃暗投明当了解放军。后来,胡宗南到了"泥菩萨过河,自身难保"的时候,对关中民兵也就听其自便,不再那样重视了。关中民兵到陕北后,不但本身受了极大痛苦,伤病死亡很多,也给陕北人民带来严重灾难,如吃粮、烧柴、住房三项就给陕北人民极大的扰害，更严重的是到处抢劫人民的衣物、鞋袜等。派民兵的各县为了给去陕北的民兵筹钱发饷，发安家费，发衣物鞋袜费等，也加重了关中人民的负担。

## 蒋介石飞延安面授机宜依旧挽救不了惨败命运

胡宗南军队到了延安后，稍加休息补充，即继续向延安以北地区进犯。经过青化砭、羊马河、蟠龙镇三个歼灭性战役后，胡军内部官兵都存有"风声鹤唳，草木皆兵"之感，同时对指挥机关失去了信心。胡宗南初占延安时那种得意忘形的傲气，也一扫而光。最令胡伤心的是蟠龙镇的失败。该镇是延安以北第一个重要补给站，存储的武器、弹药、粮食、被服、军用物资极多，全被解放军利用了，而一时自己又无法再弄来这些东西，所以这是胡最心疼的地方。另外，胡侵占延安后，把李昆岗吹嘘得如何智勇双全，雄才大略，好像是绝无仅有的人才，可是在蟠龙并未显出本领，即被解放军俘虏，胡觉得这个耳光子被打得太响、太痛了。

8月初，榆林城被解放军围攻。5日，蒋介石为了向胡宗南指点机宜，由西安乘美龄号自用飞机到了延安。在蒋介石要来延安之前，胡宗南即派飞机多次由西安给蒋运来洋瓷澡盆、脸盆、马桶、沙发、钢丝床、西餐用具、西餐厨师以及山珍海味等，应有尽有。但是，所有在陕北的军队，却经常缺粮吃，根本谈不到蔬菜供应，全靠抢夺百姓的食物来生活。这种判若霄壤的生活方式，在国民党是视若当然的。

蒋介石住在延安南关西坡边区外交宾馆里。5日下午，胡宗南把能来延安的旅长以上军官都叫到延安见蒋介石。听说当晚蒋同胡宗南、裴昌会、董钊、刘戡等人研究了尔后的作战方针。当日下午胡派吉普车到甘泉接我，因天雨路途泥泞，第二天早上我才赶到。胡令我即时见蒋，在蒋吃早饭时见了面，蒋只问我"住在哪里，身体还好吗"一些话。因蒋马上要回南京去，我从蒋住的地方出来，就同胡坐在一个汽车上到了飞机场。约在6日上午7时，蒋乘飞机走了。胡又拉我同车回到他的住处，才对我说："总裁指示，今后在陕北作战，不要稳扎稳打，要用急进猛打的战法，补救过去的缺陷。"他接着又说："共军围攻榆林，想诱我们去解榆林之围，在米脂以北地区，设伏歼灭我军，我们现在再不上他们的当了。总裁指示，解榆林之围，我们主力缓缓地沿咸榆公路北上，叫钟松带整编第三十六师由左翼急进出击横山，沿长城北边东进，侧击榆林附近的共军。榆林解围之后，乘共军未远退时，我们北上主力配合榆林南下的整编第三十六师，在榆、米之间同共军决战，这是一个关键战役。"当时我以为蒋的主张是高明的，但事态的变化，适得其反。在8月20日前后，沙家店战役，整编第三十六师被打垮，整编第一二三旅旅长刘子奇被俘。北上的董、刘主力军总是到处白跑，士气涣散，进退维谷。

胡连次吃了败仗之后，对陕北的战事不得不采取以守代攻的战略，避免主力决战，只求苟延时间。他一面将整编第一军和几个整编旅调到洛川以南地区，逐渐转移到关中；另一面把遭受严重打击的几个旅抽调到川北、豫西去接新兵，补充实力。

## 胡宗南一再改变退守计划，何文鼎担任延安警备司令

胡宗南对陕北战事采取以守代攻的战略后，决定保持绥德、清涧、瓦窑堡三点，仍以原来驻守上述各地之部队防守。主力则是延安、甘谷驿、延川至黄河西岸之线。延水南岸沿山岭构筑工事，扼要防守，企图控制延水以南、咸榆公路以东广大地区。当时军事布置计划是：整编第十七师师长何文鼎接任延安警备司令，整编第十七师（欠第八十四旅）接替整编第二十七师防务并担任延安至甘谷驿的守备任务，维护延安到洛川间咸榆公路交通线的安全；整编第二十七师担任甘谷驿至黄河西岸的守备任务。这个布置计划是10月8日由延安指挥所下达到我师的。

1947年10月10日我接了延安防务，这时我师建制内只有整编第十二、第四十八两旅，整编第八十四旅已于5月间派往豫西接新兵去了，王应尊的整编第二十七师移驻延安以南附近地区，两师均准备派部队去延河南岸，按指

定地段修筑工事。但因 10 月 11 日清涧战役整编第七十六师全部被歼灭，师长廖昂、参谋长刘学超被俘，接着绥德、瓦窑堡守军也在救援清涧的整编第一师和整编第九十师掩护下，弃城南逃。胡宗南便放弃了守延河南岸计划，而代之以所谓"固守延安，诱敌攻坚，内外夹击"的计划。按照这个计划，整编第十七师的任务是迅速增强延安城郊工事，准备固守；整编第二十七师控制于金盆湾地区，以备解放军攻打延安时，好内外夹击，达到消耗对方和拖延时间的目的。延安指挥所主任裴昌会对我说："现在我们不能在野战方面同共军决胜负了，只有依靠强固工事来打消耗战，目前共军主力仍在延安以北地区，若能把工事赶快修好，消耗战的目的定会成功的。"当时我认为裴的话有道理，这条路是比较稳妥的一条路。

在 10 月 20 日前后，胡宗南首先由延安跑回西安。12 月下旬延安指挥所撤销，裴昌会也溜走了，控制在金盆湾的第二十七师不见了（听说调到洛川以南地区），所谓内外夹攻的计划完全破产了。只剩下延安一座孤城。咸榆公路时断时通，延安补给全赖空运。这时我认为延安不是我的坟墓，至少也是我被俘的地点。

为了确保延安，达到消耗战的目的，我决心把延安原有工事修理完整，添补新的石碉，并把延安周围高地川道分为 3 个守备区，派专人负责，指定部队，担任修筑。以清凉山、东关飞机场包括东川道为第一守备区，由第三十四团团长齐天然负责防守；宝塔山包括南川道为第二守备区，由第三十五团团长吴子清负责防守；延安西城高地包括北川道为第三守备区，由第三十六团团长王粲辉负责防守。派整编第十二旅旅长陈子干担任指挥，负责督修整个工事。按照工事修筑计划把延安周围高地都削成两三丈高的峭壁，使人无法攀登或通过，重新增添石碉群，达到攻不破、摧不毁的强度。把延安城内外东、南、北三个川道和各山腹沟道均用极厚的石条构筑成上下两层的石碉群，每个石碉配合三个到五个小伏地碉，作为巩固主碉补助射击之用。这种石碉曾用山炮试验过，确实做到了打不垮的程度。

为了修建石碉，把延安城关住人的石窑洞拆毁了四五十个，城内外路两边的石条统统挖掘出来，这还不够，又令工兵第八团用风钻在南山打了数百块石块，才凑齐将近 200 个石碉的石块。石碉所用的木料计有千余条，拆掉了延安西边的炼铁厂、国际医院、桥儿沟天主堂、西北局办公大厅、北关党校七处住房和党校大礼堂的地板。石碉完成后还认为不坚固，向延安要了 500 个民工，将延安东、南、北 3 个川道，各挖深 3 米、宽 4 米两道外壕，壕内均放满了水。因修筑延安工事，使人民遭受极大的灾难。

## 胡部残杀和扰害陕北人民点滴

　　1947 年 3 月下旬到 9 月，胡军在甘泉的凶残事实：为了修筑甘泉南城墙工事曾借商民的椽板、笼担、绳索、馒、锨等农具，永远未归还农民。修筑东城外高地和洛河西高地，曾将阵地内所有山头修成峭壁，由一丈到三丈高的齐坎，使人无法攀登，并挖有暗道交通，遍设枪眼，工事外围埋设几层 4 号甲雷网，为修工事常常要毁坏农田，误踏地雷往往炸死农民。在 3 月下旬修补茶坊到甘泉一段咸榆公路时，派兵督催沿路居民，不分男女老少，一齐出工赶修，不到 3 天就要把公路修通。7 月间胡军害怕雨季来临，影响军运，绥署交通处长和陕西公路局长孙锡五限期将公路铺成石子路面，通令沿路居民不分男女老幼，在炎热的暑天，到公路砸石子，每方 5 角钱的代价，实等于零。

　　杀害革命干部：在甘泉县反动军队同县府合作，曾于 3 月底在甘泉北门外洛河边窑洞里捕获民兵队长朱良三加以杀害。4 月间，整编第四十八旅在鄜县逮捕一位队长，也加以杀害。6 月间，甘泉县长张亚轩带领军队和县保安队到洛河西岸打游击，捕获中共甘泉县委书记田丰年及县府科长王居仁等三人，约在 1947 年冬，王居仁越狱逃跑，田丰年书记被杀害。甘泉付村镇以南地区，曾杀害革命退伍军人一人。反动派在甘泉曾推行所谓移村并寨政策，因鄜县至甘泉公路经常夜间被破坏，电话线被割断，过路的汽车被打坏，当地军队就同县政府将沿公路居民按关中地区一样编为保甲，把洛河以西居民强迫迁移到县城附近或公路两侧，并入人烟稠密的居民点中，以便统治和维护交通。这就使许多居民离开旧居，过着流离失所的惨痛生活。

借游击之名实行抢劫的凶残事实：游击是经常的，三日、五日外出游击一次，游击的目的是为了破坏革命政权，肃清地方潜伏的革命势力，主要还是抢劫食粮、马料、食盐、布匹以及其他财物。还有，胡宗南派到军队和各县政府的青年服务队人员，经常宣传反共言论，帮助县府组训民众，清查户口，一日几次召集群众开会，使人民不堪其扰。

在延安，比在其他地区破坏得更凶残。除在修筑工事时拆毁房舍窑洞、挖掘外壕外，在北关路北为扫清射界还拆除百姓的房舍，强迫他们迁移。为了防止解放军便衣队混入城内，在三个川道口设置了检查站，盘查出入商民。每周举行特种会报一次，督令警备队在夜晚抽查户口，遇有可疑之人，即逮捕起来，送交警备部军法处关押。延安经常食粮、马料不足，尤其在1948年3月下旬到4月中旬，延安成为孤岛期间，因此，名为出外游击，实则到处抢劫食粮、马料，将延安百里以内弄成了无人区。

（本文选自《中华文史资料文库》第六卷，中国文史出版社1996年版）

## 青化砭战役整编第三十一旅被歼经过
周贵昌

> 周贵昌，生于1905年，江西榆社人。黄埔军校第四期步兵科毕业。文中身份为国民党整编第二十七师第三十一旅少将副旅长。1947年3月在陕北青化砭战役中被人民解放军俘虏。中华人民共和国成立后获释，定居陕西省西安市。

1947年3月胡宗南整编第三十一旅在青化砭被歼时，笔者当时担任该旅少将副旅长。兹就亲身经历，将这一战斗经过回忆出来，以供参考。

1947年3月19日，胡部侵踞延安后，以整编第二十七师（欠整编第三十一旅）守备延安；以整编第三十六师及整编第十二旅驻延安以南和西南的七里铺、十里铺、二十里铺及观音桥地区。复集中主力继续北犯，企图寻找解放军主力决战。整编第二十七师第三十一旅在侵占金盆湾后，经临真镇、松树林、川口，于3月23日进至延安以东的李家渠地区，3月24日，第三十一旅所辖第九十一团进驻延安东北约15公里的安塞（拐峁镇以东，姚店子西南的一个小地方），担任延安东北面的警戒。旅部暨所辖第九十二团沿咸榆公路北犯，企图进占青化砭。当进至拐峁镇时，探知青化砭附近有不少解放军，当即电报胡宗南。胡不但不相信所报情况，反来电斥责说："贪生怕死，畏缩不前，非军人气魄，绝对要按规定北进，迅速占领青化砭，否则以畏缩不前论罪。" 3月25日上午6时，第三十一旅旅长李纪云率第九十二团，战战兢兢地由拐峁镇继续前进。当时派出一个连和另一个排分别沿延榆公路左右两侧山地搜索前进，其余部队硬着头皮向青化砭进犯。3月25日上午11时，前卫部队进至青化砭，并有一部占领该处东南高地上的大寨子。本队已进入石绵羊沟，后卫亦

青化砭战役中被西北野战兵团俘虏的国民党第三十一旅旅长李纪云（左一）

通过房家桥。这时青化砭附近即发生战斗。当时指挥官上山观察时，发现解放军已将第三十一旅团团包围。随即四面八方展开猛烈战斗，不到一个小时已短兵相接，双方互相争夺制高点，至为激烈。第三十一旅旋被解放军的优势兵力包围压迫于沟内。这时解放军复占领惠家砭堵住第三十一旅退路。接着石绵羊沟东西山梁全部被解放军占领。第三十一旅在进退不得的时候，企图抢占石绵羊沟西侧山梁，不料上到半山又被解放军压迫下来。解放军沿石绵羊沟和石家圪崂一线山梁，向第三十一旅猛烈攻击，夺占了第三十一旅企图挣扎之抵抗阵地。同时，所有部队以排山倒海之势，东西夹击，南北堵截，将第三十一旅全部压缩于石绵羊沟内。经过约一小时半的激烈战斗，第三十一旅旅部及第九十二团全部共 2900 余人被歼，旅长李纪云、副旅长周贵昌、参谋长熊宗继等被俘。损失各种枪支 493 支，各种子弹 68000 余发，收发报机 1 部，火箭筒 4 个，化学炮两门，骡马及其他物资不计其数。

（本文选自《中华文史资料文库》第六卷，中国文史出版社 1996 年版）

## 整编第一三五旅羊马河被歼记

麦宗禹

> 麦宗禹，又名崇禹。生于1906年，广东中山人。黄埔军校第四期政治科毕业。文中身份为国民党整编第二十九军第七十六师第一三五旅少将代旅长。1947年4月14日在羊马河战役中被人民解放军俘虏。1948年后任第一野战军战俘处教员，西北步兵学校教员，陕西省政协委员，西安市政协常委。

整编第一三五旅的前身是国民党第一三五师，1945年抗战胜利后由鄂西进出江陵、沙市一带接受日军投降，曾一度执行蒋介石驱逐大洪山区人民地方武装的任务，归国民党第六战区指挥，以后编为第十五军建制。1946年夏，八路军抗日纵队中原突围时，该旅追击八路军中原突围部队至陕南。1947年1月，胡宗南将该旅由商县调到咸阳，后又开赴洛川集结，3月中旬编入第二十九军建制，归刘戡指挥，从此便执行胡宗南进犯陕甘宁边区的命令。当时，整编第一三五旅旅长祝夏年因腿部骨折在西安住院，由我任整编第一三五旅少将代旅长职务。

青化砭战役整编第三十一旅被歼后，胡宗南认为解放军主力部队没有退到河东，仍留在延安东北地区，遂于3月27日起，以刘戡、董钊两个整编军9个旅的兵力，分两路由延安、姚店子向清涧方向前进，进行所谓大扫荡。4月1日到达清涧之线，4月2日又向西进，欲寻找解放军主力作战。第一三五旅在刘戡兵团翼侧行进，以掩护刘戡兵团的左翼安全。由于惧怕解放军的袭击，一个军数万之众，不能分几路纵队并列前进，而是大部队都挤在一起，在陕北高原的山梁上，逐山行进。走了8天，也没有遇到解放军主力，而官兵们风餐露宿弄得极度疲劳,粮食又不能及时补给,士兵体质下降,部分官兵产生厌战情绪,士兵开小差,落伍者日渐增加。

4月4日,旅接到延安指挥所的指示,承担守备瓦窑堡的任务。4月5日晨,部队由驻地(距瓦窑堡东北方向30多公里)出发,正午到达瓦窑堡。我立即召集团长陈简、成曜煌等人在瓦窑堡附近侦察地形,并布置守备瓦窑堡的部署和任务,立即加强寨内外工事,采取深沟高垒,严防解放军的进攻。但解放军的正规部队没有来,地方武装却经常骚扰。由于寨内外工事坚固程度不够,不敢派部队侦察解放军的情况,瓦窑堡虽留有少数老百姓,我们却打听不到解放军活动的任何消息。其实,解放军的主力就在瓦窑堡东南10公里处。

到瓦窑堡后,老百姓已坚壁清野,部队在当地得不到粮食补给,士兵个人所带的粮食,经过十余天的食用,已无存储。我曾急电延安指挥所请求补给粮食,当时没有得到确切的答复。后来胡宗南复电说:瓦窑堡的守备任务由第二十四旅的第七十二团接替,交接完毕后,你旅经羊马河到某地与第二十九军取得联系,然后由兵站补给粮食、服装等。4月11日,第二十四旅第七十二团由清涧开抵瓦窑堡,接替了守备任务。13日交接完毕,下午,我召集第四〇四团团长成曜煌、第四〇五团团长陈简、参谋处主任朱祖舒等人,研究翌日行军部署。

我旅于14日清晨在瓦窑堡南郊集合完毕,即采取战备行军方式沿瓦蟠大道向南行进。第四〇五团为前卫,派一个营为左侧卫,旅部、特务连、通讯连、工兵连、化学炮连、第四〇四团、辎重营和卫生队为本队,由第四〇四团派出两个连,一个连为右侧卫,一个连为后卫。9时许,旅部到达三郎岔以北地区,突然听到枪炮声,随即又接到搜索部队的报告:在大道以东、以西约千余米的高地上,发现了解放军的大部队,双方在对峙中。我与朱祖舒立即带领旅直和第四〇四团登上西山半坡,目击全旅已进入解放军的设伏圈内。我即刻传令:第四〇五团占领三郎岔以北的河川东山,掩护旅主力向蟠龙攻击前进,待旅主力通过后,即迅速脱离战场,做旅的后卫,随旅主力行进;第四〇四团以一个营向蟠龙方向攻击前进,与旅主力保持联系;第四〇

羊马河战役遗址（全景）

四团所余两个营兵力，占领三郎岔以北的河川西山各制高点，巩固、加强现有阵地；旅指挥所即设在西山的半山坡上；通讯连迅速架设电台，与延安指挥所取得联络，报告遭受伏击的情况；化学炮连立即进入阵地向东山射击，阻止解放军向第四〇五团猛烈冲击。

旅部命令下达后，第四〇五团在正面解放军强大的压力下，被迫全部兵力参加战斗。由于兵力悬殊，解放军的攻势异常猛烈，第四〇五团几个山头的阵地相继被解放军攻陷，虽有飞机数架多次轰炸扫射助战，也无济于事。约两小时，第四〇五团被全部击溃，绝大部分做了俘虏。

第四〇五团被歼后，旅部与第四〇四团更感到力量单薄，处境危险。我当时与团长研究，拟将旅指挥所转移到第四〇四团杨彬副团长指挥的一个营所在的高地上，但又考虑到西山阵地仍被解放军牵制，如旅指挥所转移，估计会加速溃败的可能。因此决定，各部队坚守阵地不动，采取无可奈何的固守待援。

14日下午两点，解放军集中主力，协同西山解放军的阻击部队，以更加猛烈的炮火向我部袭击，掩护步兵交替前进。西山的各制高点，陆续被解放军攻占，工兵连、特务连参加战斗也无济于事。下午4时，解放军全线出击，西山最后的阵地也被攻占，我被迫退入沟内，没想到这里正集合着大部解放军。在沟内我遇到一个战士，我随这战士到他的部队，就这样被俘了。在路边没停多久，就见到王震司令员、王恩茂政委，互通姓名，一如朋友相见。随即他们率部队向东行进，我也跟着同行。傍晚，到达一个小村庄的一间民房内，和他们一起吃晚饭，当晚我被安排在一个土炕上与王司令员、王政委睡在一起。当时我在想：在前数小时，双方以步、炮兵战斗厮杀，现在像朋友一样，共产党人的伟大胸怀真令我非常敬佩。这戏剧性的故事，可能有人不相信，但这是事实，在我的一生中是永远不会忘怀的。

（本文选自《中华文史资料文库》第六卷，中国文史出版社1996年版）

## 整编第一六七旅蟠龙战役被歼纪实
涂 健

涂健，生于1912年，湖北黄陂人。黄埔军校第九期第二总队步科毕业。文中身份为国民党整编第一师第一六七旅少将副旅长。1947年5月在陕西蟠龙战役中被人民解放军俘虏。

蟠龙战役是胡宗南进犯延安初期，使他最伤脑筋的一个战役。我当时任胡部整编第一师第一六七旅少将副旅长，兹就这一战役的经过概述如下。

1947年4月，董钊兵团正在延安以北蟠龙镇附近集结休整时，接到胡宗南发来的命令，大意是：据报，解放军主力部队已转移到榆林方面，令董钊、刘戡两兵团即以主力向榆林进击。

蟠龙镇此时已储备面粉4万余袋，军服5万余套以及枪械、弹药等极多，是胡部全军的补给基地。所以该镇周围已构筑了必要的野战工事，以备坚守。董钊接到胡宗南北进命令后，认为守护蟠龙的任务很重要，但又考虑此处用兵不能太多，又不肯动用主力，遂令第一六七旅旅长李昆岗率该旅直属部队及一个团，在这里担任守护职责。当时第一六七旅的几个军官一起研究，认为守护责任重大，所留兵力不足，也不同意董钊分割建制使用兵力。但董钊等人强调要集中兵力北上决战，忽视了我们的意见，致使蟠龙这个战略要点，在大部队远离和延安空虚的情况下，陷于孤立难援的境地。而解放军的战术，一向灵活机动，经常乘我之虚袭取粮秣辎重，以补充自己。

在战前一两天，我们就接到情报：在蟠龙四周发现解放军的便衣侦探和侦察部队出没，并捕获解放军某纵队司令部的一名传骑。同时，在阵地前方发现解放军指挥员作现场侦察。综合以上情况，我们判断解放军主力确已在蟠龙地区集中，并有积极围攻蟠龙的企图，于是我们即刻向胡宗南报告。不料胡宗南接到这一报告后，非但不相信，反认为我们是有意夸大敌情。直至5月1日[①]夜间战斗打响后，胡宗南才急令董钊、刘戡两军由榆林方面星夜南援，同时命令我们无论如何要坚持两天的战斗，以待援兵解围。但董、刘两军在南援途中遭到解放军的阻击，迟滞难进，直到5月4日晚战斗结束时，还未见这两个军到来。

蟠龙镇四面环山，有三条隘路，东达永坪、清涧，南下延安，北通瓦窑堡、绥德。镇内已坚壁清野，没有一个居民，更无一草一木可资利用，这种条件不利于防守。因此，必须占领四周高地，构成外围防御设备，东面高山为蟠龙制高点，必须坚守。我们的守备兵力为旅直属部队：工兵一连，输送兵一连，通讯兵一连，特务连，卫生排和一个步兵团（第四九九团）及配属山炮兵一营（炮12门），另外，还有押送给养来蟠龙的宝鸡民兵总队千余人，战斗力十分差。整个防御任务，责成肖伯廉团长指挥。

当时的兵力部署是：兵力重点置于东山方面，对西、北两高地则置以适当兵力，对各隘路必须以炽盛火力严密封锁，并在各隘路口采用班、排据点式，在伏地碉前方设有外壕、铁丝网、地雷等副防御；炮兵观察所位于东山制高点；团指挥所位于北面高地南麓；旅指挥所设在东山西麓，旅直属部队除各担任本身战斗勤务外，并作为旅部直接控制的机动部队；宝鸡民兵总队担任外围搜索警戒，若遭攻击，即向延安方向转移，不得向蟠龙镇内撤退。

5月1日夜，解放军开始攻击，战斗非常激烈，东山方面尤为紧张，激战至2日晨，始见缓和，阵地无什么变化。白天战斗时断时续。2日入夜，解放军又发起猛攻，一直激战到3日晚，东山阵地首先告失。旅部控制的机动部队曾数次反攻，但始终未能夺回。旅指挥所被迫撤至团指挥所位置，继续指挥战

---

[①] 据解放军出版社出版的《解放战争纪事》及《中国人民解放军战役集成》所载，蟠龙战役的时间为1947年5月2日至4日。

蟠龙战役中被西北野战兵团俘虏的国民党第一六七旅官兵一部

斗。其他阵地也是屡失复得，团预备队和旅控制的部队除了特务连和卫生排以外，已全部投入了战斗，此时情况已非常紧急，我们屡向驻延安的胡宗南请求救援。胡得知董、刘兵团被阻不能南进时，不得不将留守延安的一个旅和几辆破旧战车开来应援。但行至中途，即龟缩不前，我们只好孤军作战，作最后的挣扎。4日晚，由于宝鸡民兵总队溃逃下来，大部分地雷被他们触发，无法制止，这时已经占领了西山的解放军跟踪追来，突破最后的防御阵地，攻至旅指挥所。指挥人员虽严令特务连和卫生排进行抵抗，但大多数官兵都已丧失斗志，不甘再作无代价的牺牲，他们一弹未发，自动放下武器，向人民解放军投诚。

这次蟠龙失守，第一六七旅被歼，虽然损失的是一个旅的一部分，丢失一个小市镇，但对胡宗南本人及在胡军内部的影响极为重大。胡宗南原以为凭借精良武器、坚固工事和精锐部队就能在西北战场取胜。经过蟠龙战役后，他感到对这里的情况不明，无法掌握主动权，而且军心也大为涣散。他辛辛苦苦从西安等地运来的大量给养、服装，就这样白白送给了解放军，现在他若再要筹措这些东西，谈何容易！后勤部从精神上和物质上都感到困难，忧虑重重。

一向为胡宗南所赏识、被称为精明强干、腹有雄才大略的第一六七旅旅长李昆岗，在这次战役中却一败涂地：损兵折将，遗弃军实，自己也被生俘。胡宗南对蟠龙的失守懊恼伤感，据说他当时窝在延安指挥所几天不见客，也不理公事，精神上受到极大刺激。以后他写了《论蟠龙之失》一文，以抒感慨。他认为蟠龙之失，主要归结于情况不明，失于主动，将不用命，士气不振。

（本文选自《中华文史资料文库》第六卷，中国文史出版社1996年版）

# 第一次榆林战役

胡景通　于浚都　张之因　姜谦祖
杨仲璜　高凌云　贾海峰　杨景荣

胡景通，生于 1909 年，陕西富平人。日本陆军士官学校毕业。文中身份为国民党晋陕绥边区总司令部少将高参。1949 年 9 月率部随董其武在包头起义，参加中国人民解放军，任副军长兼师长。新中国成立后，历任西北军区司令部高级参议，政协陕西省第一届、二届、三届委员会常委。1965 年蒙冤入狱。1977 年 3 月平反。1978 年 1 月起任陕西省政协副主席，民革陕西省委副主委，民革中央委员，全国政协委员。1998 年逝世。

于浚都，生于 1896 年，山西定襄人。保定陆军军官学校第八期炮科毕业。文中身份为国民党新编第十一旅少将旅长。1949 年 1 月在北平随傅作义、邓宝珊参加起义，加入中国人民解放军序列。新中国成立后，任西北军政委员会参事、陕西省人民政府参事。

张之因，生于 1904 年，陕西长安人。苏联陆军炮兵专科学校毕业。文中身份为国民党陕北警备司令部少将副司令。1949 年 6 月在榆林起义。起义后，先后任解放军副军长，西北军政委员会参事，陕西省人民政府参事，西安市政协常委。1965 年蒙冤入狱。1977 年 3 月平反。1984 年逝世。

姜谦祖，生于 1909 年，山西怀仁人。南京中央军校高等教育班第五期毕业。文中身份为国民党第二十二军少将参谋长。1949 年随邓宝珊部起义，编入人民解放军任西北军区独立第四师参谋长。1953 年转业地方，任陕西省农林厅植保处副处长，陕西省政府参事室参事，民革陕西省委顾问等职。

杨仲璜，生于 1908 年，陕西富平人。日本陆军士官学校毕业。文中身份为国民党第二十二军第八十六师第二五八团上校团长。1949年9月19日在绥远参加起义。后任解放军西北军区参议，陕西省人民政府参事室副主任，陕西省政协委员，民革中央监察委员。

高凌云，生于1918年，陕西渭南人。成都中央军校第十七期第二总队步科毕业。文中身份为国民党第二十二军第八十六师第二五七团上校团长。1949年参加榆林起义。后任西北军区独立二师师长。新中国成立后，历任榆林军分区副司令员，陕西省水利厅副厅长、农林机械局副局长、机械工业局副局长，民革第六、七届中央委员和陕西省委第七届主任委员，陕西省第五届政协副主席，陕西省第七、八届人大常委会副主任，黄埔军校同学会理事，陕西省黄埔军校同学会副会长、名誉会长。

贾海峰、杨景荣不详。

榆林位于陕甘宁边区的北部。1947年胡宗南进犯延安之前，这里的国民党驻军所辖防区，东起府谷、神木，沿古边墙经榆林西至横山、宁条梁、安边之线，绵亘六七百里。而以榆林为中心，北与绥远的傅作义，西与宁夏的马鸿逵相互为犄角，威胁着陕甘宁边区的安全。

1946年蒋介石集团发动全面内战。这时，专事包围陕甘宁边区的胡宗南，积极策划向延安进犯。他计划以主力由关中向边区南边发动总攻，要宁夏和青海的马家军由西面进攻，要驻榆林的邓宝珊、左世允部队由北向南压迫，借收三面包围合击之效。

榆林驻军为晋陕绥边区总司令邓宝珊直属的新编第十一旅及第二十二军军长左世允所属的第八十六师。这两部军队非蒋介石、胡宗南的嫡系，且已久驻陕北。榆林当局和边区时有往来，受党的统战政策的感召，新编第十一旅旅长曹又参、陕北保安指挥部副指挥官胡景铎先后率部在安边、横山两地起义。这样，蒋、胡对这个部队的猜疑更深。故胡宗南于1947年春将其嫡系部队、整编第二十八旅徐保部6000余人空运至榆，以加强榆林的防务，同时也含有监视榆林部队的作用。

胡宗南进犯延安时，驻榆林的兵力包括徐保第二十八旅在内，除晋陕绥边区总司令部、军部、师部和两个旅部的直属部队共9个营以外，只有7个步兵团，即八十六师三个团，新十一旅两个团，二十八旅两个团；另外，还有陕西省保安第五团，约五六百人，枪300余支，分驻在榆林、横山、神木、府谷等县及绥远扎萨旗一带。

1947年3月19日，解放军有计划地撤离延安后，采取诱敌深入、寻机歼灭敌人的有生力量的军事原则，仅仅20余日，即先后在青化砭、羊马河歼灭了胡部的两个整编旅。4月下旬，蒋、胡连电催促邓宝珊派兵南下，约定在米脂、绥德间地区会师，共同夹击解放军。邓宝珊和左世允为了应付蒋、胡的命令，决定分三路出兵：派第八十六师师长徐之佳，副师长张云衢为左翼兵团正副指挥官，率其第二五七团（团长高凌云）及直属部队一部进至榆林东南35公里之康家湾一带，约半月后奉邓令撤回青云山原防；派徐保和新十一旅旅长于浚都为中路兵团正副指挥官，率第八十三团及新十一旅一部进驻榆林南20公里之归德堡一带，着不时派兵向李家沟及响水等处进扰，以策应右翼部队；派总司令部高参胡景通和陕北警备司令部副司令张之因为右翼兵团正副指挥官，率新十一旅第一团（缺一营）、第二团和陕北保安第五团一部向波罗堡及响水等地佯为"进攻"，作为策应胡宗南进攻的姿态。驻守波罗堡及响水的解放军稍事接触，即主动撤走，右翼部队遂占驻了以上两地。5月初董钊、刘戡两军主力约九个旅进占绥德后，因蟠龙发生战事，该两军全部回师援救蟠龙，但未能挽回蟠龙的败局。因之，榆林方面的三路兵力得以借口停止南进。7月下旬，解放军在陇东消灭马鸿宾军的一部和恢复三边后，即向榆林方向东进，随之即发生了第一次榆林战役。现将我们所亲历的战斗经过，介绍如后。

## 一、解放军速歼周效武等部

榆林部队4月间三路出兵侵占的各据点为：右路的响水、波罗堡，中路的归德堡、鱼河堡，左路的康家湾等。均因解放军未来，仍驻兵防守。不久，邓宝珊派第八十六师第二五六团第一营接防响水，将原驻响水的新编第十一旅周效武团调至榆林城南10公里的三岔湾进行整训。7月下旬，榆林方面侦悉解放军从三边向镇川堡东进的消息后，邓宝珊即召集高级军官会议，分析研究解放军的动态，认为有两种可能：一是东渡黄河，一是进攻榆林。但又认为东渡黄河的可能性不大，在胡宗南部主力尚未消灭之前，解放军还不至于进攻榆林。在这样的情况判断下，自然不会作出针对性的军事防御措施。8月初，榆林东南旧寨和正南的盐湾、鱼河堡发现解放军小部队，邓即令驻归德堡的徐、于两部撤回榆林，并令原驻刘官寨的徐旅张成营作为前哨部队，与三岔湾周效武团密切联系，互相策应，并指示该两部，如解放军向榆林进攻时，即撤回榆林。

8月6日晚，解放军以迅速行动，将三岔湾、刘官寨两地同时包围，周效武、张成两部仓促应战，仅几小时的战斗，即被消灭，周团营长肖炳南被击毙，周效武受伤，全部官兵被俘。

当解放军进攻三岔湾和刘官寨的同时，其另一部也包围了高家堡，经过一度战斗，驻军李含芳团全部被缴械，李亦被俘。

## 二、榆林城防守部署

三岔湾和刘官寨发生战斗后，由于电话线路全被截断，邓宝珊当夜并未得到任何报告，直至次日天明才悉周、张两部均被全歼，遂令高凌云团由青云山撤至距城东南五六里之二家梁占领阵地，阻止解放军逼近城垣，邓亦由城外金刚寺（平时办公处所）移进城内作守城部署：

1. 派徐保为南城指挥官，以第八十三团（缺一营）守南城；以第八十二团（缺一营）固守南门外凌霄塔高地和三义庙据点；

2. 派张之因为西城指挥官，其兵力为总部特务营陈连，军属工兵营、辎重营、补充营及陕北保安团一个中队；

3. 派张云衢为北城指挥官，其兵力为军属通讯营（缺一连）、第八十六师炮兵营、工兵连及新编第十一旅输送连等部；

4. 派徐之佳为东城指挥官，其兵力为第二五七团及该师直属部队之一部。

## 三、凌霄塔高地争夺战

凌霄塔位于城南 300 多米处，地势较高，系榆林城外唯一的制高点，由塔上可以鸟瞰全城。

解放军在消灭了三岔湾和刘官寨的守军后，即向榆林城进逼。8月7日下午，已将榆林城四周包围，直逼城下。黄昏前，首先向城南凌霄塔

西北野战军攻打榆林城

高地发动了攻击。黄昏后,对其他三面同时也展开了佯攻。战至 8 日拂晓,凌霄塔阵地守军第八十二团第三营官兵伤亡殆尽,营长古遂东阵亡,阵地失守,仅留了塔内团指挥所少数官兵。塔西三义庙第一营所守之据点也岌岌可危。

邓宝珊得到凌霄塔阵地失守的消息后,甚为着急,亲至南门,声色俱厉地对徐保说,凌霄塔阵地,关系甚重,必须立即恢复回来。徐保即派其第八十三团副团长王宗义带兵一营,出城反攻,并一面令该旅炮兵和南城上的守备部队集中火力,掩护反攻部队攻击前进,一面要求邓令第二十二军炮兵同时射击,阻止解放军的增援部队。经过数小时的战斗,反攻部队在各种有利的条件下,付出了极大的代价,至上午 10 时左右,才将阵地夺回来。

徐保鉴于凌霄塔的得失,关系到榆林城的存亡,为了固守凌霄塔高地,特派其第八十三团团长敖明权带兵一营,接替了三义庙据点,对凌霄塔阵地做有力的支援。

## 四、小西门被突破

9 日中午,小西门(西城南段的一个城门)守城部队第二十二军辎重营杨谦之连的哨兵发现西沙梁(距城一里多)有白旗摆动,即认为解放军可能有人要投降,向连长杨谦之报告,杨即不加考虑,又未经请示,即派一个排长带兵 20 余名,出城侦察,将抵沙梁,即遭解放军阻击退回。此事即被东山上邓宝珊的指挥所发觉。正当西城指挥官张之因用电话询问小西门负责人张博学之际,邓亦用电话诘问张之因派兵出城的原因。张博学未将上述情况实报(据说,当时张是听了杨的一面之词),而以西沙梁边有小庙,解放军白天据为哨所,时向城上射击,守兵不时受到杀伤,所以派兵前往破坏等情况作了回复。因为当时再未引起其他事故,邓除对二张予以斥责外,再未深究。

当日黄昏后,解放军仍发动了全面的攻击,战况较前两夜更为紧张,东北两城的攻城云梯,有的已搭在城头。战至夜 1 时左右,小西门处忽然"轰"的一声,烟尘弥天,小西门被轰开。张之因立即由电话令小西门附近守兵第二十二军补充营营长张彦明即刻抽兵一排，驰赴城门内堵击，并令侧防部队及城上守兵以各种火力，向城门外集中射击，封锁城门。之后，一面报告邓宝珊，一面率领预备队驰往小西门内指挥堵击。邓得到报告后，即派其特务营的一个加强连和徐旅的工兵连驰往增援，并令第八十六师和徐旅的炮兵集中火力向小西门外猛烈射击，阻止解放军后续部队，战至拂晓才告结束。这个战斗，双方伤亡都很大。

当小西门被轰开时，守军连长杨谦之和某排长向城下边跑边喊："八路军进城了，快跑！"企图临阵脱逃，当被张彦明营长阻止，令一同回城堵击。而杨等拒不听命，遂被张逮捕送交军部。在军法处审讯时，徐保认为昨夜小西门的被轰开，与当日西沙梁事有关，杨连与解放军有勾结，更因该部工兵连连长在增援时被打死，甚为愤恨，是以力主按"通敌"治罪。最后邓、左以临阵脱逃罪名，将杨谦之等二人立即枪毙了。

## 五、北关争夺战

北城东部凸出，成刀把形，刀把北约 300 米处有东岳庙一座，再北有老城残迹，高约城半，为北城外围的屏障。刀把迤西即北关，有居民 50 余户，凡靠城居住者，多就城根底挖有窑洞，形成了不利于防守的复杂地形。

7 日黄昏前，解放军在进攻凌霄塔阵地的同时，也向北城展开了攻势，战至 8 日拂晓，北关地区大部被解放军攻占。至 8 日下午，在徐旅恢复了凌霄塔之后，决定北城也须恢复失去之据点，遂令北城指挥官张云衢进行反攻。经过自下午至深夜的激烈争夺战，到 9 日天明，不但连一个据点也没有夺回，而且死伤了不少的官兵，因而在 9 日夜半撤退时，将北关的民房和东岳庙等处全部放火焚毁，延烧终夜，风吹火急，北关成了一片火海。当时该处的居民仓皇被迫移入城内，房屋财产俱付之一炬。

## 六、钟松解榆林之围

连日通宵激战,榆林守城部队已精疲力竭,11日黄昏时,仍以紧张的心情准备夜战。可是直至夜半,各处除仅有稀疏枪声外,别无动静。这时候,人们更感到疑虑和沉闷。及至天明,才得到总司令的通知,胡宗南部整编第三十六师钟松所部援军昨晚已到达榆林西南7.5公里之沙河,解放军已撤退,并指示各部队除留一部仍行严密警戒外,其余均就地进行休整。

12日,钟松带着几个将校进城会见了邓宝珊,邓设宴招待,尚未终席,钟松忽然接到胡宗南的电报,令该部即时南下,到绥德与刘戡部会合。钟松即带着极其懊丧的神气,匆匆离席而去。

解放军撤退了,钟松南下了,第一次榆林战役即告结束。

在战役结束后,才知道第二十二军第八十六师驻响水之第二五六团第一营已于8月9日也被解放军全部歼灭,驻防横山和波罗堡等处的部队在解放军东进时,都自动弃城逃往乌审旗(今内蒙古境内)一带。斯役连同高家堡和响水等处共计被消灭10个多营的兵力。

(本文选自《中华文史资料文库》第六卷,中国文史出版社1996年版)

# 沙家店战役整编第三十六师被歼经过

刘子奇

> 刘子奇,又名半亭。生于1907年,湖南新田(一说宁乡)人。黄埔军校第二期步科毕业。文中身份为国民党整编第二十九军第三十六师第一二三旅中将旅长。1947年8月19日在陕西榆林沙家店战役中被人民解放军俘虏。后任中国人民解放军第一野战军司令部参谋、政治部对敌工作部敌工科副科长等职,参与对胡宗南部的策反工作。中华人民共和国成立后,任西北军区军事参议室组长、甘肃省人民政府参事,民革甘肃省委副主任委员,上海市人民政府参事,上海市黄埔军校同学会理事、顾问,全国政协委员,民革中央团结委员会委员,民革中央顾问。1993年逝世。

整编第三十六师是胡宗南部进攻延安的主力师之一,它当时的编组有3个整编旅,即二十八旅、一二三旅(我当时是一二三旅旅长)、一六五旅,每旅有3个团,连同师、旅部的炮、工、辎、通讯、卫生等直属部队,共7万多人,为半美械化装备。但动员参加进攻延安时的实力,却没有这么强。该师只率领着一二三和一六五两个旅,而每个旅亦只带着两个团。如一二三旅的三六八团就一直留守晋南的运城,以后即在运城被歼灭了。其所属的二十八旅,原来是留在后方作为西安绥靖公署的机动部队,当榆林吃紧的时候,才被调到榆林配合邓宝珊的部队担任守城任务,其实是调去监视邓部行动的,以后该旅调防宝鸡被歼灭了。这是三十六师当时的实力。

1947年8月9日左右,三十六师正在追击解放军骑六师到达正宁、华池地区的时候,接到胡宗南急电,要师长钟松率领一二三旅和一六五旅限期赶到榆林解围。由于解放军在钟师未到达之前一天已主动停止攻城,撤围东去了,因而师的解围任务总算侥幸完成。为了这次援榆林,经过长途的急行军,沿途落伍人马很多,到达目的地的官兵极度疲乏,各部打算在榆林附近休息几天,稍加整备,补充给养,收容落伍人马,便于尔后行动。但在第二天的下午,师部转到了胡宗南的命令,大意说:共军已被压缩在米脂县以北、长城以南、黄河以西、无定河以东的中间地区。整编第一军和二十九军正沿着咸榆路线北上,令整编三十六师迅速从榆林南下,以便南北两面部队配合行动,把共军主力压迫到米脂以北的葭县(今佳县)地区,一举围歼。并说派飞机于翌日早晨运送熟食给养空投榆林飞机场,补给三十六师。当时各旅团既缺粮又缺钱,临时由师部统一向驻榆林的中央银行分行借给各旅团一部分急需款项,把各旅的辎重营和团的运输部队留在榆林接受空投给养追送前方。但是这批给养一直到部队被歼时也没接到。大概是 13 日的早晨 9 点钟左右,西安派来 4 架运输飞机,投下一些发酵带臭的熟食大饼。当时全师还有 1 万多人,所得的给养太少,杯水车薪,无济于事,但命令很急只能勉强维持继续南下。当天的行军序列,一二三旅是先头队。旅的前卫部队于中午时分行至归德堡附近,遇到解放军抗击,一时情况不明,只闻前方枪声四起,部队不敢贸然前进,双方在归德堡胶着了整个下午,天黑时解放军才沿着绥榆公路退去,但退到何处,究有多少兵力,黑夜无法摸清。处在这样敌情不明、地形不熟、民情不了解的情况下,既不敢进,又不敢退,也不敢留在原地,怕入了解放军的圈套。经钟松同旅长们研究决定,当晚全师拐至鱼河堡附近宿营,并严禁部队闯入堡内,以防不测。钟师原来计划走无定河东岸绥榆公路南下,但解放军也是沿这条路线走的,为避免沿途再打起来,第二天全师改走无定河西岸,果然平静无事。第三天中午一二三旅将要到镇川堡时(当时是解放区的镇川县),跟当地武工队打了一阵才进入堡里,堡里还有没运完的地方仓库存粮。钟师本预定在镇川堡等待补给的,因为得到这一部分粮食,加快了它的下一步行动,同时也加快了它的灭亡命运。这时,师部先后接到胡宗南和整二十九军军长刘戡来电通知,刘戡率领的部队已到达葭县东南地区，要钟师占领乌龙铺至镇川堡之线，与刘部切取联系。在侵占镇川堡的第二日，钟松指派整编一二三旅及一六五旅的蒋铁英1个团，由我率领从镇川堡进占乌龙铺与刘戡部取得联系，18日进到乌龙铺以南地区同解放军约1个旅的兵力发生战斗。这天因下大雨，又是深沟峻岭的山区，部队行动很感困难，而解放军以且战且退、不即不离的方法来吸引着进攻的部队，双方一直搞到将近黄昏，一二三旅只前进到乌龙铺北山，与刘戡部的整编五十五旅取得联系，对战的解放军也往北撤退了。当晚就在北山警备露营，一六五旅的蒋铁英团在右翼约20里的山梁上露营。两旅当晚的行动基本上已取得一致，官兵情绪才比较安定。大概也是这一天，钟松带领着他的师部和一六五旅大部人马由镇川堡进至沙家店。约在晚上1点钟的时候，我接到钟松十万火急的电报说，从本日下午以来，解放军分几路逐渐向沙家店前进，可能是其主力，有围攻师部的企图，要一二三旅迅即向沙家店靠拢。当时因已深夜，一二三旅与师部双方驻地相距30余里，中间须经过几重大山梁和深沟，沿途又没有部队掩护，而旅的正面还处在接触状态下，因此部队不敢采取夜间行动，怕中途遭解放军伏击。迫于形势，深夜之间也不便召集各团长商量，恐暴露企图，只同旅参谋长研究了一下，就决定在一二三旅的掩护下，把附属指挥的一六五旅蒋铁英团先行撤走，按指定的路线直接到师部归还原建制。一二三旅全部将于天明之前撤下，在蒋铁英团之后跟进，相互掩护，避免意外。19日早晨6点左右，蒋团已到达乌龙铺南面山梁，一二三旅的三六八团及旅部刚通过乌龙铺，三六七团还在后面的北山坡，这时候听到了沙家店方面的枪炮声，知道战斗发动了，而且枪声愈来愈紧，战斗形势发展得很快。我认为时机急迫，即就地召来各团长研究当前情况和地形，为急求解除沙家店师部之围，决定全旅离开蒋团活动，即取捷径直接向进攻师部的解放军感受威胁最大的左侧翼急进，即将部队重新部署行动，以三六八团为先头团，并即派一个营为先遣队（大约是三六八团第一营）占领常高山北面制高点，以掩护旅主力进出常高山。先遣队将进至常高山山麓时，突然遭到正前方和右侧方的解放军猛烈射击，前进受阻。这时旅主

沙家店战役中西北野战军发起攻击

力已进到一处地形狭长而比较低洼的山梁上,也稀疏地受到解放军火力射击。预定夺取的制高点已被解放军占领。这是双方的关键性地点,我军一定要夺到手才有活动余地。在严令三六八团迅即攻占制高点的同时,也考虑了防守的问题,命令各部队就地构筑工事做好防卫准备。由于解放军居高临下,先遣队曾几次组织冲锋均被打垮,经旅山炮营的3门山炮以齐射火力支援亦无效果。山炮营原有12门日式山炮,因在陕北山区窜扰半年,人员大减,驮马倒毙很多,9门山炮先后被送进了后方仓库。而且随营携带的3门炮亦只剩下40余颗炮弹,在战斗经过中没起到支援步兵的作用。先遣队攻击受挫后,发现解放军逐渐增加向两翼延伸战线。为顾虑旅的侧背安全,由三六七团派出1个营占领左侧方山梁任掩护,并配合正面先遣队的攻击,另派出1个加强排占领后方的一处最高点任掩护,并同刘戡部取得联络。但是派去左侧的那个营将到目的地,就遭到隐伏在山梁后面的解放军猛烈冲击,营长当场阵亡,官兵死的死,散的散,全营瓦解。这时已过中午,同师部联络中断,可能师部已被歼灭,只好直接分电胡宗南和刘戡联系。当时已经看出自己在地形和战况上都处于不利的形势,我想乘此还有回旋余地的时机撤退,经由两位团长研究后,三六七团团长同意,三六八团团长反对,两人意见不一致。他们原是各有打算,因为向后撤退,按当时部队部署具体情况,须要三六八团担任掩护旅的撤退任务。该团长怕以后不能脱离接触,部队撤不下来,所以反对。正在这时,接到了胡宗南电报,指示固守待援,并派飞机参加战斗。后又接到刘戡的电报说,已令五十五旅就近来援,他率主力随后就到。从此战况愈来愈紧,形势急转直下,解放军的炮火本来一直没有射击,而此时各个阵地俱遭到猛烈的炮击,工事多被摧毁,守兵不断伤亡,先遣队队长被击毙,残余官兵被俘。解放军由正面和右侧同时发动反攻,以泰山压顶之势从两面高山杀下,向一二三旅全线阵地猛冲,有的阵地被轮番连续冲击,发生白刃肉搏,死伤枕藉,部队伤亡很多,炮兵营长亦遭炮火击毙,山炮1门被击毁,两门无炮弹已成瘫痪,骡马被打得四散乱奔。派往后面任掩护并与援军联络的1个加强排也无影无踪。在战斗紧张时候,虽由西安派来3架次飞机参战,投下几枚小炸弹,但对英勇善战的解放军丝毫没起作用。首先三六八团阵地全部被毁,团长失踪,该团官兵没退回一人。由于1个团被消灭后,我军只残存3个小山头的阵地,解放军的火力更加猛烈地集中在这块狭小的阵地之内,他们不断冲击猛扑,益显得锐不可当。三六七团的大部官兵伤亡,阵地失守,电台被炮弹打碎,同各方联络断绝,情况不明,各路援军均被解放军阻击未到,而解放军犹不断向阵地周围涌来。这时,我看到前途已经绝望,自己立即带着残部突围,经过多次冲击俱未成功。混战将近黄昏,终于不能挽回垂死的命运而遭到全军覆没，我和残余的全部官兵被俘。整编三十六师师部和一六五旅大部亦同日被歼，师长钟松化装潜逃，仅以身免。事后了解，这次战役，解放军把胡宗南所有能调动的兵力都吸引到榆林、葭县、米脂三角地带，并乘机歼灭了胡军三大主力之一的整编三十六师主力，从而为解放军的刘邓大军和陈谢大军赢得了从容时间，胜利渡过黄河，配合各路大军向国统区开始大举反攻。

（本文选自《中华文史资料文库》第六卷，中国文史出版社1996年版）

# 整编第七十六师在清涧战役中被歼
刘学超

> 刘学超，生于1909年，四川成都人。陆军大学特别班第四期毕业。文中身份为国民党整编第二十九军第七十六师少将参谋长。1947年10月11日在陕西清涧战役中被人民解放军俘虏。新中国成立后，任四川省政协委员，四川省人民政府参事。

## 一、整编第七十六师的编制及旅以上人事概况

整编第七十六师原为陆军第七十六军，系蒋介石、胡宗南的嫡系部队。1946年调至陕西，驻防宝鸡、虢镇。整编后改为整编第七十六师，隶属于整编第二十九军。师长廖昂，副师长黄祖埙、赖汝雄均在师到达清涧后另调他职离去，参谋长刘学超（1947年5月以前因病留西安、宝鸡，5月底到清涧）。师司令部由参谋处、副官处、军务处、军需处、军医处、军法处及人事科组成。师直属部队计有特务营（两连）、炮兵营（三个炮兵连及观通排和弹药队）、工兵营（三连）、通信兵营（两连有线电及一无线电排）、辎重兵营（三连）、野战医院、修械所及军乐队。另有师政治部，于进攻延安前改为新闻处。整编（以下简称"整"）第七十六师辖三个旅，即整第二十四旅（旅长张新，副旅长王德穆），辖第七十及七十二两团；整第一四四旅（旅长贾贵英），辖第四三〇及四三一两团；新编第一旅（旅长黄永瓒），辖第一、第二两团。各旅直属部队计有特务、工兵、通讯兵各一连，辎重兵一营及卫生队。

## 二、清涧防卫兵力部署及工事构筑情况

1947年3月，胡宗南部进攻延安时，整第七十六师所辖新编第一旅，留驻耀县、同官担任后方警备，师率整第二十四旅、整第一四四旅担任进攻总预备队。3月19日，胡宗南侵占延安后，整第七十六师按照胡的指示，指挥第一三五旅①（旅长祝夏年，后由麦宗禹代），于3月下旬占领延长、延川和清涧等县。师长廖昂以整第一四四旅守备延长、延川，亲率整第二十四旅守备清涧，并派整第一三五旅进驻瓦窑堡。整第七十六师初占清涧时，以师直属部队及整第二十四旅全部担任守备。当时防御区域较大，除清涧及其外围据点外，并以一部守备清涧和延川间的三十里铺，以便与守备延川的整第一四四旅联系。清涧附近构筑工事颇多，除以碉堡编成的外围据点及城关工事外，清涧至延川30公里间公路两侧均筑有碉堡。控制的机动兵力较多，活动范围也较广。4月，整第一三五旅为配合主力作战在羊马河被歼后，整第二十四旅的第七十二团由清涧填防瓦窑堡。清涧兵力减少了，防御区域不得不随之缩小。遂以第七十团担任清涧外围据点守备，而以师、旅直属部队担任城垣及南北关居民地守备。为了加强工事，外围据点都加宽加深了外壕，城墙增筑了横墙和掩盖，南北关民房都开了枪眼并用交通壕连接起来。城内东北高地作为核心阵地，构筑坚强工事，并筑有炮兵阵地。炮兵观测所，设在城西笔架山，笔架山地形险要，也做了必要的工事。总的说来，清涧的工事颇为坚固。但自第七十二团被调出后，兵力显得不够，所有部队甚至卫生队、辎重兵营等也赋予了一定的防御任务。师部未能控制足够的机动兵力，当需要部队进行机动时，不得不由阵地临时抽调，空出的阵地再由其他阵地匀出兵力填补。最初还能保持营、连建制，划分了防御区域，后因历次抽调兵力进行机动，逐渐破坏了指挥系统。6月间，整第一四四旅调归第二十九军军长刘戡直接指挥，参加延安外围扫荡。所遗延长防务，又从驻清涧的整第二十四旅第七十团抽出第二营填防。此后守备清涧兵

---

① 原属整编第十五师，进犯延安时，归胡宗南的整编第七十六师指挥。

力更感不敷分配。

自从整第三十一旅、一三五旅、一六七旅连续被歼后，部队士气普遍低落，高级将领亦惶惶不安，我们也不例外。特别是整第一六七旅在蟠龙固守坚强阵地被歼后，我们对固守清涧的信心更加动摇。7月中旬，廖昂曾与我和旅长张新商量，一致认为：清涧、瓦窑堡两地虽然重要，但守备兵力均不多，只有防御兵力而无机动兵力，一旦解放军进攻，只能招架，难以还手，且两地相距30公里，平时小部队不能自由往来，仅靠无线电互相联络，战时更难互相应援。同时，两地距延安均远，对延安既不能起外围支撑的作用，如果发生战斗，由延安派队增援亦不易，与其如此，不如撤出清涧、瓦窑堡两地，巩固延安近郊外围据点。我们将这种意见电报胡宗南，他既没有采纳，也没有责备。复电大意是：着仍照原部署进行守备，发现敌情立即具报。我们当即以清涧除师、旅直属部队外，仅有步兵一团（欠一营）、兵力单薄为辞，再电建议将驻守瓦窑堡的第七十二团调回清涧，加强清涧防御，以免处处防御、处处力量薄弱。他仍未采纳，只准由瓦窑堡的第七十二团调回一个营增防清涧。廖昂遂将第七十二团第二营调回清涧，增强防御，但未重新调整部署，划分防御区域，明确指挥责任，而把该营分割建制，分别填补各连兵力薄弱的部分。如该营指挥所设在笔架山，该地防御兵力三个连，只有一个连系该营建制部队，有碍于统一指挥。

## 三、第七十团第二营在延长被歼

9月30日，守备延长的整第二十四旅第七十团第二营营长傅瑞光报告，解放军约一个团由南向延长前进。廖昂饬其准备固守，并将情况电报胡宗南。以后该营陆续电报发现更多的解放军。10月1日，该营又电报：解放军约有一旅包围延长，主力继续北进。继又报告：解放军已向延长展开进攻，力量悬殊，请速派队增援。当时清涧守备兵力既有限，距延长又远，且据傅瑞光报告，解放军主力正继续北进，如派少数兵力前往，中途即有被歼之虞，既无补于延长战斗，更减弱清涧守备兵力，因而急电胡宗南请由延安就近派队驰援。得复电：着饬该营坚守，并继续查明敌军行动具报。毫未提及派援问题，廖昂只好转饬该营利用战斗间隙加强工事，继续固守。10月2日上午，傅瑞光用报话机请整第二十四旅旅长张新讲话，报告解放军围攻甚急，经过一日战斗，弹药亦将告罄，请示行动。我想既是请示行动，可能还有路可走，既然清涧不能派兵往援，延安也无派援消息，那么最好由他判断情况，自行决定行动。但廖昂和张新商量，认为决不能指示该营突围，不突围尚可凭借工事，拖延时日，予解放军以较大的伤亡。如果突围，脱离了工事的掩蔽，只会增大伤亡，加速被歼。且填防延长是胡宗南的命令，没有胡的命令，就不能撤离。遂决定由张新指示傅瑞光营"拼命死守，抓够本钱"。张在报话机上用了蒋介石、胡宗南惯用的一套话，说什么"我们要不愧是校长（指蒋介石）的学生，胡先生的部下；我们是整编第七十六师的干部，要保持师的荣誉；我们要记住'军人魂'的'不成功，便成仁'，要有'临难毋苟免'的精神，要'牺牲小我，成全大我'，要以最小的牺牲，换取最大的代价"鼓励傅瑞光死守。经过这次指示，傅瑞光再无报告，不久就全部被歼灭了。

## 四、清涧外围战斗

10月1日师部得到傅瑞光报告解放军主力继续北进的情况后，即抽派师辎重兵营于2日拂晓出发向延川方向侦察。该营平时缺乏战斗训练，干部指挥能力既弱，士兵更不沉着，行抵清涧以南三十里铺附近，遇解放军少数侦察部队，即惊慌失措，逃回清涧，侦察任务没有完成。张新责备该营营长陈炼"贪生怕死，指挥无能"。陈以该营不是战斗部队，张又非直属长官，表示不服，甚至发生顶撞。事后，陈恐张在战斗中对其不利，坚决不愿再干，廖昂为要敷衍张新，遂免除陈的营长职务，而以该营副营长陆少侠代理营长职务。

10月3日，不仅清涧南面发现敌情，东西两面亦陆续发现解放军，并查明有"一纵""三纵"番号。廖昂除饬部队严阵以待外，将情况电报胡宗南并

清涧战斗中西北野战军的机枪阵地

提出趁解放军主力尚未全部到达,北面尚未合围之际,把清涧部队撤往绥德与整第一六五旅共同防守的意见。胡仍想实现他的"钓鱼战术",复电指示:"加强工事,准备歼灭来犯之敌,并继续查明情况具报。"

10月4日,解放军由清涧西南开始进攻,时攻时停。我们向胡宗南报告战斗情况时,又提出将守备绥德的整第一六五旅及守备瓦窑堡的第七十二团调到清涧增强防御的意见。胡仍未采纳,复电大意是:围城打援是敌惯用之策,如整第一六五旅及第七十二团脱离既设阵地,驰赴清涧,由于该两部兵力不多又各分离,恐清涧之围未解,反使该两部陷于不利,着仍照现态势固守,并将战斗情况具报。

10月5日，解放军继续进攻，范围稍有扩大。胡宗南派飞机临空助战，战斗虽较前猛烈，但阵地尚能固守。我们为了请求派队增援，报告战斗情况时夸大为"敌围攻甚急，战斗激烈"。同日午后，为防解放军炮击清涧城，师指挥所移于城东北角高地西侧。

10月6日，解放军的攻势转趋猛烈，我军虽然组织了步、炮协同，并有飞机轰炸、扫射助战，但未能遏止解放军的进攻。是日午后，城西南阵地一部被突破，少数碉堡为解放军夺取。守备部队事先摆得很死，缺乏机动兵力，团、营、连既未自动组织力量进行恢复，师、旅也未作严格要求，因而解放军夺取一处，巩固一处，守军防御地域步步缩小。当时粮、弹均不缺，但因阵地一部被突破，为了请求速派援兵，在报告战斗情况时，竟称"粮、弹均将告罄，如不早派援兵驰援，将陷于粮尽弹绝之境"。旋得胡宗南复电："据侦察清涧外围仅有敌一旅之众，并非主力，着再详查具报。"这个电报充分说明胡宗南当时在未确实判明解放军主力所在时，不肯出动自己的主力。廖昂和我看见这个电报，想到自延长发现情况已有一周，飞机参加战斗也已两三天，连日不断报告情况，迄今尚不相信，都感到气愤。商量拟一复电，除将连日情况作了综合叙述，说明包围清涧确系解放军主力外，廖昂还要我引用了司马公"能战则战，不能战则守，不能守则走，既不能战，又不能守，又不能走，唯死与降耳"的几句话，作为既不准撤离清涧，又不准调绥德、瓦窑堡两地兵力增防清涧的抗议，最后再求速派援兵。这个电报起了作用，7日晨得复电："已饬刘戡军长率五个旅来援，着固守待援，并与刘军长确取联络为要。"其所以有最后一句，原因是整第七十六师虽隶属于整第二十九军，但人事补给均不通过军，而直接受命于胡宗南，平时仅例行公文由军层转，担任清涧守备，又是受胡宗南直接指挥，一切情况和请求均径报胡宗南，师与军间虽有联络呼号，迄少联络。胡宗南了解他的部队这种特点，所以有这一句。实际上，以后仍未确实取得联络，因了解援军行动，请求援军速进，仍须通过胡宗南的延安指挥所。继又来电说："准明（8）日派飞机空投，注意对空联络。"我们以为曾报告粮弹将尽，一定是空投粮弹，谁知仅投下法币 30 亿元，既不能做弹药用，也不能果腹充饥，使人啼笑皆非。我们不得不再呼吁补给粮弹。

在 7、8、9 日三天中，解放军一次接一次地猛烈进攻，外围据点陷落更多，防御地域愈来愈窄。当 7 日得到增援电报时，我们认为"救兵如救火"，胡宗南可能使用其驻蟠龙、青化砭及拐峁镇距清涧较近的部队，估计 3 天，即在 9 日至迟 10 日上午援军可达清涧，因而对解围还存着一线希望。不料胡宗南竟使用集结在延安以南距清涧较远的部队来援，远水难解近渴，情况演变很快，解围的希望愈小，我们的顽抗也就愈形微弱了。

## 五、垂死挣扎与被俘

10 月 10 日天明时，并未听见什么枪声，即看见城西笔架山的守备部队蜂拥下逃。据了解是少数解放军战士在拂晓时，爬上笔架山西面经过修改的绝壁地形，大呼"缴枪不杀"。守兵闻声惊惶逃窜，排连营长制止不住也随着下逃。这样就失掉了清涧西面屏障，使清涧完全暴露在解放军有效火力下。为了挣扎，我曾建议责成守备该地区的第七十二团第二营营长陈法成趁解放军立足未稳夺回笔架山。廖昂最初表示同意，后又认为仅以炮兵配合步兵仰攻颇难奏效，主张俟飞机飞临上空配合反攻。等飞机飞临上空时，又认为解放军占领笔架山阵地已巩固，难以夺回，遂完全放弃了反攻企图。由于解放军占领笔架山，面对笔架山的师指挥所的活动大成问题，迫使廖昂亲自指挥警卫部队赶筑一道遮蔽墙以保安全。

10 时左右，飞机空投 20 个降落伞装带的粮食和弹药，因防御地区已极窄狭，师仅收到 8 个，其余全为解放军所得。我认为不空投粮弹，解放军还摸不清底细，或有可能苟延残喘以待解围。由于空投，既给解放军帮助了粮弹，更暴露了师已粮弹两缺，会促使解放军加速猛攻，而援军尚无消息，愈感当日和当夜危险万分。

正在这时，解放军放回一个俘虏兵送来一纵队司令员张宗逊劝廖昂放下武器的信。张新看见这封信,力劝廖昂接受。廖昂说:"那怎么可以!"我当时思想上极为矛盾,一方面以为张新言行不一,既然能对傅瑞光作那种指示,为什么自己不那样去做呢?另一方面,又希望廖昂能同意张的意见。但我不愿也不敢流露,因为我不是胡宗南的嫡系而是"外牌"。虽然处境危险,但万一侥幸援军赶到解围,传出去说我曾赞成放下武器,不仅有损我的"声誉",胡宗南知道了还可能"杀鸡吓猴",借我的性命来警告其他的人。这说明我当时思想是如何顽固。当张新向我说"看参座意见怎样"时,廖昂望了我一眼仍说:"那怎么可以!"我想廖昂既不斥责张,可能是在留后路。他既知引用司马公的"唯死与降耳"一语,在他权衡利害后,也可能选择放下武器的一途。因此我说:"这件事关系重大,希望师长详加考虑,权衡利害,早下决心。"我还转向张新说:"你是师长的部下,我是僚属,师长决心如何办,我们就如何办吧!"廖昂迟疑一下说:"再怎么说也不能放下武器!"这个问题也就摆下了。

下午3时后,解放军进攻暂停,我们除将情况电报胡宗南并催促援军速进外,廖昂约张新和我商量,准备将城外所有部队撤入城内固守。我赞同这一意见,我认为连日来外围据点逐个被解放军夺取后,防御区域愈窄狭,特别是西面屏障笔架山失陷后,东南北三面残存据点对城垣的掩护作用已不大,与其将兵力摆在这些据点中,被解放军一个个地吃掉,不如将这些兵力收缩进城,既可换下辎重兵营、卫生队等非战斗军队,又可抽出较大的机动兵力作为城墙被突破时恢复阵地之用,这样固守待援较有希望。商量决定后,由我用电话通知清涧县县长方本裕征集堵塞城门所需的木石材料,准备接近黄昏即令城外部队全部撤入城内。所需木材已准备好了,预备命令已经下了,廖昂的计划又变了。他认为东南北三面残存据点的作用虽不大,但解放军必须逐个夺取后,才能接近城垣,尚可拖延时间。如果主动放弃,解放军很快就会向城垣发起进攻。加以清涧城小,所有部队撤入城内,易生混乱,万一重新部署尚未就绪,解放军已开始进攻,更会手忙脚乱,陷于不利。因而他决心仍照原态势固守。

午后4时许,廖昂命参谋处第三科科长龚敬民利用报话机与延安指挥所联络，询问援军情况。该员用明语通话，得到的答复是援军先头部队已接近清涧西南高地，指示了联络号音，并嘱派员前往联络。未几西南方果有号音传来，师即集中司号按联络号音接应，并由参谋处第二科派人前往联络。结果遭受解放军猛烈射击，联络人员负伤而返。一时兴奋，又成泡影。

入夜时，解放军又开始猛攻，张新再提出放下武器的主张，廖昂还未置答，张遂派参谋处第二科代科长孙景敏前往同解放军交涉，孙以张非直属长官，迟迟不行。我看情况危急，向孙说："张旅长派你去，你就去吧！"孙已出指挥所，廖昂派人追回说："不要去，不要去。"随即实行灯火管制，进入黑暗。最初城外部队有电话联络，以后电话线被打断了。最初通信营营长薛明道还进出指挥所，指挥所属抢修线路，以后连他也找不到了，以致城外情况逐渐陷于不明。未几，第七十团团长彭晓棠因面部受伤被抬到指挥所安置在我住的窑洞内。廖昂拟向胡宗南电报情况，找张新商量，遍寻无着。廖发电报后，才发觉张与第二十四旅参谋长李铮、前第七十团团长朱冕群躲藏在另一窑洞的立柜后面，继即传来解放军已由东门突破（实际尚未突破）的消息。当时机动兵力仅有第七十团第一营营长王定超掌握的一个排，廖昂命其前往封锁突破口。王接近东门，被手榴弹炸伤下颚，又抬回安置在我的炕上，我住的窑洞遂成了"伤病疗养室"。

夜半，解放军又暂时中止进攻，师指挥所解除灯火管制，廖昂告诉我，他准备突围，说是向西南突围，前进二三十里就可能与援军会合，问我的意见怎样。我心想如果先前城外部队撤入城内，把所有轻机枪等自动武器集中编组起来，乘夜暗突围，或许有成功可能。现在城外部队已全部丧失，城内仅师、旅特务营、连和旅工兵连较完整，第七十团和七十二团第二营仅有极少数的残余部队，其余均系非战斗部队，以这样微弱的力量要突破层层包围，前进二三十里，谈何容易？不突围还可凭借工事苟延残喘，突围即会离开工事掩蔽，只能加速灭亡。廖昂经常自以为作战经验丰富，我于此时亦不愿提出和他相反的意见，因此便说："师长决心突围，当然估计过情况和力量，那也好；但我因病不能行动（我从西安治病归来后，身体还很不好），只好留在这里，以免成为部队行动的累赘。"当时特务营营长都清伟在旁说："参谋长放心，我挑几个得力的士兵抬着参谋长走。"我说："算了吧！那样会使我成为火力集中的目标，对我既不利，更减弱了部队的战斗力，我个人问题小，你们不要多顾虑吧！"廖昂想不到适当的话，望着我默默无言。我继续说："要突围，那就趁早，你们赶快准备吧！"说后，我返回我住的窑洞。躺在两个伤员之间，真是千头万绪，思想极为紊乱。想到廖昂真突围了我怎么办？躲藏么，哪里是安全地点？躲藏也只是暂时的，时间稍久，仍会暴露，并不是办法。想到以前收听解放军的广播，知道李昆岗被俘后还受着优待时，心情便宁静了些。我起来外出小解，看见廖昂脱去皮大衣，换上士兵单衣，正在翻箱倒笼，张新正痛哭流涕和他谈论着。我推想张新一定不愿跟他突围，可能又在劝他放下武器。我不愿打扰他们，返回窑洞休息。过了一会，我又到廖昂窑洞，看见胡宗南派在清涧的特务小组的两个特务向廖昂哭泣，还说什么"恳求师长务必救救我们"。这种情况，使我更感心烦。没有说什么话，又返回窑洞，休息了约20分钟。忽然看见靠近遮蔽墙处，火光闪烁，只见廖昂在熊熊的火焰旁边焚毁文件。我想他哪有这么多的文件烧？询问卫士，才知道胡宗南空投的30亿元法币，成了他的包袱。他既不愿留给解放军，也不愿发给自己的官兵，还不愿假手别人来处理，而亲自在那里督率焚烧。我听见这件事，心想这人真糊涂，如果将这款作为奖励，还可收买官兵卖命，不禁深为他此举惋惜。烧完后，他的卫士来说："师长请参谋长。"我出了窑洞，看见过道上挤满官兵，情形很混乱，我以为他要出发了。进他窑洞后我问："师长准备出发了吗？"他说："不突围，还有什么办法？"我误解他的意思是要坚决突围，觉得马上就要分别，心里很难过。我勉强抑制着感情说："祝师长突围成功！"他很不安地向我解释说："我请你来商量，除了突围，看还有什么其他办法？"我才知道他的突围决心又动摇了。我叹息说："有什么办法呢！"他说："难道一点办法也没有吗？"我以为他可能考虑了放下武器的问题来征求我的意见。因此我大胆地说："张旅长曾一再主张放下武器，师长考虑了吗？是不是可以走这条路呢？"他迟疑一下说："那怎么可以，那不等于'束手就擒'吗？"我反问："那么师长又决心怎么办呢？"他想了一下说："特务营已经集合了，我们是不是先去把核心阵地防御部署起来，万一城被突破，还可作最后抵抗，以待援军到达。"当时核心阵地只有师辎重兵营守着东北两面城墙，西南两面原计划在城墙被突破后由守城部队退守，因而尚无兵力。我答："好嘛！"但他又迟迟不行。我只好说："我走得慢，我先走一步。"他说："好吧。"出了他的窑洞，我喊了声："弟兄们！跟我来！"就出门沿交通壕沟向高地上走。初出门时，隐约看见一些官兵跟着来了，走了一段，回头一看，一个人影也不见了。我带着卫士到辎重兵营指挥所问了一下情况，又等了一阵，既不见部队来，也不见廖昂来。等我折返指挥所，看见拥挤的官兵没有了，秩序恢复了，廖昂披着大衣衔着

西北野战军攻克清涧县城

纸烟，独自在窑洞徘徊。我气极了，心想：你不来，也该派人通知我，怎么连通知也不通知？我不屑再问他怎样处置恢复秩序的事，径回窑洞休息。

拂晓前，解放军开始攻城，战斗以东南面为最烈。听见廖昂问："参谋长呢？"卫士答："休息。"他边叫"参谋长"边走进我的窑洞，要我拟发给胡宗南的电稿，大意是："敌于×时×分开始攻城，战斗益加激烈，所有兵力均已投入战斗，万一城被突破，恐难恢复固守。"电报发出后，他命参谋处第三科科长龚敬民通知译电室和无线电排焚毁密码本和呼号表（整编第三十六师被歼时，遗失了这两种文件，胡宗南曾电令各部在情况危急时，将这两种文件焚毁，以免落入解放军手中泄露了机密）。从此他对战斗再无处置，听其自然发展。此时，由于实行了灯火管制，一片漆黑。我只好躺在炕上听枪声。因久病后过于疲劳，竟一时睡着了。直到一批人涌进我的窑洞并听见廖昂惨叫"赶快顶住，打嘛！"才把我惊醒。廖随即奔入，气喘吁吁地喊："赶快把门顶上嘛！"听见拖桌椅顶门声音，室内霎时沉寂。但室外枪声、手榴弹爆炸声，愈来愈近，跟着即有"缴枪不杀"的喊声和"我们不打了，愿缴枪"的应声。以后听见收缴武器的撞击声、上下楼梯声和喊"外面集合"声。室外也逐渐静寂，没有人来敲门。我想："难道就这样躲过了么？"天色微明，室内景物隐约可见。两个伤员仍然躺在炕上，顶门的桌下藏了两三个人，立柜后面也隐蔽了好几个人，只有炕东头靠炉台的马架子还是空着。我突然感到：如果解放军战士向内射击或投手榴弹，躺在炕上哪会安全？因而下炕躺在位置较低距门窗较远的马架子上。躺下后，万念俱灰。想到爱人听说清涧城破，不知怎样悲伤；想到辛苦20年，才挣得一个参谋长，现在一切都完了；想到解放军虽宣传优待俘虏，是不是真的连我也不杀？纵然不杀，我病还重，经过一番劳累和刺激，恐怕也活不了多久。但又想解放军既然宣传优待俘虏，如果能隐瞒住我的身份，他们把我当作一个普通病号，也许会释放我。进一步又想怎样隐瞒身份。我身上带着金链金壳表和两支派克笔，就不像普遍病号。我起来便把两支笔顺手藏在炉内，把金壳表放在枕下与手枪一起。心想：侥幸躲过了，这些东西仍是我的；

万一被俘，没有这些东西也便于隐瞒身份。天色大明，有人来叫"开门"，我生恐不开门会向内射击或投手榴弹，我叫："打开门吧！"桌下出来龚敬民、孙景敏等打开了门。外面喊："出来，到这边来！"便把我们一个个押进廖昂的窑洞。当时我心跳得厉害，看见廖昂穿着士兵单衣面色惨白发抖。地上有廖昂一顶航空皮帽和一颗已磨掉了字的牙骨章，我突然想到正因我当了国民党军官才落到这种下场，便立刻把军帽丢了，拾起航空帽戴上。两个战士检查我们有无武器后监视着我们。当问我们是什么人时，廖昂首先答复："我是军需。"第二十四旅参谋长李铮接着说："我们都是伤病号。"战士问："你们师长呢？"不记得谁答了一句："不知道。"跟着即有战士提着我那支美造不锈钢手枪进来。我想就从这支枪也足以说明我们不是普通伤病号，何况我的箱子、公文皮包、图章等等都在炕上，根据那些东西，更容易鉴别出那是参谋长刘学超的窑洞，这样怎能隐瞒身份呢？几个战士齐集后，便押着我们经后面高地通过被炸开的东门出城。这时我才知道解放军是炸开东门突入的。当经过后面高地时，胡宗南派的飞机正飞临上空低飞侦察，战士要我们暂时躲避。所有的人都躲在一个掩体内，只有廖昂跑到另一个较远的掩体去躲藏，大概是想乘机逃遁。飞机过后，一个战士毫不费力地将廖昂押来和我们一块继续前进。在途中我想隐瞒身份不可能，妄想逃遁更不可能，还是坦白承认，听凭处理吧。到了东门外一个地方，一位干部接着我们，首先问我："你是什么人？"我立刻答："我是整编第七十六师参谋长刘学超。"他摸出一本手册对了一下说："对的。"又问："你们师长呢？"我看了廖昂一下，他立刻转问廖昂："你大概是廖师长吧！"廖昂只好点头。他又转向张新说："我认识你，你就是整编第二十四旅旅长张新、张麻子，对吗？"张新也只好点头。相继师副参谋长温忠程，第二十四旅参谋长李铮，前任第七十团团长朱冕群，现任第七十团团长彭晓棠都承认了自己的身份。这就是我们垂死挣扎和被俘的经过。

清涧战役是胡宗南部进犯陕甘宁边区在西华池、青化砭、羊马河、蟠龙镇、沙家店及岔口村等地迭遭失败以后的又一次失败。经过这次战役，延长、清涧两地兵力被全歼,迫使胡宗南不得不电令刘戡派出部队将孤立守备绥德的整第一六五旅李日基部和守备瓦窑堡的整第二十四旅第七十二团(欠一营)高宪岗部仓皇接走,尔后既无力也不敢再越过延安之线,这就不仅彻底粉碎了他的"钓鱼战术",而且完全转变了陕甘宁边区解放战争的形势。

(本文选自《中华文史资料文库》第六卷,中国文史出版社 1996 年版)

# 第二次榆林战役

胡景通　于浚都　张之因　姜谦祖
杨仲璜　高凌云　贾海峰　杨景荣

　　1947年10月下旬，国民党驻榆林部队，得到解放大军由绥德、米脂沿咸榆公路北进的确实消息时，曾对自己的力量作了估计和安排，决定：如解放军来攻榆林，必须坚守城垣及南门外凌霄塔高地和北关靠城的解宅两个据点，城外其余所有据点一律放弃。25日，先后发现解放军大部队集结于旧寨、鱼河堡、归德堡之线，接着就发生第二次榆林战役。在发现这种紧急情况后，晋陕绥边区总司令部和第二十二军军部即采取措施，部署防务。当时邓宝珊总司令不在榆林，遂由第二十二军军长左世允、第八十六师师长徐之佳、总司令部参谋长俞方皋和总部高参胡景通等组成临时指挥所，统一指挥驻在榆林的部队。即令第八十六师师长徐之佳为城防总指挥。令新编第十一旅第一团团长王永清指挥该团（欠一营）和军辎重营防守西城，令新编第十一旅第二团团长石佩玖指挥该团和旅直属部队防守南城，以上两部统归新编第十一旅旅长于浚都指挥。陕北警备司令部副司令张之因指挥军特务营之机枪连、军补充营（缺一连）、师炮兵营（缺两连）、旅工兵连、新编第十一旅第一团第二营和陕北保安第五团之一部防守北城（包括北关解宅据点）。第八十六师副师长张云衢指挥新补充起来的第二五六团补充营防守东城。城南凌霄塔高地由第八十六师第二五七团（团长高凌云）担任防守，归指挥所直接指挥。

　　沙家店战役后，胡宗南将其嫡系整编第二十八旅徐保部运走，董、刘两军节节向南猬缩，此时榆林已形成一座孤城。军队粮秣弹药和装备等极为缺乏，总司令部曾要求蒋介石迅速予以补充，但胡宗南从中作梗，一直不予运送。当这次解放军又有进攻榆林的各种迹象时，总部和军部急电蒋、胡，要求从速补充械弹，南京军政部 10 月 26 日才开始派中航机一架由西安空运。第一天虽然安然运到，但其中枪械很少。27 日晨，解放军已接近城郊，飞机场已受解放军炮火威胁，总部和军部除通知榆林航空站外，并将情况电报西安军事当局，但榆林航空站未与西安航空站及时联系。西安航空站 27 日仍照常派机一架飞榆，该机至榆林上空未绕城飞行，径向跑道降落，当时地面人员与该机已无法联系，以致该机降落后正在跑道滑行中，被城南五里墩和西沙梁的解放军击中起火，正驾驶员被击毙，副驾驶员被俘，所运械弹均被焚毁。当城内听到飞机声音时，军部即派人驰往机场，指挥机场附近部队进行抢救，但被解放军截击，战斗约半小时，见飞机和所载械弹俱已焚毁，遂无结果而撤回。

为什么会发生这样的事情？据我们所知，主要原因是：解放军即将第二次围攻榆林势不可免，城内军政人员的许多家属都争着想乘回机逃跑，飞行员向乘机者每人索票价黄金一两。但榆林地勤人员要和飞行员互分赃款，争执不下去，结果飞行员驾空机飞返西安。榆林航空站怀恨在心，因而对新的情况变化不及时向西安航空站电报，以致发生第二天来机被击毁的事故。

## 凌霄塔高地战斗经过

凌霄塔高地这次由高凌云团接替防守后，即在原有的基础上加强工事，并在三义庙（凌霄塔西约 150—200 米）构筑了一个营的坚固据点，与凌霄塔成为掎角之势，并将该团迫击炮阵地置于南城上，以便掩护该团阵地。

10 月 27 日下午，解放军即将凌霄塔南方之五里墩和"九一八"高地一带有利地形完全占领，并开始分途挖掘对壕，向凌霄塔节节进逼。守军曾不时派小部队出击，随伴步兵的"六〇"炮火力阻止，但均未获效果，就形成了等着挨打的态势。因此，守军的士气，随着解放军对壕作业进展的速度而愈低落。30 日傍晚，解放军不仅对凌霄塔阵地发动了以步炮联合的猛烈进攻，而且对其他方面特别是北城，也展开了攻城战斗。至晚 10 时左右，第二五七团团长

西北野战军向敌阵地运动

高凌云忽接到三义庙守军营长转送来解放军给左世允和高凌云的两封信,拟派罗明同志前来接洽起义事项。当时,高猜想来信的内容,不外是劝告投降或起义,为了避免上级对他的猜忌,连送交他本人的也未拆看,即派人一并送交军长左世允。据我们所知,左对此信未作回复。

夜12时后,解放军更以各种炮火猛烈轰击凌霄塔阵地沿线碉堡和三义庙据点,掩护步兵进攻。激战约一小时,前线碉堡多被摧毁,守军官兵伤亡很多。这时,高凌云一面调预备队全部投入战斗,一面向指挥所告急。当时左、徐等为了确保与城存亡攸关之凌霄塔阵地,不顾各城同时受攻的紧张情况,遂下令从西、北两城守军中各抽兵两连驰往增援。但由于阵地内交通壕多被炮弹炸毁,因而增援部队在未进入阵地前即遭受炮火杀伤者甚多。夜 2 时左右，前线碉堡全被摧毁，团指挥所和第一线部队及三义庙据点因电话线中断，均失去联系。高凌向指挥所告急并请示办法，指挥所即召集主要负责人商讨，当时有两种主张：一种是力主死守，理由是吸取第一次榆林战役经验，守城必须固守凌霄塔；另一种主张从速撤退，增强守城力量，理由是阵地大部已失，工事亦被摧毁，纵能强行恢复，亦必须付出极大的代价，而再继续死守，又必须有相当的后续力量，万一战斗时间拖长，其结果是逐次消耗兵力，将影响守城全局。最后，虽然采纳了后一种办法，但左世允等的意志并不坚定，于是派第八十六师副师长张云衢出城实地观察，如能恢复坚守，则将已派去的援队统归高凌云直接指挥，恢复阵地；否则即行部署撤退。张至凌霄塔后，目睹实际情况已无法收拾，即经左同意撤退。遂于拂晓前开始撤退。在撤退时，虽有南城和三义庙守军的火力掩护，但由于阵地北部出口窄狭，交通困难，加以南城门堵塞，仅容一人进出，故拖延至 31 日午后，始撤退完毕。在这种白昼目标暴露的情况下，受到城西南解放军所占领的碉堡内的有效火力射击，又遭到惨重伤亡。这次撤退共计损失兵力在一个营以上。

## 邓宝珊进抵扎萨旗

当这次战事发生时，邓宝珊正在北平，接到左世允等电催返榆的同时，傅作义也电邀他赴张家口计议榆林战事问题。邓即赴张垣晤傅。经会商后，认为胡宗南当时已自顾不暇，无力援榆。而傅本身则以察绥防线过长，亦抽不出较大的兵力，起初拟空运该部美式装备的交警队增援，但因机场已失，无法空运，遂作罢论。最后，他们根据这个地区的实际情况，认为只有宁夏马鸿逵部还可出兵解救榆林之急，于是决定：一面派暂编第十七师副师长梁泮池率一个加强团，以汽车运送，随邓即由包头进抵扎萨旗，相机援榆；一面傅亲飞宁夏要求马鸿逵派兵援榆。当榆林得到这些消息，接着又收到傅由宁夏飞返途中在榆林上空投掷的一封慰问信，固然给了人们一点安慰，但是凌霄塔失守给予人们的威胁，仍然未能消除。因此，左世允顾不得考虑当时的实际情况，即电令驻府谷、神木的杨仲璜团用强行军的速度回榆增防，以救危急。

## 杨仲璜团进城援榆

当 10 月下旬，确已侦得解放军再度进攻榆林的情报后，左世允即电令驻神（木）、府（谷）之第八十六师第二五八团团长杨仲璜，除留一营驻神木外，其余着即开回榆林。杨接电后，即按照指示，匆忙地做了行军准备，于 25 日晨率第一、二两营，补训营和直属部队由神木出发。26 日行至小保当，接到左的电报：榆林被围，该团暂勿进城，在城外相机牵制解放军。至 29 日该团即活动于榆林北 20 余公里之三道河子一带。31 日杨团又接到左的电报："自凌霄塔失守后，人心恐慌，着你团于明日（11 月 1 日）拂晓由北门强行进城。已电令段宝珊部掩护，希即联系。"杨接此电后，即率所部由三道河子向西移动，做进城准备。是日晚到柴家圪堵，与新编第十一旅第一团副团长段宝珊所带之第三营（系骑兵）及榆林县县长肖履恭所率之自卫队等部会合，当即进行商议，决定：段、肖两部分别牵制红石峡和芹河等处的解放军，杨团乘隙从中插入，强行进城。

杨与段、肖等商定后，即依计划而行。是日深夜当接近边墙（有人也叫长城，距榆林城约 5 公里）时，曾听到城关战斗激烈的枪炮声和飞机轰炸声。约至 4 时，在通过边墙时，虽受到该处碉堡内解放军的射击，但没有还击，即快速通过，继续前进。这时，适值解放军攻城部队因快天明而离城后撤，该团才得以顺利到达西沙梁上，发射了信号弹与城内取得联系后，即以攻击姿态快速前进。在强过榆溪河解放军警戒线时，发生了战斗。由于城上守兵的支援，得以较快地突破警戒线，接近了城垣。当时城上守军除以火力支援外，立即由北城派队出击，进行策应。在这种情况下，杨团除后卫补训营大部在西沙梁被俘外，其主力部队却借此机会冲进了北门。这次战斗在 8 时左右结束。

## 北城激战

11月2日晚，解放军又发动了一次规模较大、时间较长、战斗最激烈的攻城战，解放军攻击北城的主要目标是"刀把"形的东北、西北城角和解宅据点等处。战斗一开始，解放军即以步炮联合，更番攻击，战至深夜1时左右，"刀把"东北城角被轰塌，该处守兵，随同堕下。解放军的云梯搭上城关。解宅据点不仅工事多被摧毁，碉堡也中弹多发，硝烟弥天，岌岌可危，电话线路被炸断，以致情况不明。正当这十分危急的关头，适指挥所派来的救援部队接连赶到，又有飞机助战，战况转趋和缓，恢复了和解宅据点的联系，拂晓结束了这场激战。这次战斗，守军伤亡和失踪的官兵共计110余人。

## 轰城地道的发现

当这次战事发生时，人们鉴于榆林已成塞上孤城，四望乏援，而且邓宝珊又不在榆林，就认为这次的情况和上一次情况不同，城破恐怕仅是时间问题。因此，一般人都无信心，有些人则借故逃走。榆林县县长肖履恭，战事一发生，就借发动地方武装参加保城为名，首先逃出城外，混在该县自卫队中，企图城亡时不被俘，城存时尚可邀功。

凌霄塔阵地失守后，又经过2日晚的彻夜激战，正当人们心情紧张的时候，突于4日早晨，在东南城角魁星楼附近之城南段和南城东段等处，发现了解放军正在挖掘的地道各一处。这个消息使全城为之震惊。平素迷信济公佛会保佑自己，且常说"事到着急处，就有出奇处"的左世允，这时也大大地不安起来。因为只要城墙被轰开一处，则解放军的进攻是阻挡不住的，依城待援的想法就要落空。于是左、俞等一面向有关方面连发急电，催促援军赶快到来，一面采取各种防御措施，竭力破坏解放军的地道作业，于是向商民征用大量的布袋和瓷瓮，以备装沙堵塞和听音侦察之用。

在发现轰城地道情况后，守军虽多次进行各种破坏，并付出了极大的代价，不但未收到任何效果，反而在人们的精神上更增加了严重的威胁和负担。一时风声鹤唳，草木皆兵，仿佛城破即在眼前。11月5日将午，高凌云团特务排的一个士兵，突然精神失常，在住的窑洞（距南城不远）里打起枪来，并大喊："八路军挖开地洞了！"而该排排长听到之后，不问情况，即以轻机枪向洞内连射。这些枪声和讹传，顿时惊动了全城。徐之佳当即派人追查，才知系出于精神过度紧张所酿成。徐因惊恐成怒，竟将该二人以"玩忽职守"罪名，立予枪决。这种用杀人的办法来镇定人心，是国民党军队中的惯技，不足为奇。

## 南城一段被炸陷

11月8日夜，数日来举城担心的地道危机终于爆发了。这天夜里，月色朦胧，为了给飞机做标志，各城仍然燃烧起炭火笼。晚9时左右，解放军一度向西城外伏礌攻击，在北城外进行扫雷活动。夜12时前后，侦察组报告，今晚解放军挖掘地道的声音甚微，且时有时无。指挥所据报即通知各城严加守备。不久，解放军忽向四城发动了一阵火力攻击。夜2时许，解放军发动了全面的攻击，首先以炮火轰击魁星楼和南城楼数十发后，突然"轰隆"两声，似地震一样震动了全城，南城墙东段被炸陷三四米，飞尘蔽天，城上守兵多被震晕倒。守城指挥官一面令城防工事的侧防部队以密集火力向被炸开缺口前方集中射击，阻止解放军涌进城内，同时炮兵也集中火力向这方面射击，阻止解放军后续部队前进，一面令防守部队用预先准备好的沙袋堵补缺口。经过一小时后，缺口已填补起来，也没看到解放军的大部队来攻，战斗就沉寂下来。东城南段同时炸开之一处，因距城较远，未毁及城墙。这一战斗，南城指挥官石佩玖负伤，官兵伤亡50余人。

## 马鸿逵援榆

8日晚南城的被轰炸，虽未造成城破之厄，但战事已进行了半月之久，不仅守军精疲力竭,且粮秣弹药也发生了极大问题,而榆林城内商民食粮燃料,更感困难。在这种山穷水尽无法维持的紧急情况下,马家援军仍毫无消息。因此,守军的忧虑恐慌心情一直有增无已。15日,左、俞等忽接邓宝珊由扎萨旗的来电说,宁夏援军被解放军截击于榆林城西45公里之袁大滩,正在激战中。马鸿逵来电要求榆林守军火速出击,向袁大滩会师,以收夹击之效。接到这个紧急电报时,榆林城仍在解放军包围中。次日晨,城近郊解放军已撤走,守军当时既苦于无较完整的建制部队可派,又不能从速出击,策应援军,遂由杨仲璜团抽拼了一个营,并附山炮一连,于16日上午10时出城西进。不料进至边墙附近,即遇到解放军的阻止,展开了战斗,相持至傍晚,

榆林元大滩战斗中,西北野战军俘获马匪之一部

仍撤回城中。在对战中，曾有意识地发射了大量炮弹，借此给援军通声气。当晚，又连续接到马鸿逵催促出击的电报，电文中带有激愤之意，如说："派我的两个儿子，率领我所有的部队前去，……总不见你们的队伍出击，我才明白是上了你们的当了。"其惊慌失态可以想见。事实上，马鸿逵固急，而左、俞等更急，因为他们意识到，援军覆没，就是本身被歼的日子到了。于是决定，仍以杨团为主力，由各部拼凑了一个团，附山炮一连，名之为混成团，由杨团代团长贾海峰任指挥，并派王永清团长率领该团第三营骑兵（整编时保留的一部骑兵）协同前往。17日晨出发，取道城北之红石峡，向袁大滩方向前进，行至小加尔汗即与马家军相遇，遂于18日向导马部进城。邓宝珊及所率之绥远部队也于这天清晨入城，至此战事即告结束。

第二次榆林战役，共经过20多天，守城部队损失伤亡约计4个营的兵力。

（本文选自《中华文史资料文库》第六卷，中国文史出版社1996年版）

# 蒋军整编第二十九军瓦子街战役就歼记

王应尊

> 王应尊，生于1907年，山西襄汾人。黄埔军校第五期步科毕业。文中身份为国民党整编第二十九军第二十七师少将师长。1948年3月在宜川瓦子街战役中被人民解放军俘获后逃脱。1949年12月27日在四川起义。后任解放军西南军区高参，民革四川省委副主委，四川省政协常委，全国政协委员，民革中央委员。

刘戡整编第二十九军，包括整编第二十七师和整编第九十师，在宜川瓦子街战役的被歼是蒋军进占延安以后最大的失败。自1947年3月胡宗南进犯延安后，由于整师整旅地被歼灭，引起了胡宗南整个集团极大的恐惧和不安，军心涣散，士气消沉，日甚一日。一般官兵对以师旅为单位的作战，已失去了信心，但对整编军以上的大兵团作战，还存有一种侥幸心和幻想。而这一次刘戡整军的被歼灭，把最后一点仅存的侥幸心与幻想也彻底粉碎了。由于这一失败，使胡宗南不仅对陕北的控制无能为力，而且要想以全力保守关中也成了极为严重的问题。因此，刘戡整编第二十九军在宜川瓦子街的被歼，是对胡宗南集团在死亡道路上的一次致命打击，大大缩短了蒋军在西北战场垂死挣扎的命运。

我当时任整编第二十七师师长，亲身参加了这次战役，现在把这次战役的经过，就自己回忆所及，尽量详细地写出来，仅供参考。

## 刘戡整编二十九军被歼前的西北形势

当1947年秋，胡宗南集团在陕北损兵折将，一筹莫展之际，忽悉解放大军的陈谢（陈赓、谢富治）兵团由晋南渡河，挺进豫西。在这一声势浩大的进军中，蒋军在豫西各地的守备部队，惊慌失措，纷纷告急。此时，蒋介石为了策应河南作战，并保守关中，遂命令胡宗南由陕北方面抽调兵力，星夜开往豫西，于是胡宗南本人也就乘机由延安溜回西安，把陕北的乱摊子完全交给刘戡负责。当时胡宗南集团的兵力部署的概况是：陕北方面，何文鼎的整编第十七师守备延安，整编第七十六师的二十四旅张汉初部守备宜川，刘戡整编第二十九军军部驻洛川，整编第二十七师除一部兵力维护洛川至延安的交通外，主力也驻在洛川附近，整编第九十师全部集中在黄陵附近整训。豫西方面，除整编第十五师、整编第三十八师和青年军二〇六师原驻豫西外，由陕北抽调下来的整编第一师罗烈部、整编第三十师鲁崇义部和整编第三十六师钟松部，也都急急忙忙地开往豫西。裴昌会以胡宗南的副主任身份、西安绥署指挥所的名义，进驻豫西灵宝，统一指挥。打算按着蒋介石的企图，幻想打通潼关与郑州间的交通，封锁豫西一带黄河两岸的交通，与郑州的孙震所部协同作战。此时，董钊已被免去整编第一军军长职务，准备专任陕西省主席。

## 刘戡整编第二十九军被歼经过

在胡宗南的主力部队调往豫西不久，守备宜川之整编第二十四旅张汉初部于1948年2月下旬，突破人民解放军第一野战军的部队包围，旅长张汉初惊慌失措，告急求援。胡宗南在这种惊恐的情况下，遂命令刘戡就近指挥整编第二十七师（三十一旅部带一个团和四十七旅部带两个团缺一营）和整编九十师（五十三旅和六十一旅共五个团另一个营）两万余人，即日前往宜川解围。刘戡得此紧急命令，连会议都没有召开，就依照胡宗南绥署的命令给两个师下达了出发命令。我记得是在2月25日前后，全军由洛川出发，按整编第二十七师、军部和整编第九十师的次序，沿洛宜公路向宜川前进。

第一日，整编第二十七师由洛川以东地区出发，下午到达永乡附近宿营。据报在永乡东北方约50华里之观亭附近，发现有解放军的部队。当时因为我是军的先头部队，有责任弄清这一情况，报告刘戡，随即星夜派一轻装营，前往进行威力搜索。俟该营突入观亭后，果然发现解放军之大部队——第一纵队。一经遭遇，撤退已来不及，遂陷入重围，经过一度混战后，该营损失大半而回。该营虽遭受损失，但对观亭的情况已弄明白，于是我即据实报告了刘戡，并向他提出建议。我的建议是：先集中力量打观亭，然后由观亭前往解宜川之围。理由很简单：解放军既包围了宜川，而又集结较大的兵力于观亭，这显然是准备打援兵的。如果先不去掉这一翼侧威胁，仍沿洛宜公路前进，不但不能完成解围的任务，而且解围部队本身亦必遭受危险；如果先打下了观亭，不仅解除翼侧威胁，免受危险，而且就地形上说，可以由观亭沿一条山梁直抵宜川城下，解围是比较容易的。刘戡同意了我的意见，立即请示了绥署。

第二日，因等候绥署指示，在原地停止，没有前进。是日晚接得绥署的电令，大意如下：宜川情况紧急，在时间上不允许先打观亭，该军仍需按照原定计划，沿洛宜公路迅速前进，以解宜川之急。这一既不根据实际情况，又不权衡利害的指示下达后，使全军官兵大失所望，忧心忡忡，但亦无可奈何。

第三日，在既无信心而又无可奈何的情况下，除在公路两侧山上派出侧卫担任掩护外，大部队沿洛宜公路向宜川前进。在行军中大家低头不语。我问副师长李奇亨和参谋长敖明权这次解围有无把握，李奇亨毫不踌躇地对我说，这次行动不但解宜川之围没有把握，而且我们解围部队本身颇有危险。李奇亨素称勇敢，突出此言，更加影响了我的信心。是日在行进中，除两侧山中偶有零星枪声外，无大接触，晚在瓦子街以西某村（记不清村名）宿营。夜间得悉解放军之警戒部队在瓦子街以东出没，并有大部队在瓦子街以东约10华里之处（小地名记不清）凭险据守，并正在积极加强工事中。当时使人意识到，此即口袋战术的口袋底子所在，大战就在眼前了。

第四日，即2月28日，部队一过瓦子街就与解放军的警戒部队接触，且打且走，中午抵解放军之既设阵地稍事观察与判断，即以整编四十七旅之主力展开进攻，企图以迅雷不及掩耳之势，迅速击破当面解放军之阵地，靠近宜川，与整二十四旅张汉初会师，但攻至黄昏，未克奏功。是时天气突变，风雪交加，倏时雪积盈寸，行动颇感困难，攻击部队久停山腰，进退维谷。此时适刘戡到达，当即报告经过，并建议速做夜战准备。刘戡立即划分了作战地境与任务，规定公路以北归整编二十七师担任，公路以南归整编九十师负责。刘戡安排后不久，我正在部署军队之际，忽得后方报告，说后方瓦子街已发现解放军部队，显然是观亭方面第一纵队已跟踪而来。但此时右侧，即公路南尚无情况发生，整九十师之六十一旅杨德修部已由公路山地迂回至解放军既设阵地之侧后，距宜川仅10华里，因该旅未能及时与该师部取得联系，未能从彼方扩张战果，致失战机。

正面攻击受挫，后方瓦子街已被截断，全军处于不利地位。因此，我向刘戡提出最后建议，主张乘在公路南侧尚未发现情况之前，立即向黄龙山撤退，变内线为外线，以解宜川之围。刘戡深知处境危险，同意了我的意见，并对我说："要得深夜十二时以后，才能行动；天降大雪，道路泥泞，等大家走完了，恐怕你的部队走不出去，因为你的部队正在前面打，势必你要担任掩护，走在最后。"我当时回答他说："我走最后没有关系，充其量损失一部分部队，主力是没问题的。"于是他即叫参谋长刘振世征求整编第九十师的意见。孰料整九十师师长严明因腿部有伤，经过数日行军，深感疲困，到达后即入了梦乡，参谋长曾文思接得电话，生硬地对刘振世说："仗还没有打，就想跑，这种仗我们还没有打过。"刘振世见话不投机，要我与严明直接商量，后我曾两度打电话，都未找到严明。及至深夜，整二十七师所担任之正面，全面发生了战斗，整九十师的正面也有了情况，该师六十一旅亦由前方败退下来，并遭受了损失。至此，遂形成了刘戡全军被包围的形势。

第五日，拂晓，整编第九十师师长严明，给我来了电话，彼此交换情况后，他即问我现在怎么办，并说如果现在要行动（指突围）的话，他手中还有两个营。当时我没有表示意见，只答转告刘戡。以后我把严明的话转告刘戡，刘戡十分冲动地对我说："算了，打完了事！"就这样一错再错地走向了灭亡。

是日拂晓后，解放军发动了总攻，各方面的部队，都进入了战斗。刘戡全军作垂死的挣扎。此时全军把唯一的希望寄托在援军和飞机上，但很不凑巧，天降大雪，飞机不能起飞，援军都远在豫西，迟迟不能到达。尽管胡宗南电报纷纷，说什么已令大批空军出动助战，鲁崇义的整编三十师限期即到，张耀明的整三十八师已向西安空运，等等，进行欺骗，但远水不解近渴，不但我们是十分清楚的，而且也早在解放军的计划之中。入夜战斗更加激烈，火力更加凶猛，四面八方都是炮弹和手榴弹的爆炸声。爆炸声之后，接着就是一片冲锋的喊叫声和厮杀声。这样激烈的战斗，反复进行了通夜。经过一日夜的战斗，刘戡全军伤亡惨重，粮弹殆尽，士气更加消沉。

第六日，解放军之进攻益猛，形势更加危急。在解放军的强大压力和勇猛攻击中，刘戡全军的阵地逐渐缩小，伤亡继续增加，特别是各级干部的伤亡更加惨重。整编第三十一旅旅长周由之（李纪云被俘后，由周继任旅长）和整编第四十七旅旅长李达相继阵亡，其他中级与下级干部阵亡者更是数不胜数。此时全军士气之颓丧已达极点，各级指挥已失去作用，士兵一批一批地后退，阵地相继失守。午后，整编第九十师师长严明，见战局无法挽救，乃自杀。就这样拖延到黄昏时分，刘戡见大势已完，再无任何希望，于是下令各单位，焚烧了机密文件秘本，并毁坏了电台。至此战斗已至尾声，全部陷于混乱状态。刘戡在解放军围攻该军部时，眼看危及自身，遂跳出战壕自戕身死。

我正在十分沮丧之际，警卫营营长刘中甫跑至面前，大声疾呼："突围！突围！现在不冲还待何时。"我与副师长李奇亨、参谋长敖明权在这种明知不可能而又不得不行动的情况下，于是随刘中甫率领的两个连进行了突围，但在解放大军的重重包围中，哪里能够突得出去。经过一段奔跑，终于被解放军截拦，放下了武器，我即混到士兵中。入夜，解放军分配俘虏在带往各部队的宿营地途中，我乘夜黑脱离了行列，隐入深山中，两日后跑到西安。

## 宜川战后胡宗南的虚伪羞惭与惊慌措施

我到西安后，胡宗南当夜接见了我。他故作镇定地首先安慰了我。他问到我的损失情况时，我答损失了三个司令部（一个师部两个旅部）和三个步兵团欠一个营。他虚伪地对我表示惋惜，并说什么只有这点部队你为什么要去呢。我未答。心想：我的部队都被你绥署指挥得七零八落，难道要增援宜川时你还不知道我二十七师有多少部队吗？过了几天，他召集绥署的有关作战的高级人员开会，要我的参谋长敖明权报告作战经过。敖明权根据上述的实际情况报告后，胡宗南问大家的意见。绥署参谋长盛文接着以肯定的语气说："二十七师的意见都很对，为什么刘戡不这样做！"其实，天晓得，哪里是刘戡不这样做，而是刘戡三番五次地打电话给他，他还在公馆里请客吃酒打牌，置若罔闻呢！今天刘戡死了，把责任完全推在刘戡的身上，真是岂有此理。

　　宜川战事结束不久，解放军电台广播，叫胡宗南和死伤者家属注意收听。大意是说，你们负伤官兵我们已给治疗，阵亡官兵我们已替你们掩埋，刘戡和严明的尸体已经装殓，特给

宜瓦战役俘虏

你们送至某地（地名记不清），你们即派人前往接运等语。胡宗南收听到这一宽仁厚德的广播后，既羞惭，又惊恐，手足失措。接运吧，羞惭难堪；不接运吧，又何以应付全体官兵和死亡者的家属。经过反复的商讨，最后决定把刘戡、严明的尸体接到西安，并虚伪地开了一个追悼会，还呈请蒋介石追赠刘戡、严明为陆军上将。

刘戡整第二十九军被歼后，胡宗南集团军心涣散，固不待言；而在蒋管区的人心亦十分动荡，特别是关中一带，人心惶惶，一片混乱现象；再加上胡宗南的军队节节溃退，纪律废弛，军行所至，民不聊生，使人民更加恨之入骨。胡宗南就在这种十分尴尬的情况下，狼狈地放弃了延安，急急忙忙地调回了豫西的部队，并由苏北空运来了李振的整编第六十五师，从甘肃、宁夏调来了马鸿逵和马步芳的回族部队，企图保守关中，作垂死的挣扎。但是蒋集团灭亡的命运早已注定，一切挣扎都是徒劳的。

（本文选自《文史资料选辑》第三十六辑，中华书局1963年版）

# 蒋军胡宗南部撤出延安的经过①

陈子干

> 陈子干,生于1908年,云南盐丰(一说大姚)人。黄埔军校第四期步科毕业。文中身份为国民党整编第十七师第十二旅旅长。1949年底在四川被人民解放军俘虏。后任云南省人民政府参事。1979年病逝。

## 一

国民党反动派认为占领延安的政治意义很大,一开始就注意对该城的防守,最初是派整编(以下简称"整")第二十七师策划防守,积极构筑工事,以后部队更换了几次,对防御工事的构筑从没有间断过。到1947年9月中旬,胡军主力被迫南下,但仍然舍不得把延安放弃。这时延安的守备问题,就显得比以前更加重要。西安绥署以及部队中的指挥人员,大都认为西北野战军主力在打下清涧活捉廖昂之后,无论从政治上军事上着眼,要乘势收复延安都是很有可能的。经研究后,胡宗南交由刘戡维持延安附近的摊子,并派了在这一次战争中受到打击比较小的部队之一的整第十七师何文鼎部担任防守。整第十七师辖两个旅,即第十二旅(旅长陈子干)和第四十八旅(旅长康庄)。刘戡、何文鼎根据部队的情况,决定了以十二旅担任守备,四十八旅担任机动。十二旅的防御布置,基本上是按照移交下来的防御计划布置,略略作了一些修改。防御地区,以清凉山、宝塔山、凤凰山以南高地为支点,形成了以延安城为中心约40华里的环形阵地。这三个守备地区,由十二旅所辖的三个团分别担任,

---

① 这篇文章的原标题是《胡宗南部对延安的进攻、防守和溃败纪略》,这里采用了文章的后半部,并作了删节。——原书编者注

三十四团（团长齐天然）担任清凉山地区守备，三十五团（团长吴子清）担任宝塔山地区守备，三十六团（团长王灿辉）担任凤凰山以南地区的守备。工事构筑的原则是以碉堡群形成据点，联系若干点控制面，每一点可以互相支援，每一点又都可以独立固守，各点都围以峭壁外壕，有些地方还架设了铁丝网和埋置了地雷。就是矗立在宝塔山上的那座宝塔，也由三十五团在上面构筑了几层机枪掩体，还修通了由飞机场到清凉山顶的简易公路，以便必要时用战车开去作战。同时也作了外围阵地被突破或某一部分阵地失守的打算，对核心阵地也是毫未放松地积极构筑的。延安城区守备由十二旅直属部队担任，凤凰山炮兵阵地的守备由师工兵营担任。十七师师部和十二旅旅部驻在城内凤凰山脚的窑洞内，四十八旅旅部驻王家坪，也都在不遗余力地做工事。在防守部队看来，枪不响则已，枪一响就不能不做孤军与优势的西北野战军作战的准备。从到陕北作战以来的经验，都深深感到友军的支援越来越不可靠，因此只有拼命在做工事上打主意。自占领延安以后，西北绥署还陆续把西北仅有的重武器和新武器拿了一部分到延安来，以增加部队的防御力量，其中有十五榴重炮两门、山炮一营（12门）、轻型坦克三辆，另外还有一些火焰喷射器，各部队都分到若干具。在工事构筑兵力配备外，师旅部还商量定了一套"以火海对人海（诬蔑西北野战军的英勇善战为人海战术），以优势对劣势"的作战方针，意思就是以少数兵力守住碉堡，构成炽烈火网，而以多数兵力集中掩蔽，相机出击，希望以这样的作战方法达到固守的目的。

一年多的工事构筑，给革命圣地延安以很大的破坏，四望碉堡林立，沟壕纵横，把一带锦绣山川挖得千疮百孔，很多有名的建筑都遭到严重的破坏。延安城附近的窑洞、医院及远至桥儿沟教堂附近的大建筑，凡有可用的木材石条，都被拆来做构筑工事的材料，如中共中央大礼堂和党校都遭到了破坏。

9月尾，部队主力到达延安附近没有几天，胡宗南乘专机到延安来了一趟，也是最后的一趟，召见了团长以上干部，个别询问了一下部队情况，也没有召集大家在一块说清楚当时的情况和以后的搞法，午前10点多钟到达，午后3

延安城南门安澜门

点左右就走了。他这种故作镇静的做法,反而使大家思想更加沉闷,对当时那样复杂的局势,应该怎样来认识,怎样来应付,像他这样一个主要负责人也不能说出什么令人信服的道理来,只给大家增加了前途困难的暗影。

约在11月初,第三十六师、第九十师先后南调洛川附近,第二十九军军部仍驻延安。11月以后,延安已经起冻,一曲清浅的延水,直冻到河底。刘戡和文宇一常到宝塔山北面的河滩上滑冰,有时也来约我同去。闲谈中刘戡说:"不打几个胜仗,到年底双方的力量就可能扯平,明年国军就会逐步变成劣势,到后年局势就更困难了。"他对全盘军事形势作出这样的判断,我们也认为是对的。仅就当时自己亲身经历的陕北情况说来，败仗一个接着一个，损失一次比一次大，3月间奋勇北上，仅仅半年多的时间，弄到手忙脚乱惶惶不能自保的地步，因此刘戡的判断是大有可能成为现实的。从刘戡的这种看法，可以反映出当时胡宗南部相当多的一部分指挥人员的思想情况。约在12月底，二十九军军部南移洛川，留下整十七师冻结在延安这一座孤城之中。

胡军纷纷南下，那些跟着胡军来发"胜利财"的商人，眼看风色不对，也纷纷南返。十七师为了稳定人心，繁荣市面，让军队带着去的秦腔梆子"猛进剧团"在原边区参议会大礼堂公开卖票演唱。军队中的高级干部经常与行署、专署、银行等的负责人酒食征逐，以表示自己的沉着整暇。行政机构和银行的负责人，则想乘此打听消息，万一打起来，也好找一个安全的地方躲避，不过双方都不愿说穿自己的打算。

## 二

十七师困守延安，与后方的联系仅有一条漫长的毫无保障的补给线。延安到洛川100多公里，路上连警戒部队都没有，如战争发生后，很快就会陷入弹尽援绝之境，因而大家感到困守孤城在军事上的意义不大，是一件受虚名得实祸的笨事，是把有用的部队摆在一着无用的闲棋上（十七师参谋长梁文铁就是这样的看法，并托辞请调，离开了延安。他走后，西安绥署派宋质坚来任参谋长）。但是西安绥署对于困守延安又是那么重视，不得不本着"军人以服从为天职"的旧观念，只好把一切希望寄托在固守上着眼。到了1948年2月24、25日，十七师得到情报说：西北野战军的主力四个纵队，已经在22日至25日间，陆续由甘谷驿以东地区南下。何文鼎当即把这个情报报告了在洛川的二十九军军部。26日，西安绥署来电通报情况说：西北野战军主力五个纵队，到了宜川附近。当天又接到刘戡的电报说：宜川守军二十四旅被围，军部27日率二十七师和九十师前去救援。当天晚上，何文鼎召集师的主要干部作了研究，参加这次研究的有宋质坚、康庄和我。大家都认为胡宗南的主力，已有一部组成关东兵团，由裴昌会率领去增援洛阳方面，若不等待主力集结，就以两个师的劣势兵力去找五个纵队的西北野战军作战，是会蹈过去被各个歼灭的覆辙的。当时宋质坚提出意见说："最好放弃延安，十七师兼程南下，与二十九军会合后，再行东进。"康庄和我完全同意这样的主张，何文鼎也表示同意。当时也考虑到在洛川会师之后再去增援宜川，怕时间上来不及，则可分路前进，到宜川附近会师。总的说来，放弃延安集中兵力这一点，都认为就当前的形势看是最适当的办法。因为这既有利于增援宜川，也可乘此摆脱十七师的艰危处境。商定以后，由师部电报刘戡，请他同西安绥署商量。去电以后，一连两天没有回电，此时洛川、延安间的电话已不通了，因此猜不出是什么原因。当又去电报询问情况，仍没有回电。到了3月4日，接西安电报，才知道刘戡增援宜川失利，详情并不清楚。几天后，从西安来的人口中，才知道二十九军全军覆没，刘戡、严明（九十师师长）、周由之、李达（旅长）等阵亡，张汉初（二十四旅旅长）被俘。这样一来，撤离延安的拟议也就完全落空了。这次战役使双方力量对比起了更大的变化，就延安守军来说，已经再没有靠援军来协同作战的指望，而感到处境更加艰危，只有加强工事、力图固守一法。于是延安守军乃在城墙外二三十公尺处又加了一层水泥碉堡。

刘戡这个人思想非常反动顽固，在进攻延安、窜犯陕甘宁边区的反革命作战中，他是一个主要的指挥人员。由于败仗一个接着一个，他虽曾受到胡宗南的几次责备，但仍是执迷不悟地忠实执行胡宗南给他的反革命任务，待败退到延安后，仍尽力作绝望的挣扎，甚至胁迫干部作"效忠党国"（蒋家王朝）的宣誓；在宜川战役中，被人民军队打死，是罪有应得的。

到1948年4月初，西安绥署派了一个上校参谋到延安来，与十七师商量从延安撤退的问题，绥署的意见，要十七师沿延安到铜川的公路回转关中，到洛川时，会合守洛川的杨荫环旅一同南下（杨旅的番号已忘）。但十七师的师旅长一同研究后，提出了不同的意见，认为沿公路线南下，行动受交通线的限制，不能机动，最好是把必要带的重武器由飞机运回，其余只好毁弃，然后部队行动就方便多了。西安绥署派来的这个上校参谋，只得答应把十七师的意见带回西安请示。大家以为几天之后就会有撤退的命令来的，然而等了 10 多天，命令还没有接到，而另外接到一件报导开"国大"的情况的通报。蒋介石在"国大"的讲话中，提到军事情况时说：国军仍然是有力量，要占领共产党政治中心的延安，就能够占领延安，要占领共产党经济中心的烟台，就能够占领烟台……接到这个通报两三天后，才接到准备撤离延安的通知。这才使我们恍然大悟，十七师之所以决定撤离延安后而又多待了半个多月，原来是为了要证实"蒋总统"国大会议上讲话的"真实性"。接到通知后，何文鼎找两个旅长去传达了情况。为安定人心，决定暂时保密，因此这个消息连团长也没有告诉，只是由于那个空头行政机构——"陕北行署"的人员逐次撤退，方引起了一些猜测。这时一些行政人员就慌起来了，行署的主任秘书卞德恭和延安专员周保黎来问我，说是否有撤退的消息。我说撤退恐怕是必然的趋势，但还没有正式的消息。这种答复他们有所意会，也就没有再问下去了。最后一班飞机大约是在 18、19 日来延安的，我对卞德恭说："老卞，你留在这里干什么，坐这一班飞机走吧！"他说："关防在我手里，他们赶办结束要用，我下次走吧。"我也只好含糊答应过去。大约在 18、19 日接到命令，要十七师 21 日撤退，但十七师还故作镇静地照常在边区参议会大礼堂演戏。20 日晚上，我还和何文鼎、宋质坚去看了戏，由戏院回来，才召集团长当面传达了命令。他们并不感到突然，当时胡军主力已无力北上，并不是什么秘密，十七师像一个断了线的风筝，远悬在几百公里以外，必须收回，自然是众所周知的事。

  1948 年 4 月 21 日的 4 点多钟，四山阵地陆续响起了巨大的爆炸声，在黑暗的夜空中，高高低低的阵地上燃烧着大小不同的火焰，防守部队把带不走的器材弹药等物资炸毁，做出发准备了。不久天渐亮，部队陆续出发。行军序列是按四十八旅、师部、十二旅的次序。十二旅离开延安城时，已经 8 点多钟了。看看四山林立棋布的高碉低堡，纵横交错的峭壁深沟，都是 10 年来胡宗南部封锁陕甘宁边区时所做工事的经验积累，如今却成了封锁自己分割兵力的工具。脱离这个环境,大家心中都有海阔天空、如释重负的感觉,皆情不自禁地表现在脸上。撤离之前,也曾考虑到脱离阵地后,万一遭受袭击的问题,因而在主力撤离阵地之后,都还留置了一部分兵力担任掩护。约在9点钟以后,部队才完全离开延安向南转进。

这次撤退,不仅有十七师的部队,有行政单位的人员,有由西安来做投机生意的小商人,还有跟着军队逃跑的地富分子,一片仓皇混乱情况,使得这一支撤退的行列,军民混杂,凌乱不堪。十二旅走过清凉花园时,看到前面有一处兵站仓库还在燃烧,主要有面粉,也有少数的重机关枪,有的士兵扛上一挺重机关枪,走不到百把步,又只得无可奈何地摔在路旁。约行七八华里,见有一门十五榴重炮摔在路旁,没有人管,前面不远,炮兵连的官兵,用尽力量想把另一门重炮继续运走,但因路坏马疲,看来要运走十分困难,这时谁也没有力量再去顾及它们。这两门专门运到延安来增强守备的重炮,一炮也没有放过,以后听说撤离延安不远就完全摔在路上了。

路上提心吊胆地走了3天,总算没有出什么大的意外。23日到洛川,与守备洛川的杨荫环旅会合。

## 三

4月24日,何文鼎率十七师及杨荫环旅继续向铜川前进,这时,一方面与杨旅会合后力量较前雄厚了一些,与胡宗南的主力也接近了一些;但另一方面则西北野战军的主力正在泾渭河谷地区活动,越向南进,遭遇战的可能性就越大。在未与主力会合之前,十七师仍然是劣势,因而这时的警惕性比前三天更提高了。约在10时前后,行进到距洛川30华里的交河口附近时,师部得到情报,说交河口以南不远到铜川的公路两侧高地,有西北野战军的部队活动,并且沿途筑了很多工事。何文鼎召集3个旅长进行了研究,大家认为按原计划的路线前进危险性很大,遂决定改变道路,走通向蒲城的这一条公路前进。25日,到史家河宿营。当天在行进中,看到几处公路有破坏情形,但破坏的程度不大，由工兵修理后车辆就可以通行了。

　　史家河是一个东西向的窄狭川道中的一个小村子，这一条川道把高原隔成南北两段，杨荫环旅已走上了南原，前进约八九华里宿营。十七师师部率三十五团在上了南原不远的一个小村庄宿营。三十四团派出在东南方约八九华里的地方向黄龙山区警戒。十二旅旅部率三十六团驻史家河。四十八旅在北原露营，向西向北警戒。26日晨8时，史家河西面响起了一片枪声，越打越近，派出向西警戒的十二旅搜索排，约20分钟后就退到旅部附近来，追击的西北野战军约二三百人也跟踪追来，旅直属部队当即展开战斗。接着南原师部所在地附近也传来浓密的枪炮声，范围相当广。当时大家判断，这已不是地方部队的袭扰，而是一个较大部队的攻击开始了。对战约一小时，进攻十二旅旅部的部队转向南原前进，我派人找到康庄，他和宋质坚一同来到史家河村庄后边一处便于瞭望的地方会面。三个人商量后，决定集中力量，向南原师部所在地攻击前进，与师部会合后，再作第二步打算。十二旅的三十六团担任左翼，四十八旅派一个团担任右翼，约于11时开始向南原攻击。这时南原已为西北野战军第三纵队的部队占领。攻击部队形成仰攻形势，前进困难，伤亡很大。攻到原上时，三十六团团长王灿辉阵亡，由副团长张泽民指挥继续作战，激战至午后5时，才与师部取得联络。三纵队的部队因未达歼灭战的目的，主动向西撤去。这一次战斗，师部和三十五团为自己存亡关系，作了拼命挣扎，因而战斗很激烈，伤亡也很大。总结这一次战斗，十二旅的伤亡在800人左右，师部指挥的3辆战车有7个驾驶员和射手受了轻重不同的伤；四十八旅的伤亡比十二旅轻些。而近在咫尺的杨荫环旅只图自保，并未敢来参加战斗。

　　27日，按杨荫环旅、师部、四十八旅、十二旅的次序继续南进。约在8时左右，前面部队行进不远，十二旅才开始行动，但突然遭到三纵部队的阻击，旅部和担任警戒的三十五团第一营都有一些伤亡，营长吴子昌也在这次战斗中负了重伤。对战约一小时，部队逐渐脱离战斗，阻击部队也未作追击，十二旅的部队才幸免于溃散。但有些部队完全失了掌握，散乱的部队、行李辎重及逃难的老百姓挤满了公路。我对这种情况非常着急，除了派人找三十五、三十六团联络外，还指定了公路以东三四公里的一条平行路线给三十四团走，自己则带上旅直属部队离开了公路约一公里的地方在公路与三十四团之间行进。到了下午，秩序才逐渐恢复。约在午后2时，西安绥署派飞机来空投了一个命令，要十七师渡过洛河，经白水县向蒲城前进。十七师原来就是要向蒲城前进的，26日拂晓就派出师部工兵营先行到洛河渡口架桥。27日，工兵营长因完不成任务，竟然把部队丢下跑了，何文鼎找康庄和我去谈到这件事，大家都很愤慨，主张非彻查严办不可。对当时的情况，何文鼎作了如下处理：命十二旅先行渡河，占领要点，掩护渡河，并探测徒涉场或准备架桥；四十八旅留在对岸掩护，等各部队渡河完毕后继续渡河。约在午后4时，十二旅派出的两个团已经渡了河，并占领了几处制高点，南岸没有敌情，于是部队也就陆续徒涉过河，大家都很高兴，认为过了洛河，就可以脱离危险境界了。当部队正在过河和大家正在庆幸平安无事的时候，突然西北方面响起了一片枪声，一时渡河人员争先恐后，连担任掩护的四十八旅也放弃掩护而很快渡过河来，河北岸的制高点很快为掩袭的三纵部队所占领，以重机枪向南岸扫射，并封锁了公路渡河点。南岸的十七师部队，虽然进行还击，但所有的汽车、坦克车及大部辎重行李都无法过河，也就不得不全部抛弃。至于师部率领南下的山炮营，在史家河作战前一天就被三纵队截俘了。总的说来，何文鼎除了率领残部轻装南逃外，重武器和大部辎重完全丢光了。他到西安后，因此受到免职处分。

当晚到洛河南七八华里的一个小集镇宿营。拂晓前，在镇南一个小村庄里宿营的四十八旅的一个团部受到当地人民游击队的袭击，警戒部队有几个人伤亡。天亮后，这种袭扰仍进行了几个钟头，他们在十七师南下路线的两侧随处射击，给十七师的行进以很多阻碍。当时人心惶惶，大有草木皆兵之感。约午后3时，在白水县北20华里的地方才与胡宗南派来接应的部队接上了头，这时才如释重负，连休息也顾不上就继续向蒲城前进，后尾部队到达蒲城时，已夜间11时了。

胡宗南部自1947年3月13日发动向延安进攻，到1948年4月21日撤离延安回到关中这一年多的时间内，被歼灭11个旅以上、约计10万人的兵力。其他部队都受到轻重不同的打击，从此就不得不转入在渭河北岸地区进行的所谓"机动防御"的阶段。

（本文选自《文史资料选辑》第三十六辑，中华书局1963年版）